100

| 한국장로교총회창립 100주년기념 표준주석 |

예레미야애가

박동현 지음
대한예수교장로회총회교육자원부 편

한국장로교출판사

발간사

본 주석서는 대한예수교장로회총회의 신앙과 신학 이념을 따라 평신도와 신학생, 목회자와 신학 교수들이 성경을 바르게 이해하도록 도움을 주는 데 그 목적이 있다.

대한예수교장로회 교단은 1934년 희년에 즈음하여 성경전서 주석의 간행을 총회에서 결의한 바 있다. 그리하여 1937년부터 총회표준주석(1937년, 「욥기」, 「시편」, 「잠언」, 「전도서」, 「아가」; 1939년, 「로마서」, 「고린도전·후서」, 「갈라디아서」)이 간행되기 시작하였다. 그러나 제2차 세계대전의 발발과 일제강점기의 한국 교회 탄압으로 주석 발간 사업은 일시 중단되었다. 1945년, 해방은 되었으나 38선으로 남북이 분열되고, 1950년 6·25한국전쟁의 비극을 겪어야 했다. 1953년, 휴전된 후 총회표준주석 사업이 재개되어 1954~1957년(1954년, 「이사야」; 1955년, 「요한복음」; 1956년, 「창세기」; 1957년, 「레위기」, 「민수기」)에 출판이 있었으나, 1959년에 교단의 분열로 오늘에 이르기까지 총회표준주석 사업은 불가한 형편이었다.

대한예수교장로회 제90회기(2005) 총회는 총회창립 100주년(2012)기념 사업의 일환으로 교단 신학의 정체성 확립과 한국장로교회의 신학적 표준을 제시할 총회표준주석을 출판하기로 결의하고, 총회 산하 신구약성경 신학자들에게 집필을 위촉하게 되었다.

2005년 12월 한국장로교총회창립 100주년기념 표준주석편찬위원회가 조직된 후 집필 원칙을 정하고 집필자를 선정하여, 그 원칙에 충실할 것을 서약하게 하였다. 지난 7년 동안 집필자들의 깊은 기도와 연구의 산고 끝에 이제 그 실체가 드러나 장로교 총회표준주석이 출판되었다. 편찬위원회는 수차례 모임을 갖고 50여 명에 이르는 많은 집필자들을 격려하고 집필 목적과 방향 제시를 수시로 하여 주석서의 통일성과 진정성을 유지하게 하였다. 집필된 원고가 제출된 경우, 검독위원회가 총회의 신학과 신앙에 맞는 주석을 출판하기 위해 내용을 수정 또는 추가할 것을 요청하기도 하였다.

이 주석서가 빛을 보기까지 집필자는 물론이고, 총회교육자원부 김치성 총무와 한국장로교출판사의 수고가 있었고, 전국 교회들의 기도 지원이 있었다. 무엇보다도 출판비 및 연구비 전액을 이름 없이 지원해 준 교회가 있었다. 이에 독자 여러분과 함께 하나님께 찬양을 드리며, 이 일에 헌신하신 분들께 감사를 드린다.

유사 이래 성경보다 더 긴 세월 동안 연구되고 읽혀진 책은 없다. 그렇기 때문에 해석 방법도 시대와 지역에 따라 다양하게 나타났다. 에스라 시대까지 거슬러 올라가서 사용된 미드라쉬(Midrash) 주해 방법부터 시작하여 중세의 종교개혁자들과 현대 비평주의자들의 해석 방법 등 수많은 해석학적 이해가 있어 왔고, 여러 언어로 번역되어 하나님의 말씀인 성경은 읽혀졌다. 그러나 하나님의 말씀은 (해석자들이나 번역자들에게) 매이지 않는다(딤후 2 : 9). 성경 주석가와 번역자들은 자기 시대와 문화 속에서 어떤 전제(presupposition)를 갖고 성경을 읽기 때문에 언제나 해석의 한계가 있음을 인정할 수밖에 없다. 그런 의미에서 본 주석서도 예외는 아닐 것이다. 그럼에도 불구하고 본서는 그 한계를 최소화시키기 위해 다양한 신학적 입장, 다른 해석들, 교회사적 해석들, 지리적 상황을 포함하려고 노력했다.

우리의 전제는 신구약성경 66권이 하나님의 영감으로 특별 계시된 말씀이라는 대한예수교장로회의 신앙고백을 준거(準據)로 했다. 그러므로 본서는 집필자 자신의 신앙고백과 신학도 내포되었지만, 그보다 총회의 신앙과 신학의 표준적 입장에서 성경을 주석한 것이다. 즉, 사도신경, 웨스트민스터신앙고백서, 장로교신앙고백을 따르는 개혁주의 신학과 신앙 전통을 따른 것이다.

집필을 하는 데 있어서 학문적 깊이를 외면할 수는 없으나 목회자나 평신도가 성경을 이해하는 데 도움을 주기 위해 설교를 위한 묵상을 삽입하기도 하였다. 그러나 각 권의 기록자, 기록 연대, 문학적 특징, 책의 목적 등을 설명하는 개론적 연구를 할 때에는 그것이 학문적 연구에 꼭 필요하다고 여겨지는 경우에 한하여 최근 많은 성경학자들이 사용하는 비평적 방법도 가설(假說)로는 소개하였으나 결론은 따르지 않았다. 그것이 교회의 신앙적 지도를 위한 적절한 방법은 아니기 때문이다.

영감으로 된 하나님의 말씀인 성경의 해석은 성령의 조명이 가장 중요한 조건이다. 따라서 본서의 집필자들은 종교개혁자들이 채택했던 문법적, 역사적, 신학적 원리를 주된 해석 방법으로 채택하고, 기도하면서 하나님의 계시된 말씀의 원의를 알기 쉽게 해석하려고 힘썼다. 외래어 사용은 가급적 줄이되 히브리어나 헬라어와 같은 원어를 반드시 읽어야 할 경우에는 음역화해서 누구나 원어의 발음으로 읽게 했다. 각주(脚註)도 가급적 줄이되 문장 뒤에 참고로 넣었다. 또한 각 절이 아닌 단락별로 주해를 하여 전체적 파악을 도왔다.

주석 앞에는 대한성서공회가 출판한 개역개정 성경(4판)을 단락별로 제시했다. 히브리어 성경은 BHS(Biblia Hebraica Stuttgartensia)를, 헬라어 성경은 United Bible Societies가 출판한 The Greek New Testament(4thed)를 각각 원문으로 채택하여 사용하였다. 특히 개역개정 성경의 번역에 대한 문제가 있다는 의견을 총회가 받아들여 본 편찬위원회에 수정 의뢰를 하였고,

집필자들이 원문을 바로 번역하여 대한성서공회에 제시함으로 수시 교정 제도를 따라 수정하도록 했다.

우리의 생명이시며 찬양의 대상이 되신 우리 주 예수 그리스도를 계시하시고, 하나님의 공의와 사랑을 그의 십자가를 통하여 실현시켜 우리를 구원하신 하나님의 깊은 뜻을 알게 해 주는 신구약성경을 더 많은 사람들이 더 깊이, 더 분명하게 이해하고, 믿게 하기 위하여 대한예수교장로회총회 창립 100주년을 기하여 한국 교회와 세계 교회 앞에 겸손한 자세로 이 주석을 내어 놓는다.

"내가 온 것은 양으로 생명을 얻게 하고 더 풍성히 얻게 하려는 것이라" (요 10 : 10b).

Soli Deo Gloria!

한국장로교총회창립 100주년기념
표준주석편찬위원회
위원장 이 종 윤

추천사 1

할렐루야! 2012년은 대한예수교장로회(통합)총회가 창립 100주년을 맞이하는 해입니다. 총회가 창립된 이후 1세기가 지난 지금까지 우리 한국 교회를 세계가 주목할 만큼 눈부시게 성장할 수 있도록 도와주신 에벤에셀의 하나님께 모든 찬송과 영광과 감사를 드립니다.

이와 같은 한국 교회의 놀라운 부흥 가운데서도 마음 한구석에 늘 안타까움이 자리하고 있었는데, 그것은 바로 우리 한국 교회만의 권위 있는 주석이 없다는 사실이었습니다. 현재 목회현장에서 사용되는 우리말 주석들은 대부분 오래되었거나 현대의 한국 교회 상황에 맞지 않는 서구 교회의 해석, 또는 성서학 전문가들의 주석이 아닌 짜깁기식 주석이 대다수를 차지합니다.

이러한 현실 가운데 이번 총회창립 100주년기념사업의 일환으로 본 교단에서 「한국장로교총회창립 100주년기념 표준주석」을 출간하기로 결의하고, 주석서를 출간하게 된 것은 대단히 자랑스럽고 의미 있는 일이 아닐 수 없습니다.

이번 「표준주석」의 출판으로 한국 교회는 이전보다 더욱 '개혁주의 신학과 신앙 전통'을 따르는 성경 해석의 기초를 확립하게 될 것이며, 많은 목회자들이 이 주석서를 통해 하나님의 말씀에 중심을 둔 목회를 실천할 수 있을 것으로 기대합니다. 더 나아가 이 「표준주석」은 한국 교회의 신앙을 더욱 견고히 하는 성경 해석의 표본이 될 것입니다.

아무쪼록 이번 「표준주석」 출간을 계기로 우리 한국 교회가 당면한 갖가지 위기를 극복하고 더욱 하나님 말씀으로 충만하여, 평화통일은 물론 주님의 지상명령인 땅끝까지 복음을 전하는 사명을 보다 잘 감당하는 교회로 거듭나게 되기를 기대하며, 한국의 모든 교회와 성도님들께 자랑스럽게 이 주석서를 추천하는 바입니다. 샬롬!

장로회신학대학교
전 총장 장 영 일

추천사 2

「한국장로교총회창립 100주년기념 표준주석」의 발간을 축하합니다. 한국 교회 역사에서 중요한 자리를 차지하고 있는 「총회표준주석」은 한국 교회에 큰 영향을 끼친 박윤선 박사님께서 박형룡 박사님을 도와 「표준주석」의 고린도후서 주석 집필에 참여하면서 평생을 주석 집필에 헌신하게 했던 뜻깊은 주석이었습니다.

그러나 그동안 중단되었던 표준주석 사업을 재개함에 있어 편집위원장 이종윤 목사님이 밝힌 대로 성경이 성령으로 영감된 정확 무오한 하나님의 말씀이라는 분명한 신앙고백 위에 집필토록 하였다는 편집 원칙을 통해 「표준주석」의 맥을 잇고자 하는 의지를 보여 줍니다.

이런 맥락에서 비평적 성서연구가 교회의 신앙적 지도에 적합하지 않다는 인식을 가지고 전통적인 개혁주의 해석 방법을 채택할 뿐만 아니라 복음적이고 목회적인 관심을 드러낸 점도 환영할 만한 일입니다. 또한 성경 자체에 대한 전문적인 지식뿐만 아니라 한국 교회와 성도를 체험적으로 알고 있는 성경학자들이 오랜 기도와 연구 끝에 발간하였다는 점도 높이 사고 싶습니다.

아무쪼록 본서가 많은 이들에게 풍성하고 깊이 있는 신학적 성찰을 제공하는 귀한 책이 되길 소망합니다.

합동신학대학원대학교

전 총장 성 주 진

예레미야애가
차 례

| 일러두기 |

1. 개역개정판 본문은 예레미야애가뿐만 아니라 관련 구절의 경우에라도 **굵은 글씨**로 쓰기로 한다.

2. 예레미야애가 본문의 절 구분 표시

1) 히브리 본문에 맞추어 개역개정판 본문도 1~2장의 경우에는 1장 7절과 2장 19절을 뺀 나머지 절은 각각 석 줄로 나누어 적고 한 절의 각 줄을 첫 줄, 둘째 줄, 셋째 줄로 부르며, 각 줄의 두 부분은 앞부분과 뒷부분으로 부르기로 한다. 줄여서 기호로 표시할 때는 각 절의 첫 줄과 둘째 줄과 셋째 줄과 넷째 줄은 절수를 나타내는 아라비아 숫자에 각각 ㄱ과 ㄴ과 ㄷ을 붙여 적고, 한 줄의 앞부분과 뒷부분은 각각 '앞'과 '뒤'로 표시하기로 한다. 1장 7절과 2장 19절은 넉 줄로 나누어 적고, 넷째 줄은 ㄹ로 표시한다.

2) 1~2장과는 달리 히브리 본문에서 한 줄이 한 절을 이루는 3장과 5장에서는 각 절을 히브리어 악센트 기호를 중심으로 앞부분과 뒷부분으로 나누어 각각 전반절과 후반절로 부르기로 한다. 줄여 쓸 때는 절을 나타내는 숫자에 '전'이나 '후'를 붙이기로 한다.

3) 히브리 본문에서 두 줄이 한 절을 이루는 4장에서는 앞줄과 뒷줄은 각각 전반절과 후반절이라 하고, 각 줄의 앞부분과 뒷부분은 각각 전상반절과 전하반절, 또는 후상반절과 후하반절로 부르고, '전상'과 '전하', 또는 '후상'과 '후하'로 줄여 쓰기로 한다.

3. 개역개정판 번역 과정에서 히브리 본문의 절 구분이 달라졌을 때는 먼저 개역개정판의 절 구분을 표시하고 그 뒤 [ ] 안에 히브리 본문의 절 구분을 표시하기로 한다. 예레미야애가 외의 책에서 한글 성경의 절 구분과 히브리 성경의 절 구분이 다를 때에도 그리하기로 한다.

4. 참고 문헌 인용

1) 여러 성경 번역본은 약어표를 따라 줄임말로 인용한다.

2) 예레미야애가 주석은 지은이의 성과 해당 쪽수만 적기로 한다.

3) 그밖에 자주 인용하는 참고도서는 약어표를 따라 줄임말로 책제목을 적고 곧바로 해당 쪽수만 적기로 한다.

4) 그저 한두 번 인용하는 참고도서의 서지사항은 각주에 넣기로 한다.

5) 히브리어 사전 *HAL*의 쪽수 다음에 적어 놓은 a와 b는 이 사전 해당 쪽의 왼쪽 난과 오른쪽 난을 가리킨다. 두 난 다 해당될 때에는 a와 b를 따로 표시하지 않고 쪽수만 적기로 한다.

5. 예레미야애가의 지은이를 편의상 시인이라고 부르기로 한다(서론 E.를 보라).

6. '시온'과 '예루살렘'이 예레미야애가에서는 실제로 같은 뜻을 지닌다(1장 7절 풀이를 보라). 그리하여 본문 주석에서는 예루살렘이라는 긴 이름보다는 시온이라는 짧은 이름을 선호하기로 한다.

7. 히브리 낱말을 비롯하여 외국어를 소리 나는 대로 한글로 적은 것은 ' ' 안에 넣기로 한다. 그 가운데서 히브리 낱말의 한글 음역 방식은 졸고, "개역한글판의 히브리어 고유명사 한글 음역 방식과 히브리어 한글 음역 시안", 「성경원문연구」 제8호(2001년 2월), 106~157쪽을 따르기로 한다.

8. 이른바 신명사문자(神名四文字)는 야훼로 음역하지만 따로 홑따옴표는 붙이지 않고, 다만 개역개정판 본문을 인용할 때는 여호와 그대로 쓰기로 한다.

9. 어떤 한 본문의 평행 본문은 그 앞에 부호 //를 써서 표시하기로 한다.

| 약어표 |

가톨릭성경	한국천주교주교회의, 「성경」(서울 : 한국천주교 중앙협의회, 2005).
예레미야 I	졸저, 「대한기독교서회 창립 백주년 성서주석 23-1 예레미야 I」(서울 : 대한기독교서회, 2006).
예레미야 Ⅱ	졸저, 「대한기독교서회 창립 백주년 성서주석 23-2 예레미야 Ⅱ」(서울 : 대한기독교서회, 2006).
주께서 나를 이기셨으니	졸저, 「주께서 나를 이기셨으니. 설교를 위한 예레미야서 연구. 개정증보판」(서울 : 한국성서학연구소, 2000).
BJ	*La Bible de Jérusalem,* nouvelle édition, 1975.
Buber	*Die Schriftwerke verdeutscht von Martin Buber 4. Die Schriftwerke,* [4]1962.
CBQ	*Catholic Biblical Quarterly*
LB	*Lutherbibel,* 1984.
NIV	*New International Version*
NJPST	*Tanakh. The Holy Scripture. New Jewish Publications Society Translation according to the Traditional Hebrew Text,* 1985.
NRSV	*New Revised Standard Version,* 1989.
NZB	*Die Neue Zürcher Bibel,* 2007.
HAL	*Hebräisches und Aramäisches Lexikon zum Alten Testament,* 1995.
OLB	Othomar Keel/Max Küchler/Christoph Uehlinger, *Orte*

	und Landschaften der Bibel I, 1984.
RGG	*Die Religion in Geschichte und Gegenwart*
THAT	*Theologisches Handwörterbuch zum Alten Testament*
ThWAT	*Theologisches Wörterbuch zum Alten Testament*
ZB	*Zürcher Bibel*, 1955.

예레미야애가

서 론

A. 책의 이름

B. 책의 위치와 쓰임새

C. 책의 문학적 특징

1. 여러 목소리를 들을 수 있는 시문
2. 알파벳 시
3. 도시 멸망을 애도하는 노래
4. 조가의 요소
5. 공동체 탄원시의 요소
6. 개인 탄원시의 요소
7. 다른 요소

D. 저작 배경

E. 저자

F. 기능과 의미

G. 본문 주석 원칙과 방식

서 론

A. 책의 이름

예레미야애가에서 한자말 애가(哀歌)는 본디 슬픈 심정을 읊은 노래를 뜻하는 보통명사다.[1] 그런 애가는 시편을 비롯하여 성경 여러 곳에서 찾아볼 수 있다. 예레미야애가라는 이름은 그런 애가 가운데서 예언자 예레미야에게서 비롯된 애가를 뜻하는 것으로 보인다. 그렇지만 이는 두 가지 점에서 문제가 된다. 우선 예레미야에게서 비롯된 애가는 이미 예레미야서 여러 곳에 나온다(4：19-21； 8：18-9：1 등). 다음으로 히브리어 성경에서는 각 책의 제목으로 책의 첫머리에 나오는 중요한 낱말을 쓰는데, 이 경우에는 '에카'(אֵיכָה, '어찌하여')가 그 제목이고, 그것만으로는 이 책이 예레미야에게서 비롯되었

1) 한글학회 엮음, 「우리말큰사전」(서울：어문각, 1992), 2779.

음을 알 수 없다. 여기서 '에카'는 1장 첫 절 풀이에서 알 수 있듯이, 그냥 슬픔을 읊은 노래가 아니라 주로 죽음 그것도 한 공동체의 죽음 곧 멸망을 두고 슬퍼하는 노래다. 그런데도 예레미야라는 이름이 붙은 것은 칠십인역 헬라어성경의 첫머리에 근거한 듯하다. 대체로 주후 1세기에 생긴 것으로 보이는 칠십인역 헬라어성서의 예레미야애가에서는[2] 1장 1절 앞에 "이스라엘이 사로잡혀가고 예루살렘이 황폐해진 뒤에 예레미야가 앉아 울며 예루살렘을 두고 다음의 슬픈 노래를 부르는 사태가 벌어졌다"(사역)가 덧붙어 있다. 이는 아마도 한편으로는 예레미야애가의 배경과 분위기와 표현 방식이 예레미야의 경우와 비슷하고, 다른 한편으로는 유다 왕 요시야가 죽은 뒤에 예레미야가 그를 위하여 애가를 지었다고 하는 역대하 35장 25절을 중시하는 전통에서 비롯되었을 것이다. 예레미야애가를 자세히 읽어 보면 예레미야를 저자로 보기 힘들다. 따라서 이 책은 그저 '애가'로 부르는 것이 더 낫다. 다만 '애가'라는 낱말을 현대 사회에서는 잘 쓰지 않으므로 좀 더 알아듣기 쉬운 표현으로 바꿀 필요가 있다. 그렇지만 이 주석에서는 지금까지 해 오던 바를 따라서 예레미야애가를 책 제목으로 그대로 쓰기로 한다.

일찍이 유대 전통에서는 예레미야애가를 '키놋'(קִינוֹת) 곧 '조가(弔歌)들'이라고 불렀다. 영어번역성경에서 예레미야애가를 'lamentations'라 하는 것도 칠십인역의 '트레노이'(θρῆνοι)를 거쳐 이 유대 전통으로 거슬러 올라간다. 이 이름에 따르면 예레미야애가는 죽음을 두고 슬퍼하는 노래다. 물론 이 경우에 죽음은 한 개인의 죽음이 아니라 예루살렘의 죽음 곧 예루살렘 멸망, 실제로는 유다 백성의 멸망을 가리킨다. 그런데 예레미야애가에 조가의 요소가 들어 있는 것은 사실이나 예레미야애가 자체를 마냥 조가라고만 하기는 힘들다. 이 점은 아래 C.4와 본문 주석 곳곳에서 확인할 수 있다.

---

2) W. Kraus / M. Karrer (eds.), *Septuaginta Deutsch. Das griechische Alte Testament in deutscher Übersetzung* (Stuttgart : Deutsche Bibelgesellschaft, 2009), 1349.

B. 책의 위치와 쓰임새

칠십인역의 책 배열 순서를 대체로 따르는 한글 성경에서 예레미야애가는 예레미야 다음에 있다. 예레미야애가를 예레미야가 썼다고 생각했기 때문일 것이다. 주후 6세기부터 히브리어 성서 사본에서 예레미야애가는 보통 특별한 절기에 읽는 다섯 권의 책을 묶어 둔 '므길롯'(מְגִלּוֹת, '두루마리들')에 들어가 있다. 그런데 그 다섯 권의 순서는 사본에 따라 조금씩 다른데, 요즈음 보통 쓰는 비평판 히브리어 성서의 밑바탕을 이루는 레닌그라드 사본에서는 예레미야애가가 그 다섯 권 가운데서 넷째 자리를 차지한다. 곧, 유월절에 읽는 룻기와 칠칠절에 읽는 아가(雅歌)와 초막절에 읽는 전도서 다음에, 또 부림절에 읽는 에스더 바로 앞에 있다.

'므길롯'은 히브리어 성경의 셋째 묶음인 성문서(聖文書) 곧 '크투빔'(כְּתוּבִים)에서 시편과 욥기와 잠언 다음에 오고, 다니엘과 에스라, 느헤미야와 역대기 앞에 온다. 유대 전통에서는 예루살렘 성전이 주전 587년에 바벨론 군대에게 파괴된 사건뿐만 아니라 주후 70년에 로마 군대에게 짓밟힌 사건을 비롯하여 몇 가지 다른 사건까지 함께 기억하는 '아브' 월(양력 7, 8월) 9일의 예배에서 예레미야애가를 읽어 왔다. 예루살렘이 바벨론 군대에게 함락되고 한 달 정도 지나 본격적으로 유린당한 날로 열왕기하 25장 8~9절에서는 바벨론 느부갓네살 왕 19년 5월 7일을, 예레미야 52장 12절에서는 같은 해 5월 10일을 들고 있는데, 유대 전통에서는 주후 70년에 로마 군대가 예루살렘 성전을 불태운 날을 5월 곧 '아브' 월 9일로 기억해 왔기 때문이다(Hillers, xli).

이처럼 유대인들은 예레미야애가를 예루살렘 멸망을 두고 부르는 슬픈 노래로 이해하고 있다.

C. 책의 문학적 특징

슬프다 이 성이여 전에는 사람들이 많더니 이제는 어찌 그리 적막하게 앉았는고(애 1 : 1)라는 말로 시작하여 **주께서 우리를 아주 버리셨사오며 우리에게 진노하심이 참으로 크시니이다**(애 5 : 22)로 끝나는 예레미야애가는 당시 쓸 수 있었던 여러 가지 표현 양식과 형식을 활용하여 지은 다섯 편의 슬픈 노래다.

1. 여러 목소리를 들을 수 있는 시문

예레미야애가가 노래인 만큼, 그 히브리어 본문은 시문으로 되어 있다. 그리하여 개역성경과는 달리 히브리어 비평판 성경에서는 예레미야애가 본문을 줄을 바꾸어 적어 두었다. 1~2장에서는 1장 7절과 2장 19절을 뺀 나머지 42절에서 석 줄이 한 절을 이루고, 3장과 5장에서는 한 줄이 한 절을 이루고, 4장에서는 두 절이 한 절을 이룬다. 각 줄은 앞과 뒤, 두 부분으로 나누어지는데, 액센트의 개수가 앞부분에는 셋, 뒷부분에서 둘인 경우가 많다. 흔히 이를 조가(弔歌)의 운율이라고 하지만, 히브리 시문에서 3 : 2 운율이 조가에만 나오는 것은 아니다. 한 줄의 앞부분과 뒷부분의 관계는 글의 흐름에 따라 다양하다. 뒷부분이 앞부분과 거의 같은 내용을 비슷한 낱말들로 표현하는 수가 있는가 하면, 뒷부분이 앞부분의 내용을 보충하거나 강화하거나 더 설명하거나 일반화하기도 한다. 더러는 뒷부분이 앞부분과 별 관계가 없다.

또한 시문은 산문과 달리 접속사를 잘 쓰지 않고 비유와 함축적인 표현과 여러 가지 수사 방식을 자주 쓴다. 예레미야애가에서 쓰는 비유 가운데 가장 두드러지는 것은 예루살렘 또는 시온을 한 여성 인격체로 다루는 것이다. **딸 시온**이 그 대표적인 보기다(Dobbs-Allsopp 50-53). 더 나아가서 시인은 시온에 있는 시설물, 이를테면 시온의 길들(1 : 4), 시온 성벽 등도 인격체로 다룬다. 그리함으로써 예루살렘에 닥친 재난이 사람과 자연뿐만 아니라 유다 사람들이 나날의 삶에서 쓰던 온갖 물체에 미쳤으므로 그 모든 것에서 괴로움을 느끼고 있는 심정을 강렬하게 드러낸다. 다른 한편으로 시인은 야훼 하나님을 원수 같다(2 : 4-5)고 하고 곰이나 사자나(3 : 10) 사냥꾼(3 : 12-13)에 비긴 것도 매우 두드러지는 비유다. 또 재난 가운데 있는 아이들을 잘 보살피지 못하는 딸 내 백성을 가리켜 들개보다도 못하다고 하면서, 새끼를 돌보지 않는 냉혹한 타조에 견준다(4 : 3)(Dobbs-Allsopp 15).

그런데 순전히 형식적인 면에서 예레미야애가의 다섯 노래를 통틀어 보면, 주체와 상대가 아래에서 볼 수 있듯이 여러 가지로 나타난다.

㈀ 시인의 말
- ㈎ 혼잣말
  (1 : 1-9ㄴ, 17 ; 2 : 1-12 ; 3 : 1-39, 48-54 ; 4 : 1-16)
- ㈏ 야훼께 아뢰는 말(1 : 10-11ㄴ ; 3 : 55-66)
- ㈐ 시온에게 하는 말(2 : 13-19 ; 4 : 22전)
- ㈑ 에돔에게 하는 말(4 : 21, 22후)

㈁ 시온의 말
- ㈎ 야훼께 아뢰는 말(1 : 9ㄷ, 11ㄷ, 20-22 ; 2 : 20-22)
- ㈏ 다른 사람들에게 하는 말(1 : 12-19)

㈂ '우리'의 말
- ㈎ '우리'끼리 하는 말(3 : 40-41 ; 4 : 17-20)
- ㈏ 야훼께 아뢰는 말(3 : 42-47 ; 5 : 1-22)

이처럼 예레미야애가에서는 시인이나 시온이나 '우리'라는 여러 주체가 때로는 독백 형식, 자기들끼리 말하는 형식, 남들에게 말하는 형식, 야훼께 아뢰는 형식의 여러 방식으로 말한다. 바로 이 점에서 예레미야애가는 매우 생동감 넘치는 시문이라는 인상을 준다.

2. 알파벳 시(acrostic)

예레미야애가를 이루는 다섯 편의 노래 가운데 첫 네 노래는 이른바 알파벳 시다. 1~2장은 각각 22절로 이루어져 있는데, 이 22는 바로 히브리 자모의 수다. 1~2장과 4장의 절수가 22라는 점이 이미 이를 암시한다. 1~2장과 4장에서는 각 절 첫 줄의 첫 자모를 차례대로 보면 히브리 알파벳의 순서와 같다. 다만 2과 4장에서는 ‘페’(פ)가 ‘아인’(ע)보다 먼저 나온다. 이는 예레미야애가가 생길 당시에 히브리 알파벳의 차례가 오늘처럼 확정되어 있지 않았음을 암시한다. 66절로 이루어진 3장에서는 석 절 곧 석 줄이 한 연(聯)을 이루면서 각 연을 이루는 각 줄의 첫머리에 히브리 알파벳의 차례대로 같은 자모를 씀으로써 알파벳 시의 모습을 한층 더 강화한다. 여기서도 ‘페’가 ‘아인’보다 먼저 나온다.

각 노래에서 히브리 알파벳 순서를 확인할 수 있는 각 절의 첫 낱말들만 한글 음역으로 적어 보면 아래와 같다.

1장 1에카 2바코 3갈르타 4다르케 5하유 6와예체
7자크라 8헷 9투므아타흐 10야도 11콜암마흐 12로
13밈마롬 14니스캇 15실라 16알엘레 17페르사 18찻딕
19카라티 20르에 21샤므우 22타보
2장 1에카 2빌라으 3가다으 4다락 5하야 6와야흐모스
7자나흐 8하샵 9타브우 10예셔부 11칼루 12르임모탐
13마아이텍 14느비아익 15사프쿠 16파추 17아사 18차악
19쿠미 20르에 21샤크부 22티크라
3장 1아니 2오티 3악 4빌라 5바나 6브마하샤킴

7가다르 8감 9가다르 10돕 11드라카이 12다락
13헤비 14하이티 15히스비아니
16와야르게스 17왓티즈나흐 18와오마르
19즈코르오니 20자코르 21즈 22하스데 23하다쉼 24헬키
25톱 26톱 27톱 28예셉 29잇텐 30잇텐 31키 32키 33키
34르닥케 35르핫톳 36르아웻 37미 38밉피 39맛트오넨
40나흐프사 41닛사 42나흐누 43삭코타 44삭코타 45스히
46파추 47파핫 48팔게마임 49에니 50아드야춋 51에니
52춋 53차므투 54차푸마임 55카라티 56콜리 57카랍타
58랍타 59라이타 60라이타
61샤마으타 62시프테 63쉬브탐 64타쉽 65팃텐 66티르돕

4장 1에카 2브네 3감탄닌 4다박 5하오클림 6와익달
7작쿠 8하샵 9토빔 10여데 11킬라 12로
13메핫톳 14나우 15수루 16프네 17오데누 18차두
19칼림 20루아흐 21시시 22탐

다섯째 노래인 5장은 알파벳 시가 아니다. 그러나 이 노래 또한 22절로 이루어져 있어 히브리 알파벳의 개수를 생각나게 한다.

알파벳 시는 예레미야애가에만 나오는 것이 아니다. 알파벳 시의 모습이 온전히 드러나는 경우로는 시편 111편, 112편, 119편(한 자모에 여덟 줄씩), 145편, 37편(대체로 두 줄 단위로), 9~10편(9:2오데 4브솹오여바이 6가아르타 7끝하오옙 10위히 12잠므루 14혼네니 16타브우 18야슈부 19키 10:1라마 7둘째피후 8끝에서 셋째에나우 12쿠무 14라이카 15셔보르 17타아왓), 잠언 31장 10~31절이 있고, 불완전하게 나타나는 경우로는 시편 25편('콥'줄이 빠져 있음.), 34편('와우'줄이 빠져 있음.), 나훔 1장 2~8절('알렙'줄에서 '캅'줄까지만 있음.)이 있다.

알파벳 시를 지은 까닭을 확실히 알 수는 없다. 흔히 배우는 사람이 기억

하기 쉽게 하려고 알파벳 시를 지었다고 하지만, 여러 가지로 복잡한 내용을 알파벳 순서로 다듬어 질서 있게 만들려고 했다는 견해도 있고, 한 주제를 두고 말할 수 있는 '알렙부터 타우까지' 곧 모든 것을 한 노래에 담았다는 뜻을 드러내려고 알파벳 시를 지었으리라는 주장도 있다. 심지어 알파벳 시에 주술적인 힘이 있다고 하는 사람도 있다. 예레미야애가의 경우에는 알파벳 시 형식 때문에 독자들은 엄청난 재난에 그저 감정적으로만 반응하지 말고 그 재난의 의미를 합리적으로 신학적으로 찬찬히 깊이 생각해 보게 된다고 이해하기도 한다.[3)]

3. 도시의 멸망을 슬퍼하는 노래의 요소

예레미야애가의 첫 문장은 예레미야애가가 예루살렘 성의 멸망을 슬퍼하는 노래라는 느낌을 준다. 실제로 그 히브리어 문장은 "어찌하여 홀로 앉았는가, 백성 많던 그 성읍이!" 정도의 탄식으로 직역할 만한데, 이는 예레미야 48장 17절에서 모압의 멸망을 두고 **"어찌하여 강한 막대기, 아름다운 지팡이가 부러졌는고!"** 탄식하는 것과 비슷하다. 이 예레미야애가 1장 1절의 첫 마디 탄식 소리에 어울리게 예레미야애가 곳곳에 예루살렘이 멸망한 뒤 닥친 어려운 상황을 묘사하는 말이 나온다.

그런데 이처럼 한 나라의 수도가 망한 것을 슬퍼하며 부르는 노래는 이미 주전 2000년대 전반에 생긴 수메르 문헌에서도 찾아볼 수 있다. 우르 제3왕조의 수도 우르가 외적에게 점령된 사건을 두고 슬퍼하는 몇몇 노래가 그 보기다.[4)]

---

3) Elie Assis, "The alphabetic Acrostic in the Book of Lamentations," *CBQ* 69 (2007) 710-724, 여기서는 715-721.

4) 그 내용과 해설은 W. W. Hallo (ed.), *The Context of Scripture*. Vol. 1 (Leiden : E. J. Brill, 1997), 535-539와 J. B. Pritschard (ed.), *Ancient Near Eastern Texts Relating*

그런데 우르 멸망을 슬퍼하는 이 노래들은 다신론 사회를 전제하고 있다는 점, 우르 멸망이 우르 사람들이 저지른 죄 때문이 아니라 신들의 회의에서 한 결정에서 비롯되었다는 점, 노래의 주체가 시인이나 멸망당한 성읍 자체가 아니라 우르 성읍의 수호신인 점 등에서 예레미야애가와 구별된다.

4. 조가의 요소

예레미야애가에서 예루살렘을 한 여성 인격체로 만들어 시인의 입을 빌리거나 예루살렘 스스로의 입으로 예루살렘 멸망을 두고 슬퍼하는 노래를 부르게 하는 것은 한 개인의 죽음을 슬퍼하며 부르는 조가를 공동체에 적용한 경우다.

사울과 요나단이 전사한 소식을 들은 다윗이 사무엘하 1장 19~27절에서 부른 노래가 그 보기다. 이 노래에서는 그저 **두 용사가 엎드러졌도다**(19, 27절)라는 말에 암시되어 있을 뿐이지만, 조가에서는 보통 그 사람이 살았을 때 세웠던 공이나 누렸던 영광과 죽은 뒤의 치욕이나 허무함을 강렬하게 대조시켜 노래한다. 이런 대조가 이방 민족의 멸망을 두고 조롱하듯이 부르는 조가에서는 분명하게 드러난다. 앞서 이미 인용했던 예레미야 48장 17절을 비롯하여 두로를 두고 부르는 조가의 한 부분인 에스겔 26장 17절이 그런 보기다. 그처럼 예레미야애가 1장 1절에서는 이전에 예루살렘이 누렸던 번영과 지금의 쇠락함을 강하게 대조시켜 말한다. 그런 내용을 예레미야애가 곳곳에서 찾아볼 수 있다.

그런데 조가는 죽은 사람의 가족이나 친구가 부르는 노래인 것과는 달리, 예레미야애가에서는 죽음을 맛본 당사자인 예루살렘 스스로 공동체의 멸망

---

to the Old Testament. Third Edition with Supplement (Princeton : Princeton University Press, 1969), 455-463, 611-619에서 찾아볼 수 있다.

을 두고 울부짖는다.

5. 공동체 탄원시(歎願詩)의 요소

예루살렘의 멸망과 그에서 비롯된 고난 상황을 두고 슬피 노래하는 예레미야애가에는 이미 시편 74편과 79편을 비롯한 몇몇 공동체 탄원시(민족 탄원시라고도 부른다.)에서 찾아볼 수 있는 요소가 적지 않게 있다. 이런 공동체 탄원시와 예레미야애가를 예루살렘 애가(Jerusalem lament)라고 부르기도 하는데(Berlin 25), 시편 79편을 보기로 삼아 살펴보면, (ㄱ) 하나님을 부름(1, 5, 9, 12절), (ㄴ) 적들의 행태를 두고 탄식함(1–3절, 10전반절), (ㄷ) 공동체가 겪는 어려움을 두고 탄식함(4절), (ㄹ) 야훼의 조치를 두고 탄식함(5절), (ㅁ) 야훼께 공동체를 위한 조치를 요청하는 기원(8전–후상, 9전하[상], 후하[상], 11절), (ㅂ) 야훼께서 도우셔야 할 까닭을 밝힘(8후하, 9전상[하], 후상[하]반절), (ㅅ) 적 처벌을 요청하는 기원(6, 10후, 12절), (ㅇ) 적 처벌을 요청하는 까닭을 밝힘(7절), (ㅈ) 저지른 죄를 인정함(9후하반절), (ㅊ) 야훼를 향한 신뢰를 고백함(13전반절), (ㅋ) 감사하고 선포할 뜻을 밝힘(13후반절)이 그런 요소다.

공동체 탄원시는 본디 야훼를 향한 공동체 자신의 노래다. 이 점은 예레미야애가 1장 9절 셋째 줄, 11절 셋째 줄, 20~22절, 2장 20~22절, 3장 42~47절과 5장에서도 다음과 같이 잘 드러난다. 아래에서 **굵은 글씨**로 쓴 부분은 **우리**가 말하는 본문에 들어 있다.

(ㄱ) 하나님을 부름
(1 : 9ㄷ앞, 11ㄷ뒤[앞], 20ㄱ앞 ; 2 : 20ㄱ앞 ; **5 : 1전, 19전, 21전**)

(ㄴ) 적들의 행태를 두고 탄식함
(1 : 21ㄴ ; 2 : 22ㄷ ; **3 : 46 ; 5 : 2, 5, 8–9, 11**)

(ㄷ) 시온 또는 **우리**의 곤경을 두고 탄식함

(1：20ㄱㄴ앞, ㄷ, 21ㄱ； 2：20ㄴ-21ㄴ； **3：47； 5：2-16전**)

(ㄹ) 야훼께서 재난을 주셨다고 탄식함

(2：20ㄱ, 21ㄷ-22ㄴ； 2：20ㄱ뒤； **3：42후-45； 5：20**)

(ㅁ) 야훼께 개입이나 도움을 요청함

(1：9ㄷ뒤[앞], 11ㄷ뒤[앞], 20ㄱ앞； 2：20ㄱ앞； **5：1, 21**)

(ㅂ) 야훼께서 도우셔야 할 까닭을 밝힘

(1：9ㄷ앞[뒤], 11ㄷ앞[뒤]； **5：22**)

(ㅅ) 야훼께 적 처벌을 요청함(1：21ㄷ-22ㄱ앞, ㄴ[ㄴ앞])

(ㅇ) 야훼께서 처벌하셔야 할 까닭을 밝힘(1：22ㄷ)

(ㅈ) **우리**의 죄를 고백하거나 인정함

(1：20ㄴ뒤, 22ㄱ뒤[ㄴ뒤]； **3：42전； 5：16후**)

(ㅊ) 야훼를 향한 신뢰의 고백(**5：19**)

시온이 남들에게 쏟아놓는 탄식에서도 몇 가지 비슷한 요소를 찾아볼 수 있다.

(ㄱ) 상대방을 부름(1：12ㄱ앞, 18ㄴ앞)

(ㄴ) 적들에 대해 언급함(1：16ㄷ뒤[앞])

(ㄷ) 자신의 곤경을 두고 탄식함(1：12ㄴ, 16, 18ㄴ뒤-19ㄷ)

(ㄹ) 야훼께서 큰 고통을 주셨다고 탄식함(1：12ㄷ-15)

(ㅁ) 자신의 죄를 언급하거나 인정함(1：14ㄱ앞, 18ㄱ뒤)

(ㅂ) 야훼를 향한 신뢰의 고백(1：18ㄱ앞)

또한 공동체 구성원들인 **우리**가 서로에게 하는 말에서는 (ㄷ) 자신들이 처한 어려움을 두고 탄식하는 말(4：17-18, 20) 사이에 (ㄴ) 적들을 두고 탄식하는 말(4：19)이 끼어들고, 야훼께 돌아가자고 하는 다짐의 말은 (ㅈ) 자신들의 잘못을 깨닫고 있음을 전제한다.

그뿐만 아니라, 시인이 시온에게 말할 때에도 (ㄴ) 시온의 적들(2 : 16), (ㄷ) 시온이 처한 어려운 상황(2 : 13, 15), (ㄹ) 시온에게 재난을 내리신 야훼(2 : 17), (ㅈ) 시온 지도자들의 죄(2 : 14)를 두고 탄식한다. 이런 경우는 야훼께서 예루살렘에게 탄식의 말을 쏟아내는 예레미야 15장 5~9절과 비슷하다.

더 나아가서 시온의 상황을 두고 시인이 혼잣말로 하는 탄식에서도 (ㄴ) 시온의 적들을 두고 하는 말(2 : 7ㄷ ; 4 : 12), (ㄷ) 시온의 곤경을 묘사하는 부분(2 : 8ㄷ뒤-9ㄱ앞, 9ㄴ-10ㄷ ; 4 : 1-5, 7-10, 14-15, 16후), (ㄹ) 야훼께서 시온에게 재난을 내리셨음을 말하는 부분(2 : 1-7ㄴ, 8ㄱ-ㄷ앞, 9ㄱ뒤 ; 4 : 11, 16전), (ㅈ) 시온의 죄를 지적하는 말(1 : 5ㄴ, 8ㄱ ; 4 : 6, 13)이 들어 있다. 이런 혼잣말 탄식은 시편의 공동체 탄원시보다는 예언서 예레미야에 나오는 예언자의 혼잣말 탄식(렘 4 : 19-21 ; 6 : 24-26 ; 8 : 18-9[8] : 1[23] ; 10 : 19-22 ; 14 : 17-18 등)(주께서 나를 이기셨으니, 103-143 참고)이나 하나님의 혼잣말 탄식(렘 4 : 22 ; 12 : 7-12 등)에 더 가깝다.

이런 식으로 예레미야애가에서는 공동체 탄원시보다 훨씬 더 다양한 방식으로 공동체에 닥친 고난 상황을 두고 노래한다.

6. 개인 탄원시의 요소

탄원의 주체가 개인인 개인 탄원시의 구성 요소도 공동체 탄원시와 비슷한데, 예레미야애가에서는 무엇보다도 3장 19~39절과 55~66절에서 개인 탄원시에 견줄 만한 부분을 찾아볼 수 있다. (ㄱ) 하나님을 부르는 말(3 : 59전), (ㄴ) 적들의 행태를 묘사하는 말(3 : 60-63전), (ㄷ) 자신의 어려운 상황을 아뢰는 말(3 : 20, 63후), (ㅁ) 야훼의 개입과 도움을 요청하는 말(3 : 19, 59후), (ㅅ) 적 처벌을 요청하는 말(3 : 64-66), (ㅊ) 야훼를 깊이 신뢰한다는 고백(3 : 20-25, 31-38, 59전, 60-62)을 개인 탄원시의 요소로 볼 수 있다. 이 가운데서 두드러지는 것은 신뢰의 고백이다. 심지어 적들의 행태에 대한 고발과 야훼에 대한 신뢰의 고백이 한데 어우러져 있다. 이 점에서 특히 3장 19~39절은 개인 탄원시 가운데서도 의지시의 성격을 강하게 띤다. 그뿐만 아니라 자신의 경험을 토대로 다른 사람에게 야훼를 신뢰하도록 권고하는 말(3 : 26-30, 39)과 지난날 자신이 탄원했을 때 야훼께서 응답하셨음을 회상하는 부분(3 : 55-58)도 뒤섞여 있는 점에서 3장 19~39절과 55~66절은 개인 탄원시의 틀을 벗어나 있기도 하다.

다른 한편으로 시인이 시온 공동체에 닥친 재난을 보며 자신의 고통을 호소하는 본문에서도 개인 탄원시의 요소 가운데서도 (ㄷ) 자신의 어려운 상황을 묘사하는 말(2 : 11ㄱㄴ앞 ; 3 : 48-51, 54)과 (ㄴ) 적들의 행태를 고발하는 말(3 : 52-53)의 두 가지를 뚜렷이 볼 수 있는데, 이 경우에도 자신의 어려운 상황이 공동체 **딸 내 백성**에 닥친 재난에서 비롯된 것임을 밝히는 말(2 : 11ㄴ뒤-13ㄷ ; 3 : 48전[후]) 때문에 일반 개인 탄원시와는 다른 분위기를 자아낸다.

7. 다른 요소

이밖에도 예레미야애가 3장 22~39절은 잠언에 들어 있더라도 전혀 이상하지 않을 정도로 지혜 문학의 성격을 띠는 말이 중심을 이루고 있는가 하면, 앞서 언급한 바 있는 3장 55~58절에서는 개인 감사시의 요소도 찾아볼 수 있고, 4장 21~22절은 예언서에 들어 있음직한 말이기도 하다.

D. 저작 배경

다섯 편의 애가에서 한결같이 하나님의 성읍 예루살렘이나 하나님의 백성 유다에 닥친 엄청난 괴로움을 노래하고 있다. 이는 공동체 탄원시의 공통

된 주제이기도 하다. 예레미야애가 본문 자체에서는 이스라엘 역사의 어떤 특정 시점에 예루살렘과 유다에 닥친 불행을 두고 노래하는지 확실히 밝히지 않는다. 그렇지만 보통은 예레미야애가가 주전 587년 예루살렘이 바벨론 군대에 함락되고 유다가 망한 때와 주전 538년에 바벨론에 포로로 사로잡혀 간 사람들이 돌아올 계기를 마련해 준 고레스 칙령이 내릴 때 사이의 상황을 배경으로 하고 있다고 이해한다(Westermann 56-57 등).

다만 각 노래가 생긴 시점은 조금씩 달라 보인다. 1~4장에서 유다 멸망 직후의 상황을 그려 보게 된다면, 5장에서는 유다 멸망 이후 제법 시간이 지난 후의 상황을 짐작하게 하기도 한다. 그뿐만 아니라 3장에서는 나라를 잃은 유다 백성 내부에서 의인이 악인들에게 박해를 겪는 상황이 벌어지고 있음을 알아차릴 수 있다.

E. 저자

예레미야애가에서는 시편의 탄원시 형식과 예레미야에게서 볼 수 있는 혼잣말 탄식 형식을 자주 빌려 쓰고 있을 뿐만 아니라 시편이나 예언서 예레미야에 들어 있는 낱말이나 표현이나 주제도 많이 활용한다.

시편을 떠올리게 하는 낱말이나 표현으로는 1장 10절에서 **이방인들이** 야훼의 **성소에 들어**갔다고 한 탄식, 11절에서 **나를 돌보시옵소서**라고 한 기도, 2장 2절의 동사 '삼키다', 3절에 나오는 야훼의 **오른손**이라는 표현, 7절에서 적들이 성전에서 떠든다고 한 것, 2장 15절에서 예루살렘을 두고 **모든 세상 사람들의 기쁨**이라 한 말, 16절 첫 줄에서 **원수**들이 **입을 벌**린다고 한 표현, 둘째 줄에서 이를 간다고 한 말, 셋째 줄에서 **우리가 보기도 하였다**고 한 것, 17절에 나오는 야훼께서 **대적자들의 뿔로 높이 들리게 하셨도다**라고 한 표현, 3장 2절의 동사 '**이끌**다', 6절의 **죽은 지 오랜 자 같게**라는 표현, 4장 17절에 나오는 **눈이 상**한다는 표현, 20절의 명사 **그늘**, 5장 1절의 '**기억하**다'와 **치욕**이라는 말, 19절 전반절에 야훼께서 영원히 계신다고 고백한 것, 후반절에서 야훼의 보좌가 대대에 이른다고 한 것, 20절에서 **어찌하여 잊으시**는가 하고 말한 탄식 등을 들 수 있다. 그 구체적인 내용은 각 해당구절 풀이에서 다루기로 한다.

예레미야를 생각나게 하는 낱말이나 표현이나 표현 방식으로는 예레미야애가 1~2장에 망해 버린 유다 공동체를 한 여성 인격체에 빗대어 노래하는 점, 1장 2절에서 친구가 원수로 바뀌었다고 한 것, 2절과 16절에 나오는 '울다'와 **눈물**, 12절의 **고통**, 13절의 **높은 곳**과 **불**, 17절에서 **시온이 두 손을 폈**다고 한 표현, 18절 첫머리에서 **여호와는 의로우시도다**라고 한 고백, 18절에서 표현하는 홀로 남은 여인의 이미지, 20절 첫 줄에서 **애를 다 태**운다고 한 표현, 셋째 줄에서 안팎에 닥친 재난을 표현하는 방식, 2장 4절에서 야훼께서 **원수 같이** 무기를 쓰셨다고 한 것, 8절에 나오는 '**통곡하게 하**다'와 '**쇠**하다'라는 표현, 11절에 쓰인 **딸 내 백성이 패망하여**라는 표현, 13절 첫 줄에서 직접 예루살렘에게 탄식의 말을 건네는 방식, 셋째 줄에서 예루살렘이 고칠 수 없을 정도로 파괴되었다고 한 것, 14절에서 말하는 예언자의 책임, 14절 첫 줄에 나오는 '**사로잡힌 것을 돌이키**다'라는 표현, 3장 5절에 나오는 **고통과 수고**라는 말, 14절에서 **종일토록** 조롱당한다고 한 것, 4장 14절에서 종교 지도자들이 **방황**한다고 한 탄식, 17절에서 **헛되이**로 옮긴 히브리 낱말, 21절에서 **잔**이 에돔에게도 이른다고 한 것, 5장 16절 전반절에서 **머리에서 면류관이 떨어졌**다고 한 말, 후반절의 **오호라**, 21절에서 **우리를 주께로 돌이키소서 그리하시면 우리가 주께로 돌아가겠사오니**라고 한 기도 등을 들 수 있다. 이처럼 예레미야를 떠올리게 하는 낱말이나 표현은 1~2장에 집중되어 나타나고 뒤로 갈수록 그 분량이 줄어드는 경향을 보인다. 그런데 같은 낱말이나 표현이라도 글의 흐름에 비추어 보면 예레미야애가에서 언제나 예언서 예레미야와 마찬가지의 뜻으로 쓰인 것은 아니다(각 해당 구절의 풀이를 보라).

그뿐만 아니라 예언서 예레미야의 내용과 잘 어울리지 않는 내용도 예레미야애가 여러 곳에서 찾아볼 수 있다. 이를테면 예레미야애가 4장 17절에서 **우리**는 이방 나라들이 **우리**를 구원해 주리라 기대했다고 하는데, 이는 바벨론 군대에 예루살렘이 에워싸여 있는 상황에서 유대 사람들이 애굽이 자기들을 도와주리라 기대할 때 그리하지 말라고 예레미야가 예레미야 37장 7절에서 경고한 바와 어긋난다. 또 예레미야애가 4장 20절에서는 **우리**가 지난날 유다 왕을 신뢰했음을 말하는데, 이 또한 시드기야 왕이 신하들을 두려워하고 있었음을 알려 주는 예레미야 37장 17~21절의 내용과 잘 맞지 않는다. 그뿐만 아니라 5장 6절에서 **우리**는 자기들이 애굽과 앗수르에게서 양식을 얻으려고 했다고 하는데, 이는 예레미야 2장 36절에서 유다가 부지런히 길을 바꾸어 돌아다니면 앗수르와 애굽으로 말미암아 수치를 당하리라고 경고한 예언자의 말과 어긋난다. 더 나아가서 5장 7절에서 **우리**는 조상들이 지은 죄의 값을 자신들이 치르고 있다고 탄식하는데 이는 **누구나 자기 죄악으로 말미암아 죽으리라**고 하는 예레미야 31장 30절과 다르다.

이밖에도 예레미야애가 3장 4절, 7~8절, 12절, 29절, 38절, 52절 등에서는 욥기를 떠올리게 하는 표현이 들어 있다(각 해당 구절의 풀이를 보라). 또 다른 예언서의 내용과 비슷하거나 겹치는 부분도 예레미야애가에서 찾아볼 수 있는데, 예레미야애가의 저작 시기와 저자를 짐작하는 데 무엇보다도 중요한 사실은, 예레미야애가에 에스겔이나 이사야 40~66장에서 흔히 볼 수 있었던 낱말이나 표현도 들어 있다는 점이다.

우선 에스겔과 관련되는 몇 가지 경우를 살펴보면, 1장 13절 둘째 줄에 나오는 **그물 치**는 비유는 에스겔 12장 13절과 17장 20절을 떠올리게 하고, 예레미야애가 2장 14절 첫 줄 뒷부분에서 시온의 예언자들이 **헛되고 어리석은 묵시를 보았**다 할 때 이는 에스겔 13장 6절과 8절에 비추어 잘 이해할 수 있다. 또 예레미야애가 2장 15절 셋째 줄에서 지난날 시온을 두고 사람들이 **온전한 영광**이라 했다고 하는데, 이 표현은 에스겔 27장 3절에서 찾아볼 수 있으며, 예레미야애가 4장 18절 후반절에서 **우리**가 **종말이 이르렀도다**라고 한 말은 에스겔 7장 2, 3, 6절과 연관시켜 볼 수 있다.

다른 한편으로 예레미야애가 3장 1~18절에서 드러나는 고난 받는 의인의 모습은 이사야 53장을 떠올리게 하고, 예레미야애가 3장 25절 전반절에서 야훼를 기다릴 것을 권고하는 말과 4장 22절 전반절에서 딸 시온에게 **네 죄악의 형벌이 다하였**다고 한 말은 각각 이사야 40장 31절과 2절을 생각나게 한다. 예레미야애가 2장 4절에서 야훼를 두고 시온의 원수 같다고 한 비유는 야훼를 가리켜 아예 이스라엘 집의 대적이 되셨다고 한 이사야 63장 10절의 시대까지는 이르지 못했음을 암시해 준다.

이리하여 다섯 편의 애가를 주전 587년 직후 예레미야처럼 이름난 한 사람이 지었다기보다는 그 이후 수십 년에 걸쳐 예레미야가 쓰던 말투나 표현을 잘 알고 있었을 사람들이 각자와 각자가 속한 공동체의 상황에 따라 지은 것을 개인으로나 공동체의 예배에서 함께 부르다가 나중에 한데 모은 것으로 볼 수 있다. 유다가 바벨론에게 망한 직후부터 이를 슬퍼하는 유대인들이 한데 모여 답답한 마음을 서로 쏟아놓거나 예배해 왔던 것으로 알려져 있다(렘 41 : 5 ; 슥 7 : 3–5 ; 8 : 19 참고). 그 과정에서도 예레미야 전통과 시편과 욥기를 비롯한 이스라엘의 시문서에 나타난 시가 전통와 지혜 전통, 특히 탄원시와 탄식의 전통에 밝으며 문학적인 표현력이 있는 사람들이 당시의 괴로운 상황을 노래로 만들기 시작했을 것이다. 이는 예레미야애가의 다섯 노래 가운데 넷이 알파벳 시이고, 마지막 노래에서도 절수를 히브리 알파벳에 맞춘 점, 여러 가지 비유와 표현 방식을 능수능란하게 뒤섞어 쓴 점 등에 비추어 볼 때 어렵지 않게 짐작할 수 있다. 이들은 예루살렘 멸망을 공동체의 구성원으로서 직접 목격하고 경험한 뒤에 때로는 공동체와 어느 정도 거리를 두면서 노래하고 때로는 공동체에 대한 깊은 연대감을 느끼며 노래한 것으로 보인다. 이렇게 생겨난 다섯 편의 슬픈 노래는 정기적으로 공동체의 예배에서나 일상의 삶에서 숱한 사람들의 입을 통해 전해지고 불리는 과정에서 처음

보다 더 아름답게 다듬어졌고 그 결과가 오늘 우리가 보는 예레미야애가인 것으로 짐작할 수 있다. 이렇게 보면, 예레미야애가는 어떤 출중한 인물이나 인물들이 책상에 앉아 써낸 노래라기보다는 예루살렘 멸망 이후 살아남은 유다 사람들의 삶과 예배의 전 과정을 통해 생겨난 공동 저작이라 할 만하다.

이리하여 아래 본문 주석에서는 노래를 부르는 주인공을 그저 시인이라고 부르기로 한다. 다섯 편의 노래를 여러 사람이 지은 것으로 볼 때는 시인들이라 할 수 있다(선우남 37, 48-49 참고). 그리고 이 다섯 편의 노래가 하나로 묶인 것은 빨라도 주전 6세기 말이었을 것이다.

F. 기능과 의미

예레미야애가에는 예루살렘이 멸망할 때와 멸망한 뒤에 하나님의 백성이 공동체로, 개인으로 겪은 극심한 고난을 매우 자극적이고 끔찍한 방식으로 표현한다. 다른 한편으로는 죄의 고백도 더러 나오지만 야훼께 대해서도 거친 말을 함부로 쓴다. 이와는 달리 위로와 격려와 희망을 주는 말은 3장 일부를 제외하고는 드물게 나타나고, 엄청난 한탄과 간절한 기도를 야훼께서 들으시고 자비로우신 목소리로 응답하셨다는 느낌은 주지 않는다. 오히려 마지막까지 하나님께 자기들에게 닥친 엄청난 어려움을 두고 울부짖고 매달리는 공동체의 소리가 들린다. 이는 결국 예루살렘 멸망이라는 현실을 통해 겪는 아픔을 억지로 줄이거나 감추려 하지 않고 여러 처지에서 느끼는 그대로 표현하고 있음을 뜻한다. 이리하여 예레미야애가는 무엇보다도 그 다섯 노래에 표현된 아픔을 아픔 그대로 받아들일 것을 요청한다. 범죄한 백성이 야훼께로부터 받는 벌로 겪는 고통에서 너무 쉽게 용서와 위로와 회복으로 나아갈 수 없음을 알려 준다.

그렇지만 예레미야애가가 그저 고통의 표현으로 끝나지는 않는다. 그런 고통을 맘 놓고 드러낼 수 있는 것은 결국 그 고통을 주신 이가 야훼이시고 그 야훼께 모든 것을 걸 수밖에 없다는 신뢰가 전제되어 있기 때문이다.

G. 본문 주석 원칙과 방식

이 주석은 개역개정판을 중심하지만 개역개정판 번역만으로 히브리어 본문의 시문 형식이나 뜻을 제대로 잘 풀이할 수 없는 경우에는 히브리어 본문을 사역해서 쓰기로 한다. 또 본문의 형성 과정보다는 최종 형태를 중시하여, 앞 장의 내용이나 표현 형식이 뒤이어 나오는 장이나 장들에 어떻게 이어지는지 살펴보면서 다섯 노래 전체의 흐름을 알아보기로 한다. 무엇보다도 글의 흐름과 표현 방식을 따라 본디 뜻하던 바를 알아보면서 본문이 오늘 그리스도인들에게 주는 가르침을 생각해 보기로 한다.

예레미야애가를 이루는 다섯 장은 그 내용과 형식에서 서로 구별되므로 장별로 나누어 살펴보는 것이 좋다. 그리하여 각 장 주석의 첫머리에서는 그 장의 짜임새를 먼저 살펴보면서 무엇보다도 말하는 주체와 상대가 누구인가(위 C.1을 보라.)에 따라 단락을 나누어 본다. 본문 풀이는 장별로 하기보다는 그렇게 나눈 단락별로 하는데, 1장 9절 셋째 줄과 10~11절 둘째 줄과 11절 셋째 줄은 편의상 한 단락으로, 1장 17절은 12~16절과 한데 묶어 다룬다. 그 결과 예레미야애가는 모두 스무 단락으로 나누게 되었다(1 : 1-9ㄴ, 9ㄷ-11, 12-17, 18-19, 20-22 ; 2 : 1-10, 11-12, 13-19, 20-22 ; 3 : 1-18, 19-39, 40-41, 42-47, 48-54, 55-66 ; 4 : 1-10, 11-16, 17-20, 21-22 ; 5 : 1-22). 각 장의 마지막 단락을 풀이한 뒤에는 장 전체의 특징을 간단히 알아보기로 한다.

각 단락 풀이는 아래와 같은 방식으로 한다.

1. 맨 먼저 각 단락의 제목을 두는데, 이 제목은 될 수 있는 대로 개역개

정판 본문에서 뽑아 쓴다.

2. 다음으로 개역개정판 본문을 그대로 옮겨 적는다. 개역개정판에서 작은 글자로 쓴 부분은 그대로 적었다. 단 한 군데 5장 22절 개역개정판에서 붙여 놓은 난외주는 본문 풀이에 넣어 다루었다. 다만 예레미야애가의 히브리어 본문은 시문으로 되어 있으므로 최신 히브리어 성경인 「히브리어 성경 제5판」 예레미야애가 본문[5]을 따라 할 수 있는 대로 줄을 바꾸어 썼다.

3. 단락의 짜임새와 표현 형식의 특징을 잠시 살펴본다.

4. 본문 순서를 따라 각 단락을 풀이한다. 본문 풀이에서 개역개정판 본문은 **굵은 글씨**로 적는다. 풀이하고 있는 해당 본문과 관련된 다른 본문의 경우에도 마찬가지로 그리한다.

5. 독자 스스로 단락 풀이를 읽는 가운데 오늘에 적용할 메시지를 자연스럽게 생각하게 될 것이므로, 한 단락의 본문이 오늘의 독자들에게 뜻하는 바를 아주 짧게 제시하기로 한다.

---

5) Jan de Waard et al. (eds.), *Biblia Hebraica Quinta 18. Megilloth. Ruth, Canticles, Qoheleth, Lamentations, Esther* (Stuttgart : Deutsche Bibelgesellschaft, 2004).

제 I 부

1장

예레미야애가 1 : 1-1 : 22

A. 1장의 짜임새와 단락 나누기

1. "슬프다 이 성이여"(1 : 1-9ㄴ)
2. "여호와여 나의 환난을 감찰하소서"(1 : 9ㄷ-11)
3. "나의 고통과 같은 고통이 있는가"(1 : 12-17)
4. "여호와는 의로우시도다"(1 : 18-19)
5. "여호와여 보시옵소서"(1 : 20-22)

B. 1장의 특징

1장

A. 1장의 짜임새와 단락 나누기

비평판 히브리어 성경에서 1장의 각 절은 보통 석 줄로 이루어져 있고, 17절만 넉 줄로 되어 있다. 각 절의 첫 낱말의 첫 자음은 히브리어 22개의 자모 순서를 따른다.

1절은 첫머리의 **슬프다**가 1장 전체의 제목 노릇을 한다고 보아 제쳐 놓더라도 이를 제외한 1절의 나머지 부분과 2절은 **이 성**의 불행을 두고 시인이 한탄한다는 점에서 **유다**가 주어로 등장하는 3절과 구별할 수 있다. 4절에 **시온**이라는 고유명사가 처음 나오고 6절에 다시 **시온**이 나오는데, 이처럼 4~6절에서는 시온의 상황을 묘사함으로써 3절과 구별된다. 7~8절에서는 **예루살렘**이란 이름으로 이 성읍 시온을 달리 부르면서 조금 다른 관점에서 예루살렘에 닥친 고난을 말한다. 예루살렘의 참상을 묘사하는 부분은 9절 둘째 줄에서 끝나고 9절 셋째 줄에는 **나** 예루살렘이 **여호와**께 기도한 내용이 나온다. 10절에서는 시인이 여호와께 예루살렘에 닥친 재난을 두고 아뢰는데, 이 시인의 말은 11절 둘째 줄까지 이어지는 것으로 볼 수 있다. 11절 셋째 줄에서는 다시 **나** 예루살렘이 **여호와**께 아뢰는 말을 읽을 수 있다. 그 **나**가 12절에서는 길에 지나가는 사람들에게 말하기 시작한다. 이 **나**의 말은 16절까지 이어지고, **시온/예루살렘**을 두고 시인이 탄식하는 말인 17절을 거쳐, 18~19절에서는 **나** 시온/예루살렘이 **모든 백성들**에게 하는 말이 뒤따르고, 마지막으로 20~22절에는 **나** 시온/예루살렘이 **여호와**께 아뢰는 말이 나온다.

이처럼 1장을 자세히 읽어 보면, 1장은 1절, 2~3절, 4~6절, 7~9절 둘째 줄, 9절 셋째 줄, 10~11절 둘째 줄, 11절 셋째 줄, 12~16절, 17절, 18~19절, 20~22절의 열 한 부분으로 잘게 나눌 수 있다. 이 가운데서 1절, 2~3절, 4~6절, 7~9절 둘째 줄, 17절은 시인이 시온이나 유다나 예루살렘에게 닥친 재난을 두고 홀로 또는 우리가 알 수 없는 사람(들)에게 탄식하는 형식의 단락이고, 10~11절 둘째 줄은 여호와 앞에서 한탄하는 형식의 단락으로 읽을 수 있다. 9절 셋째 줄과 11절 셋째 줄과 20~22절은 시온/예루살렘이 **나**의 처지에서 여호와께 기도하는 형식의 단락이고, 12~16절은 길에 지나가는 사람들에게, 18~19절은 **모든 민족들**에게 자기에게 닥친 재난을 두고 말하는 형식의 단락들이다.

말하는 주체와 상대와 말의 내용과 성격을 따라 1장에 들어 있는 열 한 단락을 도표로 그려 보면 아래와 같다.

시인이 홀로	시인이 여호와께	예루살렘/시온이 남에게	예루살렘/시온이 여호와께
1-2, 3, 4-6, 7-9ㄴ			

			9ㄷ
	10-11ㄴ		
			11ㄷ
		12-16	
17			
		18-19	
			20-22
	기도		기도

1장에 들어 있는 열한 단락은 보기에 따라 각각 그 앞뒤 단락과 한데 묶어 다룰 수도 있다. 아래에서는 1~9절 둘째 줄, 9절 셋째 줄~11절, 12~17절, 18~19절, 20~22절의 다섯 단락으로 묶어 풀이하기로 한다.

1. "슬프다 이 성이여"(1 : 1-9ㄴ)

1 슬프다 이 성이여 전에는 사람들이 많더니
이제는 어찌 그리 적막하게 앉았는고
전에는 열국 중에 크던 자가
이제는 과부 같이 되었고
전에는 열방 중에 공주였던 자가
이제는 강제 노동을 하는 자가 되었도다
2 밤에는 슬피 우니
눈물이 뺨에 흐름이여
사랑하던 자들 중에
그에게 위로하는 자가 없고
친구들도 다 배반하여

원수들이 되었도다
3 유다는 환난과 많은
고난 가운데에 사로잡혀 갔도다
그가 열국 가운데에 거주하면서
쉴 곳을 얻지 못함이여
그를 핍박하는 모든 자들이
궁지에서 그를 뒤따라 잡았도다
4 시온의 도로들이 슬퍼함이여
절기를 지키려 나아가는 사람이 없음이로다
모든 성문들이 적막하며
제사장들이 탄식하며
처녀들이 근심하며
시온도 곤고를 받았도다
5 그의 대적들이 머리가 되고
그의 원수들이 형통함은
그의 죄가 많으므로
여호와께서 그를 곤고하게 하셨음이라
어린 자녀들이 대적에게 사로잡혔도다
6 딸 시온의 모든 영광이 떠나감이여
그의 지도자들은 꼴을 찾지 못한 사슴들처럼
뒤쫓는 자 앞에서 힘없이 달아났도다
7 예루살렘이 환난과 유리하는 고통을 당하는 날에
옛날의 모든 즐거움을 기억하였음이여
그의 백성이 대적의 손에 넘어졌으나
그를 돕는 자가 없었고
대적들은 그의 멸망을 비웃는도다

8 **예루살렘이 크게 범죄함으로**
조소거리가 되었으니
전에 그에게 영광을 돌리던 모든 사람이
그의 벗었음을 보고 업신여김이여
그는 탄식하며 물러가는도다
9 **그의 더러운 것이 그의 옷깃에 묻어 있으나**
그의 나중을 생각하지 아니함이여
그러므로 놀랍도록 낮아져도
그를 위로할 자가 없도다

1절에서는 **이 성**의 지난날 모습이나 상황이 뒤집어진 현재의 상황을 세 가지(1ㄱ, 1ㄴ, 1ㄷ)로 묘사한다. 2절에서는 **이 성**의 반응을 묘사(2ㄱ)한 다음에 이웃들이 이전과는 정반대의 태도를 취하고 있다고 하면서 **이 성**이 지금 겪고 있는 절망적인 상황을 말한다(2ㄴ, 2ㄷ).

1~2절에서는 **이 성**의 딱한 상황을 두고 한탄하는 사람의 목소리를 들을 수 있다. 내용으로 보면 시편의 공동체 탄원시에서 탄원자가 자신들의 어려운 상황을 묘사하며 하는 탄식을 생각나게 한다. 그렇지만 여기서는 탄식하는 시인과 어려움에 빠진 공동체는 일단 구별된다. 또 탄원시에서는 공동체가 여호와께 직접 아뢰지만, 여기서는 시인이 홀로 한탄하고 있는 것으로 보인다. 이 시인은 **이 성**의 지난날과 오늘을 잘 알고 있다. 그렇다면 그는 **이 성**에 살고 있던 사람인가? **이 성**의 주민이었다가 가까스로 불행에서 벗어난 사람인가? 시인은 도대체 누가 들으라고 이렇게 탄식하는가? 아니면 남이 듣든지 안 듣든지 상관없이 그저 자신의 아픈 가슴을 어루만지며 홀로 탄식하고 있는가?

이 성을 두고 하는 탄식이 담긴 1~2절에서 **유다**를 두고 한탄하는 3절로 넘어왔다가, 4절에는 **시온**의 상황을 묘사하는 말로 나아간다. 이리하여

1~2절의 **이 성**이 바로 **시온**임이 이제야 드러난다.

4절 첫 줄과 둘째 줄 앞부분에서 시인은 시온 성읍의 시설물 가운데서 **도로들**과 **성문들**이 각각 어떤 상황에 있는지 노래한다. 4절 둘째 줄 뒷부분과 셋째 줄 앞부분에서는 시온 공동체의 구성원들 가운데서 **제사장들**과 **처녀들**의 모습을 그린다. 4절 셋째 줄 뒷부분에서는 이 전체 상황이 **시온**에게 어떤 뜻을 지니는지 말한다. 5절 첫 줄에서는 시온을 적대 세력이 완전히 장악했음을 말하고, 5절 둘째 줄에서는 그런 불행이 닥친 까닭을 알려 준다. 5절 셋째 줄에서는 시온 공동체의 구성원 가운데서 가장 나이가 **어린 자녀들**이 겪는 고난을 묘사함으로써 4절 둘째 줄 뒷부분과 셋째 줄 앞부분과 이어진다. 6절 첫 줄에서는 **딸 시온**의 아름다움이 다 사라졌음을 말하고 둘째 줄과 셋째 줄에서는 그 지도층의 한심한 모습을 묘사한다.

1절 첫 줄에서 **이 성**으로 부르고 4절에서 **시온**이라는 별칭으로 부르던 **예루살렘**의 이름이 드디어 7절 첫 줄 앞부분에 나타난다. 그리하면서 앞서 1~2절과 4~6절에서 제3자의 눈으로 묘사했던 예루살렘의 참상을 이제는 예루살렘 자신의 관점에서 보고 있음을 노래한다.

7~9절 둘째 줄을 히브리어 본문으로 보면, 여기에는 정동사(定動詞)가 술어인 동사문장이 주로 나오면서 단 두 군데 7절 셋째 줄 뒷부분(**그를 돕는 자가 없었고**)과 9절 둘째 줄 뒷부분(**그를 위로할 자가 없도다**)이 비동사(非動詞)문장으로 되어 있다. 이 두 비동사문장은 각각 그 앞에서 동사문장으로 묘사한 바를 마무리하는 듯한 느낌을 준다. 히브리어에서 비동사문장은 어떤 상태나 상황을 표현한다.

7절 첫째 줄과 둘째 줄에서 시인은 좋았던 지난날을 회상하는 예루살렘의 모습을, 셋째 줄과 넷째 줄에서는 예루살렘이 멸망할 때 겪었던 외로움과 욕된 상황을 그린다. 8절 첫 줄 앞부분에서는 그렇게 된 까닭을 밝히고, 첫 줄 뒷부분과 둘째 줄에서 예루살렘이 겪은 치욕을 다른 말로 표현한 뒤에, 셋째 줄에서는 그런 상황에서 예루살렘이 보인 반응을 묘사한다. 9절에서는 예루살렘이 저지른 잘못과 그 결과로 생긴 비참한 상황을 다시 한 번 한데 묶어 다룬다.

[1 : 1] 개역개정판에서 **슬프다…… 어찌 그리**로 옮긴 첫 히브리 낱말 '에카'(אֵיכָה)는 본디 '어떻게', '어떤 방식으로', '어찌', '어찌하여' 따위를 뜻하는 의문부사인데(신 12 : 30 ; 18 : 21 ; 삿 20 : 3의 **어떻게**, 왕하 6 : 15의 **어찌**) 더러 무엇이 불가능함을 강조할 때(신 1 : 12 ; 7 : 17 ; 32 : 30 ; 시 73 : 11의 **어찌**), 상대방을 꾸짖을 때(렘 8 : 8의 **어찌**), 안타까운 상황을 두고 한탄할 때(사 1 : 21의 **어찌하여**), 사람의 죽음을 두고 슬퍼하는 말이나 노래 곧 조가(弔歌)의 첫머리에 쓰인다(*HAL* 38 참고). 여기서는 마지막 경우에 해당한다. 특히 한 나라의 멸망을 두고 탄식하는 말의 첫머리에 나오는 '에카'(렘 48 : 17의 **어찌하여**)에 가장 가깝다.

히브리어 본문으로 볼 때 예레미야애가 맨 처음의 '에카'는 첫 줄뿐만 아니라 둘째 줄과 셋째 줄에도 영향을 미치는 것으로 볼 수 있다. 이런 관점에서 개역개정판의 낱말을 최대로 살려 1절 전체를 다시 옮겨 보면, "어찌하여 **사람들이 많**던 그 성읍이 **이제는 적막하게 앉았는고! 열국 중에 크던 자가 이제는 과부 같이 되었**는고! **전에는 열방 중에 공주였던 자가 이제는 강제 노동을 하는 자가 되었**는고"가 된다. 개역개정판에서는 **이 성**으로 옮긴 히브리 낱말은 본디 '그 성읍'을 뜻한다.

이 성은 지난날 **사람들이 많**던 성읍이었고, **열국** 곧 여러 민족 **중에 크던** 성읍이었으며 **열방** 곧 여러 지역 **중에 공주였**다. 그런데 지금은 **적막하게 앉았고**, **과부 같이 되었고**, **강제 노동을 하는 자가 되었**다! 1절에서 **적막하게**로 옮긴 히브리 낱말 '바닷'(בָּדָד)은 본디 '홀로'를 뜻한다. 이리하여 '**사람 많**음'과 '홀로임', '민족들 중에서 큼'과 '**과부 같**음', '지역들 중에서 **공주**임'과 '**강제노동을 하는** 자임'은 각각 서로 대조된다. 이는 사람이 북적이며 주변 다른 나라로부터 크게 인정받던 지난날(1 : 8ㄴ 참고)과는 달리 **이 성**에 살던 사람들이 사라지고 없는 상황, 그 성읍의 중요성을 전혀 인정받지 못하는 상황,

그 성읍의 지위가 땅에 떨어지는 상황이 벌어졌음을 뜻한다. 지난날의 영광이 큰 만큼 지금의 곤경이 더 아프게 느껴진다. 이러한 대조를 두드러지게 하려고 개역개정판에서는 히브리어 본문에 없는 두 가지 부사, **전에는**과 **이제는**을 줄마다 집어넣어 번역한 것으로 보인다. 이런 점은 나중에 4장 5~7절의 번역에서도 찾아볼 수 있다.

이런 상황은 바로 성읍의 죽음을 뜻한다. 그리하여 시인은 '에카'라는 외마디 소리로 노래를 시작한다. 이러한 상황의 변화를 나타내는 동사로 1절에서는 두 번에 걸쳐 '되다'(**הָיָה**, '하야')를 쓴다(1 : 8ㄱ도 참고).

'적막하게 앉다' 곧 '홀로 앉다'는 뜻의 히브리어 표현 '샤샵 바닷'(**בָּדָד יָשַׁב**)은 레위기 13장 46절('**혼자 살다**')에서는 악성 피부병에 걸린 사람이 격리된 상황을 가리킬 때, 예레미야 15장 17절('**홀로 앉**다')에서는 예언자가 악인들과 어울리지 않는 상황을 나타낼 때, 예레미야 49장 31절('**홀로 살**다')에서는 안전한 독립국가의 지위를 유지하는 공동체의 모습을 그릴 때 쓰인다. 더러는 이 표현이 예레미야애가 1장 1절에서 지난날 **이 성**의 강한 모습과 현재의 비참한 모습 두 가지를 다 드러내는 것으로 이해하기도 한다(Owens 172). 3장 28절에 나오는 '**혼자 앉**다'의 뜻에 대해서는 그곳 풀이를 보라.

이 성이 히브리어로 여성명사인 점이 **이 성**을 **과부**나 **공주**에 비기는 것과 잘 어울린다. 히브리어 본문에서는 1절 셋째 줄에서 주어, **열방 중에 공주였던 자가**를 술어동사 '**되었도다**'보다 앞세워 강조한다. 특히 **과부**는 옛 이스라엘 사회에서 남편이 없어 그 권리와 지위를 제대로 인정받기 힘든 사람으로 구약성경에서 말하는 대표적인 약자 가운데 하나다(신 24 : 17-21 ; 시 68 : 5 등).

이 성은 예루살렘이고 **이 성**이 겪는 불행은 유대인들의 불행을 말하고 있다는 사실은, 4절부터 **시온**이, 7절부터는 **예루살렘**이, 3절부터는 **유다**가 가끔씩 등장한다는 데서 드러난다.

[1 : 2] 이제 **이 성**이 할 수 있는 일은 우는 것뿐이다. 히브리어 본문 2절 첫머리에서는 이를 강조하여 표현한다. 이를 개역개정판에서 **슬피 우니**로 옮겼다. **이 성**은 밤에 울고 울 따름이다. 앞서 1절의 세 술어동사(**앉았는고, 되었고, 되었도다**)가 완료형인 것과는 달리 여기서 동사(**우니**)는 미완료형으로 **이 성**이 지금 겪고 있는 상황을 묘사한다. 이리하여 이 문장은 주민이 사라진 성읍이 홀로 빈 터에 앉아 밤에도 잠을 이루지 못하고 하염없이 눈물 흘리는 상황을 그려 보게 한다. 이처럼 시인은 여기서 성읍을 살아 있는 한 여성 인격체처럼 다룬다. '울다'라는 동사가, 백성의 고통을 자신의 고통으로 알고 울었던 예언자 예레미야를(렘 9[8] ; 1[23] ; 13 : 17) 떠올리게 하지만, 여기서 우는 것은 시인이 아니라 재난을 겪고 있는 **이 성**이다. 예레미야 9장 17[16]~19[20]절에서 예언자는, 유다 백성이 재난이 코앞에 닥쳤는데도 그 상황을 제대로 깨닫지 못하지만 재난이 닥치면 시온 사람들이 통곡할 것을 미리 내다보면서, 곡하는 부녀들을 불러 억지로라도 그 백성으로 하여금 울게 하려고 했다. 그렇게 예언자가 앞서 내다본 상황이 이제 현실로 나타난 셈이다. 다른 한편으로 예레미야애가 1장 2절에서 이 성이 밤에 **슬피** 운다 함은 바벨론에 사로잡혀 가 살던 유다 사람들이 그 **여러 강변 거기에 앉아서 시온을 기억하며 울었**다고 하는 시편 137편 1절과 짝을 이룬다. 나라가 망한 뒤 유다 사람들은 유다 땅에 남아 있든 바벨론에 사로잡혀 가 있든 망해 버린 시온을 두고 슬피 울며 눈물을 흘렸다. 결국 시온의 눈물은 시온이 망한 뒤 유다 백성의 슬픈 상황을 그대로 드러내 준다.

2절 첫 줄 뒷부분에서는 주어가 **눈물**로 바뀌지만 이 **눈물**의 주인공은 여전히 **이 성**이다. **눈물이 뺨에 흐름이여**로 옮긴 히브리어 문장은 "그의 **눈물이** 그의 **뺨** 위에 있도다."라고 직역할 수 있다. 이는 울음이 지속되고 있음을 드러낸다. **눈물**도 예레미야에게서 자주 볼 수 있었던 낱말이다(렘 9[8] ; 1[23] ; 9 : 17[16] ; 13 : 17 ; 14 : 17). 그렇지만 그 경우에도 고난의 당사자인 성읍의 눈물을 말하는 예레미야애가 1장 2절과는 다르다.

그런데도 **그에게 위로하는 자가 없**다고 시인은 2절 둘째 줄 앞부분에서 한탄한다. 크게 슬픈 일이 닥쳤을 때 위로해 주는 사람이 없으면, 그 슬픔이 더 커진다. 그런데 여기서 '**위로하다**'로 옮긴 히브리 동사는 전도서 4장 1절의 경우와 마찬가지로 그저 말에 그치지 않고 실제로 돕는 것까지 의미하므로, **위로하는 자**는 바로 돕는 자를 뜻한다(*THAT* Ⅱ 62).

다른 한편으로, **위로하는 자가 없**다는 시인의 한탄을 들으면, 자식을 잃고 울부짖으면서 위로받으려 하지 않는 라헬의 모습을 묘사하는 예레미야 31장 15절이 생각난다. 더 나아가서 예루살렘에 닥칠 재난을 예레미야가 앞서 내다보며 이를 남편과 자녀들뿐만 아니라 삶의 터전까지 잃고 홀로 남아 한탄하는 여인의 모습에 빗대어 탄식한 10장 20절도 생각난다. 물론 앞의 경우는 이미 여러 세대 전에 망한 북왕국 백성이 처한 어려운 상황을 전제하고 있어서 남왕국 유다의 상황을 두고 한탄하는 뒷 경우와 다르다. 그렇지만 하나님 백성이라는 공동체가 겪는 어려움이라는 점에서는 둘이 서로 통한다. 이처럼 예레미야애가 첫머리에서 시인이, 유다 멸망 전부터 예레미야가 예루살렘 공동체가 겪을 고통을 하나님 백성을 한 여성 인격체로 여기며 노래해 온 방식을 활용하여 멸망한 예루살렘을 두고 노래한다.

뒤이어 **사랑하던 자들 중에**라는 설명을 덧붙여서 지난날 **이 성**과 좋은 관계를 맺고 있었던 나라들이 이 상황에서 아무런 도움도 주지 않고 아주 냉정하게 처신하고 있음을 똑똑히 말한다. **사랑하던 자들**로 옮긴 히브리어 표현은 더 정확히 번역하면 '그를 **사랑하던 자들**'이 되고, 이 경우에 '그'는 앞서 한 여성 인격체로 표현된 **이 성**을 가리킨다. 결국 이 표현은 여러 남자와 관계를 맺는 한 여자처럼 **이 성**이 여러 나라와 관계를 맺어 왔음을 알려 주는 비유다.

2절 셋째 줄 히브리어 본문에서는 주어, **친구들도 다**를 술어동사보다 앞세워 강조한다. **친구들** 곧 '그의 **친구들**'은 2절 둘째 줄 뒷부분의 '그를 **사랑하던 자들**'과 같은 대상을 가리키는 것으로 볼 수 있다. 이 **친구들**이 **원수들**

이 되었다 함으로써, 위기 상황에서 지난날의 동맹국들은 아무런 도움도 될 수 없을 뿐만 아니라 오히려 위기를 한층 더 부추겼음을 말한다. 지난날의 친구가 오히려 원수로 바뀌었다는 한탄은, 야훼께서 이전에 예루살렘의 친구 삼았던 자들을 이제는 예루살렘 위에 우두머리로 세우셨다고 예레미야 13장 21절에서 예언자가 한탄한 바가 현실로 나타났음을 느끼게 한다.

여기서 **원수**로 옮긴 히브리 낱말 '오옙'(אֹיֵב)은 아무개를 해치는 개인이나 단체를 가리킨다. 이 낱말은 주로 복수형으로 쓰이면서 구약성경에 모두 282번, 그 가운데서 시편에 가장 많이 74번, 다섯 장밖에 안 되는 예레미야애가에 무려 15번이나 나오는데, 대부분의 경우에 한 민족의 정치적이고도 군사적인 적을 가리킨다(*THAT* I 119). 예레미야애가의 경우도 마찬가지다.

이처럼 이전에 호의를 품고 가깝게 지내던 나라들이 태도를 바꾸어 악의를 품고 해치려 하는 것은 **이 성**의 지위가 달라진 것과 바로 이어진다. 그에 걸맞게 여기서도 동사 '되다'('하야')가 쓰인다.

이처럼 1~2절에서 시인은 친하게 지내던 남자들에게 배신당하고 지난날의 영화(榮華)를 다 잃어버리고 처량한 꼴을 하고 있는 여인의 모습에 견주어 **이 성**이 어려움에 빠진 상황을 두고 홀로 탄식한다.

앞서 살펴본 바와 같이 1절에서는 지난날 **이 성**이 누리던 영광과 오늘에 겪는 참담한 현실을 대조하여 말하는 것은 죽은 사람을 애도할 때 부르는 노래인 조가의 한 요소를 생각하게 한다. 물론 여기서는 **이 성**이 상징하는 공동체의 죽음 곧 멸망을 다룬다. 그렇지만 2절에서는 애도의 대상이어야 할 **이 성**이 스스로 운다고 함으로써 벌써 조가의 틀을 벗어난다.

이리하여 이 단락 자체는 공동체 탄원시의 형식도 조가의 형식도 그대로 따르고 있지 않다. 시인은 공동체에 닥친 재난을 두고 공동체의 죽음이라는 관점에서 노래하면서 두 문학 유형의 요소를 뒤섞어 알맞게 쓰고 있다.

예레미야애가만 두고 보면 그 첫머리 두 절에서는 아직 **이 성**이 누구인지를 밝히고 있지 않다. 그렇지만 이 노래를 듣는 사람들이나 이 본문을 읽는 사람들은 그 성이 예루살렘인 것을 이미 알고 있다. 결국 여기서 시인이 노래하는 것은 예루살렘이 대표하는 유다 백성이 나라가 망한 뒤에 겪고 있는 참담한 현실이다. 그리하여 이 첫 두 절은 유다를 두고 한탄하는 3절로 잘 이어진다.

[1 : 3] 히브리어 본문에서 3절의 **유다**는 여성형으로 그 자체로는 유다 땅을 가리키나 실제로는 그 땅에 살던 유다 사람들을 가리킨다. 이는 유다가 바벨론에게 망한 뒤에 시드기야 왕을 비롯하여 많은 사람들이 바벨론으로 사로잡혀 간 사실을 두고 열왕기하 25장 21절과 예레미야 52장 27절에서 "**유다**가 자기 땅에서부터 **사로잡혀** 갔다"(사역)고 한 것을 보더라도 잘 알 수 있다.

이제 예레미야애가 1장 3절 개역개정판에서 **환난과 많은 고난 가운데에**로 옮긴 히브리어 전치사구는 '고난 때문에, 또 많은 노역 때문에'로 직역하는 것이 더 낫다(개역한글판, *NJPST, NZB* 참고). 이럴 경우에 '고난'(**עֳנִי**, '오니')과 '노역'(**עֲבֹדָה**, '아보다')은 유다 왕국이 바벨론에게 망하기 전에 유다 사회에서 볼 수 있었던 불의한 현실을 가리키는 표현으로 이해할 수 있다(합 1 : 2-4 참고). 곧 강자들에게 약자들이 짓눌리는 비참한 상황, 특히 강제 노동이 많았던 상황을 말하는 것으로 볼 수 있다. 열왕기상 11~12장에 따르면, 백성에게 부과된 심한 강제 노동은 이미 이스라엘이 남북으로 나누어지게 되는 동기 가운데 하나였다.

3절 둘째 줄 앞부분에서 **유다**가 **열국 가운데서 거주하면서**로 옮긴 히브리어 표현은 '민족들 중에 앉았다'라고 직역할 수 있는데, 그 히브리어 문장에서는 술어동사에서 이미 주어를 알 수 있는데도 단수 여성 삼인칭대명사 '그'(**הִיא**, '히')를 써서 주어를 강조한다. 다른 한편으로는 이런 식으로 둘째 줄 뒷부분과 낱말 수를 맞춘다.

유다가 **열국 가운데 거주**한다(사역 : '민족들 중에 앉았다')는 말을 들으면, 한편으로 **이 성**이 **적막하게 앉았**다고 한 1절 첫 줄과 **열국 중에 크던 자**(사

역 : '민족들 중에서 크던 것')라고 한 1절 둘째 줄이 생각나고, 다른 한편으로는 나라가 망한 뒤에 지도층을 비롯하여 유다 사람들이 숱하게 바벨론으로 사로잡혀 가 있는 상황이 생각난다(왕하 25 : 6-7, 11 ; 렘 52 : 10-11, 15, 28-30). 그렇지만 1절에서는 주민이 사라져 버리고 텅 빈 예루살렘의 상황을 그리고 있다면, 여기서는 바벨론에 사는 유다 사람들의 상황을 말한다. 그리하여 그들은 **쉴 곳을 얻지 못**한 채 고달프게 살아가고 있다.

3절 셋째 줄은 달아나던 유다 왕 시드기야를 바벨론 군인들이 뒤쫓아가 잡아온 사실을 떠올리게 하면서(렘 52 : 7-9), 왕뿐만 아니라 다른 유다 사람들도 도망가다가 다시 붙들려 왔음을 암시한다. 그 히브리어 문장에서는 2절 셋째 줄 앞부분처럼 주어 **그를 핍박하는 모든 자들이**를 술어동사보다 앞세워 강조한다. 여기서 '핍박하다'로 옮긴 히브리 낱말 '라답'(רָדַף)은 본디 '뒤쫓다'를 뜻한다(6ㄷ 참고).

3절 셋째 줄 뒷부분, **궁지에서** 곧 '곤경 가운데'는 달아나던 사람들이 더는 빠져나갈 수 없이 추격자들에게 에워싸인 모습을 그려 보게 한다.

이리하여 1~2절이 유다가 망한 뒤의 비참한 상황을 수도 예루살렘의 처지에서 묘사했다면, 3절은 사로잡혀가 흩어져 살게 된 유다 사람들 곧 디아스포라의 관점에서 노래한다. 이는 결국 나라 안팎 가릴 것 없이 유다 백성이 엄청난 고통을 겪고 있음을 뜻한다. 아무튼 이런 괴로움을 두고 탄식의 말을 쏟아 내는 사람이 괴로움을 겪고 있는 당사자들이 아니라는 점에서는 3절이 1~2절과 이어진다.

[1 : 4] 히브리어 본문 4절 첫 문장에서는 **시온의 도로들이** 어떤 상황에 있는지를 말한다. **시온**(צִיּוֹן, '치온')은 본디 예루살렘 남동쪽 언덕에 있던 산성의 이름이지만, 다윗이 이를 점령한 뒤에는 **시온** 산성을 **다윗** 성이라 불렀고(삼하 5 : 7//대상 11 : 5 ; 왕상 8 : 1//대하 5 : 2), 나중에는 **시온**을 예루살렘 전체를 가리키는 말로 쓰고(사 10 : 24 ; 33 : 20 등), **시온** 산은 성전이 있는 언덕을

가리키게 되었는데(사 8 : 18 ; 18 : 7 등), 시문에서 **시온**은 흔히 포로기 이후 예루살렘 주민, 더 나아가서는 유다 백성을 대표하는 이름이 되었다(사 51 : 16 ; 슥 2 : 7[11] 등)(*HAL* 958 참고).

이 **시온의 도로들이 슬퍼**한다 함으로써 시인은 **시온** 성뿐만 아니라 **시온**에 있는 시설물까지 인격체로 다룬다. 여기서 '슬퍼하고 있다'를 뜻하는 형용사의 뿌리가 되는 히브리 동사는 '메마르다', '메말라 있다'를 뜻하기도 하는데, 이 동사와 그에서 비롯된 낱말들은 흔히 하나님이 내리신 재난을 겪는 사람들이나 자연계가 보이는 반응을 표현할 때 자주 쓰인다(*ThWAT* I 48–49). 이리하여 예루살렘이 망한 뒤에 예루살렘 거리들이 사람처럼 당황하여 어쩔 줄 모르며 슬퍼한다기보다는 사람의 발길이 끊어져 푸석푸석한 먼지만 일어나는 메마른 상황을 묘사하는 것으로 이해할 수 있다. 이는 뒤이어 나오는 말, **절기를 지키러 나아가는 사람이 없음이로다**에서 드러난다. **절기**로 옮긴 히브리 낱말 '모엣'(מוֹעֵד)은 문맥에 따라 모임장소, 모임, 약속한 시점 등의 뜻으로 쓰이는데, 이 경우에는 이스라엘 사람들이 예루살렘으로 순례하기로 정해 놓은 유월절(무교절)과 맥추절(칠칠절)과 초막절(장막절, 수장절)을 생각해 볼 만하다(출 23 : 14–17 ; 34 : 18–22 ; 신 16 : 1–17). 이 낱말은 2장 6절, 7절, 22절에도 쓰인다. 순례자들로 가득 차야 할 시온의 길들이 텅 비어 있음을 시온의 길들이 슬퍼한다고 묘사한 셈이다. 순례 올 사람들이 다 사라져 버렸기 때문이다.

시온의 길들만 빈 것이 아니다. 시온의 **성문들**도 **다 적막하**다. 이리하여 시온은 찾아오는 사람이 없는 버림받은 성읍이 되었다. 여기서 '적막하다'로 옮긴 히브리 낱말 '쇼멤'(שׁוֹמֵם)은 본디 '거칠어져 못쓰게 된 상태에 있음', '삶에서 단절된 상태에 있음'을 뜻하는데(*HAL* 1446b), 이 경우에는 성문들이 부서지고 망가져서 못쓰게 되었을 뿐만 아니라 그리로 드나드는 사람이 없어 쓸쓸하고 조용함을 뜻하는 것으로 보인다(1 : 13, 16 ; 3 : 11 ; 4 : 5 참고). 이는 1절에서 "**슬프다 이 성이여 전에는 사람들이 많더니 이제는 어찌 그리 적**

막하게 앉았는고"라고 탄식한 바와 통한다.

이렇게 시온이 텅텅 비게 되자 시온의 **제사장들은 탄식하**고(1 : 8, 11 참고) 시온의 **처녀들**은 **근심**한다. 히브리어 본문 4절의 처음 네 문장은 다 분사를 술어로 삼음으로써 지속되고 있는 상황을 표현한다. 순례객이 끊긴 상황에서 **제사장들**이 할 일이라곤 한숨짓는 일밖에 없다. 기뻐 춤추며 노래할 **처녀들**도 마찬가지여서 걱정할 수밖에 없다.

4절 마지막 문장 곧 셋째 줄 뒷부분에서는 이런 상황을 시온은 어떻게 느끼는지를 알려 준다. **시온도 곤고를 받았도다**로 옮긴 히브리어 4절 마지막 문장 곧 셋째 줄 뒷부분은 "그것이 그(=시온)에게 쓰라리로다"로 직역할 수 있다. 이처럼 여기서는 시온을 다시 살아 있는 한 여성 인격체로 등장시킨다. 이는 1절에서 **이 성**을 **과부**에 비긴 것과 비슷하다.

[1 : 5] 앞서 2절 셋째 줄에서 **원수들**이 된 이전의 **친구들**을 두고 말했다면, 이제5절에서는 시온을 망가뜨린 적대 세력의 모습을 묘사한다. 이들을 가리켜 5절 첫 줄 앞부분에서는 **시온의 대적들이 머리가 되**었다고 한다. 여기서 **대적**으로 옮긴 히브리 낱말 '차르'(צַר)는 본디 아무개를 압박하는 자, 어려운 지경에 몰아넣는 자, 마구 쳐들어오는 자를 가리킨다. 이 낱말은 구약에 모두 70번, 가장 많이 시편에 26번, 그다음으로 많이 예레미야애가에 9번 나오는데, 보통은 원수('오옙')와 마찬가지로 하나님 백성에게 정치적으로 군사적으로 적대관계에 있는 사람들이나 민족들을 가리킨다(*THAT* Ⅱ 582-583).

뒤이어 이 **대적들**을 **원수들**이라고 부르면서 그 **원수들**이 잘 지내는 모습을 표현한다. 그 히브리어 문장에서는 주어, **그의 원수들이**를 술어인 상태동사 '**형통**하다'보다 앞세워 강조한다. '**형통**하다'를 뜻하는 동사 '샬라'(שָׁלָה)가 시편 122편 6절에서는 예루살렘을 사랑하는 사람들에게 쓰이는 것과는 달리 여기서는 아주 역설적으로 쓰인다. 시온에서는 시온을 사랑하고 아끼는 사람들이 **형통**함을 느끼며 지낼 수 있어야 하는데, 시온을 멸망시킨 이방 군인들이 **형통**하다니, 이야말로 어처구니없는 일이 아닐 수 없다.

이런 가슴 아픈 상황이 벌어진 까닭을 5절 둘째 줄 앞부분에서는 **여호와께서 그를 곤고하게 하셨음이라**라는 문장으로 똑똑히 밝혀 준다. 여기에 예레미야애가에서는 처음으로 하나님의 이름 **여호와**를 쓴다. '**곤고하게 하**다'로 옮긴 히브리 동사 '호가'(הוֹגָה)는 '괴롭히다'를 뜻한다. 이런 식으로 이 문장에서는 시온이 어려움에 처한 것은 시온의 임금이신 여호와(렘 8 : 19)께서 하신 일임을 분명히 알려 준다.

그런데 이렇게 여호와께서 시온을 괴롭히신 데는 까닭이 있다. 다름 아니라 **그** 곧 시온**의 죄가 많**기 때문이다. 예레미야애가에서 **죄**라는 말이 이 구절에 처음 나오는데, 그 히브리 낱말은 '페샤으'(פֶּשַׁע)다. 이 명사의 뿌리가 되는 동사의 본뜻이 '반역하다'에 있다기보다는 '관계를 끊다'나 '위법행위를 하다'에 있으므로, 이 명사를 '반역'으로 이해하기보다는 개별 범죄의 상위 개념으로서 사람들의 사귐이나 하나님과 사람의 사귐을 깨뜨리는 '범죄'나 '위법행위' 일반을 뜻한다고 보는 것이 더 낫다(*HAL* 922 ; *THAT* Ⅱ 489-493 ; *ThWAT* Ⅵ 794-799 참고). 이렇게 보면 시인은 5절 둘째 줄에서, 시온 사람들이 자기들의 공동체뿐만 아니라 자신들과 하나님의 사귐을 깨뜨리는 못된 짓을 숱하게 했다고 한탄한 것으로 이해할 수 있다. 1장에서는 이 '페샤으'가 두 번 더, 14절과 22절에 나온다.

5절 셋째 줄에서는 그 결과 시온의 미래인 아이들조차 적 앞에 사로잡혀 가는 비극이 닥쳤음을 말한다. **어린 자녀들이 대적에게 사로잡혔도다**로 옮긴 히브리어 문장은 "그(=시온)의 어린 아이들조차 대적 앞에 사로잡혀 갔도다."로 직역할 수 있는데, 주어인 '그(=시온)의 어린 아이들'을 술어동사보다 앞세워 강조한다. 예레미야애가 특히 2장에서는 어린이들이 여러 번 나온다(2 : 11, 19, 20 ; 4 : 4 ; 5 : 13).

[1 : 6] 순례자들을 볼 수 없을 뿐만 아니라 적들이 다스리는 시온에서 더는

옛 영광을 찾아볼 수 없다. **딸 시온의 모든 영광이 떠나감이여**로 옮긴 히브리어 본문 6절 첫 줄 앞부분은 "딸 시온으로부터 그의 아름다움이 다 나가 버렸다"로 직역할 수 있다. '딸 시온으로부터'라는 전치사구를 주어 '그의 아름다움이 다'보다 앞세워 강조한다. **딸 시온**에서 **딸**(בַּת, '밧')은 흔히 성읍이나 나라를 사람처럼 다룰 때 그 성읍이나 나라 이름 앞에 붙여 쓰는 낱말로, **시온**을 한 여성 인격체로 부르는 방식 가운데 하나인 **딸 시온**은 무엇보다도 이사야서에 1장 8절 이후 20번이나 나와 자주 나오는데(*HAL* 159a), 실제로는 시온 주민들 전체의 상황을 뭉뚱그려 표현할 때 쓰이는 수가 많다. 시온의 아름다움이 **다 떠나감이여**라고 함으로써, 시온의 주민들이 사로잡혀 가거나 달아난 점을 떠올리게 한다.

6절 셋째 줄에서는 특히 시온의 지도층이 적군의 추격을 피해 달아나고 있는 상황을 묘사하는데, 이는 시온의 아이들이 사로잡혀 가는 장면을 그리는 5절 셋째 줄과 대조를 이룬다. 아이들이 사로잡혀 가는데, **그의** 곧 시온의 **지도자들은 꼴을 찾지 못한 사슴들처럼 뒤쫓는 자 앞에서 힘없이 달아났도다**. 아이들을 지켜야 할 고위 관리들이 고작 제 한 목숨 지키겠다고 **힘없이 달아났**다는 것이다. 이는 이들의 무력하고 비겁함을 드러낸다. **뒤쫓는 자**라는 표현은 앞서 3절 셋째 줄에서 유다 전체를 목적어로 하면서 쓰인 적이 있는데, 거기서는 '**핍박하는** 자'로 옮겼다.

앞서 1~2절에서 **이 성**이 이전 영광을 다 잃고 가련한 신세가 된 것과 친구들이 배신한 것을 한탄하고, 3절에서는 나라 밖으로 사로잡혀 간 유다의 어려운 형편을 묘사했다면, 4~6절에서는 다시 **시온** 공동체 안으로 눈을 돌린다. 그리하여 **시온**의 비참한 상황을 시온의 시설물들과 주민들 가운데 몇 계층이 겪는 고난과 정복자들의 모습을 구체적으로 그리는 한편 이런 고통이 **시온**의 **죄** 때문에 여호와께서 내리신 것임을 말한다.

[1 : 7] 7~9절 둘째 줄에서는 앞 6절의 **시온**을 **예루살렘**으로 바꾸어 부르지만,

히브리어 문장에서는 **예루살렘**도 **시온**과 마찬가지로 여전히 여성 단수 인격체로 나온다. 7절 첫 줄에서 시인은, **예루살렘이 환난과 유리하는** 고통**을 당하는 날에 옛날의 모든 즐거움을 기억**한다고 노래한다. 예전에 누렸던 영광을 기억할수록 지금 겪는 고통이 더욱더 크게 느껴진다. **모든 즐거움**으로 옮긴 히브리어 표현은 '그의 온갖 귀한 것'으로, **환난과 유리하는** 고통**을 당하는 날**로 옮긴 히브리어 표현은 "그의 고난('오니') 곧 고향 잃고 헤맴('마룻')의 날들"로 직역할 수 있다.

여기서 **환난**으로 옮긴 히브리 낱말 '오니'는 앞서 3절에서 유다를 주어로 하여 여기와는 다른 흐름에서 나온 바 있다. 3절에서 유다 사회 안에서 일어나는 불의로 약자들이 겪는 고난을 말했다면, 여기서는 이제 나라가 망한 뒤에 유다 사람들이 겪는 고난을 예루살렘이 겪는 고난으로 표현한다. 그 고난은 무엇보다도 적에게 사로잡혀 고향을 떠나가 이리저리 헤매며 힘겹게 살아야 하는 데에서 똑똑히 드러남을 '마룻'이라는 히브리 낱말을 덧붙여 말해 준다.

그런 상황에서 옛날에 예루살렘에 있었던 '온갖 귀한 것'을 기억하면, 또한 그것들을 잃어버리게 된 그 순간, 곧 예루살렘이 적군의 손에 떨어지던 그 순간의 아픔이 되살아난다. 10절에 비추어 보면 '온갖 귀한 것'은 예루살렘 성전에서 쓰던 여러 귀한 그릇과 기구를 가리키는 듯하다(왕하 24 : 13 ; 25 : 13-17 ; 대하 36 : 10, 18 ; 렘 27 : 18, 21-22 ; 52 : 17-23 ; 스 1 : 7-11 ; 단 1 : 2 참고).

7절 셋째 줄 앞부분에서 말하는 **그의 백성** 곧 예루살렘의 백성은 결국 예루살렘에 살던 사람들을 비롯하여 유다 사람들을 가리킨다. '백성'이라는 낱말이 예레미야애가에서는 여기에 처음 나온다.

사랑하는 자녀들이 **대적의 손에** 넘어가는 것을 그저 바라보고 있을 수밖에 없는 어머니처럼 예루살렘은 유다 백성이 바벨론 군대의 손에 넘어가는 것을 보고 있을 수밖에 없었다. 개역개정판에서 **대적의 손에 넘어졌으나**로 옮긴 히브리 문장은 '대적의 손에 떨어졌으나' 혹은 '대적의 손에 넘어갔으나'로 번역하는 것이 더 낫다. **대적**은 앞 5절 첫 줄에 이미 나온 바 있다. 출애굽기 23장 22절에서 알 수 있듯이 야훼께서는 당신 백성의 대적이나 원수를 물리쳐 주시는 하나님이시지만(*ThWAT* I 230 참고), 이스라엘이 야훼를 거슬러 범죄하면 오히려 야훼 몸소 그들을 대적들이나 원수의 손에 넘기신다고 에스겔 39장 23절과 예레미야 21장 7절과 34장 19~21절에 적혀 있다(*ThWAT* Ⅱ 1124 ; *ThWAT* I 231-232 참고). 그와는 달리 예레미야애가 1장 7절에서는 야훼께서 그리하신 결과로 야훼의 백성이 겪는 어려운 상황만을 말한다. 그 배후에 야훼께서 계신다는 점은 나중에 예레미야애가 1장 17절과 2장 4~5절에서 드러나고, 2장 7절에서는 주께서 시온의 궁성 성벽들을 원수의 손에 넘기셨다고 한다.

예루살렘의 백성이 대적들의 손에 넘어갔을 때에 그 누구도 예루살렘을 돕지 않았다. 이는 앞 2절 둘째 줄에서 **사랑하던 자들 중에 그에게 위로하는 자가 없고**라고 한 바와 통한다.

7절 넷째 줄에서는 **대적들은 그의 멸망을 비웃는도다**(그 히브리어 문장은 "대적들은 그를 보았다. 그의 끝장남을 두고 비웃었다."로 직역할 수 있다.)라고 함으로써 예루살렘을 비웃는 정복자들의 모습을 묘사한다. 적들은 예루살렘이 끝장난 것을 보고 좋아하고 웃었다!

[1 : 8] 이런 어처구니없는 일이 벌어진 것은 **예루살렘**이 **크게 범죄**했기 때문임을 8절 첫머리에서 똑똑히 말한다. 앞서 5절 둘째 줄에서 **그의 죄가 많으므로 여호와께서 그를 곤고하게 하셨음이라**라고 한 것과는 달리 여기서는 예루살렘이 범죄한 점만 말한다. 그런데 그 히브리어 본문에서는 같은 뿌리에서 나온 명사 '죄'(**חֵטְא**, '헷')와 동사 '범죄하다'(**חָטָה**, '하타')를 나란히 문장 첫머리에 앞세워 예루살렘이 범죄한 사실을 강조한다. 그리하여 이를 개역개정판에서는 크게 범죄했다고 옮긴 것으로 보인다. 이 구절에서는 5절에 뒤이어

두 번째로 예레미야애가에서 죄를 뜻하는 히브리 낱말을 찾아볼 수 있다. 5절에서 죄로 옮긴 '페샤으'와는 달리 '헷'은 본디 '표적에서 빗나가다'를 뜻하는 동사에서 비롯된 명사 가운데 하나다.

예루살렘은 이제 **조소거리** 곧 비웃음거리가 되었다. 여기서 **조소거리**로 옮긴 히브리 낱말인 '니다'(נִידָה)는 본디 남을 비웃는 몸짓으로 머리를 흔듦을 뜻하는 동사에서 비롯되었다. 예루살렘의 처지가 바뀌었음을 나타내는 말로 1절 둘째 줄 앞부분과 셋째 줄 뒷부분에서 그리했던 것처럼 '……이 되다'라는 뜻의 동사 '하야'를 쓴다.

예루살렘이 **조소거리**가 된 것이 예루살렘의 큰 범죄 때문이라는 점은 **예루살렘이 크게 범죄함으로 조소거리가 되었으니**라는 개역개정판에서도 알 수 있지만, 그 히브리어 본문에서는 "예루살렘이 그토록 범죄했도다. 그러므로 그가 비웃음거리가 되었도다."라는 식으로 아주 분명하게 드러낸다.

그런데 예루살렘을 비웃는 자들은 정복자들만이 아니다. **전에 그에게 영광을 돌리던 모든 사람이** 그를 **업신여**겼다. **그에게 영광을 돌리던 모든 사람**으로 옮긴 히브리어 표현은 '그를 존중하던 모든 사람'으로 직역할 수 있는데, 지난날 예루살렘을 존중하는 자들 곧 유다 왕국의 위력을 인정해 주던 작은 나라들이 있었음을 알려 준다. 이 표현은 1절 셋째 줄 앞부분에서 예루살렘을 가리켜 **열방 중에 공주였던 자**라고 한 것과 잘 어울린다. 이들은 유다 왕국을 국제 사회의 **공주**처럼 떠받들던 나라들이었던 것으로 볼 수 있다. 이런 나라들이 다 예루살렘을 업신여겼다 함은 2절 셋째 줄 앞부분에서 **친구들이 다 배반하여**라고 한 바와 통한다.

그들의 태도가 이렇게 달라진 까닭을, 8절 둘째 줄 뒷부분에서는 그들이 **그의 벗었음을 보**았기 때문이라고 알려 준다. 여기서 시인은 예루살렘의 멸망을, 고귀한 여성이 알몸이 되어 남에게 보여서는 안 될 부끄러운 부분까지 드러내게 되는 치욕스런 처지에 빠진 것에 견주어 표현한 것이다. 예루살렘이 이렇게 망했으니 이제는 그 어느 누구도 그를 존중할 필요가 없어지게 된 것이다.

이리하여 8절 셋째 줄에서는 이처럼 아주 달라진 상황에서 예루살렘 자신이 보인 반응을 **탄식하며 물러가**는 여성의 모습으로 묘사한다. 예루살렘이 지난날 고귀하여 공주처럼 대접받았으나 이제는 알몸을 드러내고 한탄하며 사람들에게서 몸을 숨기려고 애쓰는 천한 존재가 된 여성처럼 되었다는 것이다.

[1 : 9] 뒤이어 9절 첫 줄에서는 다시 한 번 이런 상황이 벌어진 까닭이 예루살렘 자신에게 있음을 **더러운 것이 그의 옷깃에 묻어 있**는 여성에 견주어 말한다. 여기서 **더러운 것**으로 옮긴 히브리 낱말 '투므아'(טֻמְאָה)는, 이 낱말이 레위기(5 : 3 ; 7 : 20-21 ; 14 : 19 ; 15 : 3, 25-26, 30, 31 ; 16 : 16, 19 ; 18 : 19 ; 22 : 3, 5)에서 자주 쓰이는 데서도 알 수 있듯이, 본디 종교 의식에서 깨끗하지 못한 상태, 곧 하나님이 받으실 수 없는 상태를 가리킨다. 그런데 그 더러움이 **옷깃** 곧 '치맛자락'에 있다 함은 음행을 저지른 흔적이 옷에 남아 있음을 암시한다(렘 13 : 26-27 참고). 이 점은 그다음에 나오는 문장, **그의 나중을 생각하지 아니함이여 그러므로 놀랍도록 낮아져도**에서 좀 더 분명해진다. 이 경우에 **그의 나중**이란 음행한 여인이 받게 될 벌을 가리키고, '**낮아**지다'는 높은 지위에 있던 여성이 그 지위를 잃고 수치를 겪게 됨을 가리키는 것으로 읽을 수 있기 때문이다(렘 13 : 18 참고). **놀랍도**록은 이러한 신분의 변화가 한순간에 이루어진 것임을 말한다.

9절 둘째 줄 뒷부분 곧 이 단락의 마지막 문장에서는 2절 둘째 줄 앞부분에서 썼던 말, **그에게 위로하는 자가 없고**를 다시 한 번 이끌어 씀으로써 예루살렘의 상황이 얼마나 심각한지를 느끼게 한다.

7~9절 둘째 줄에서는 무엇보다도 예루살렘이 정복자들과 주변 나라 사람들로부터 겪는 모욕을 여러 가지로 묘사한다.

시인이 1~9절 둘째 줄에서 시온과 유다에게 닥친 불행한 상황을 두고 여러 가지로 탄식하며 노래한 내용에서 오늘 그리스도인들은 다음 몇 가지 중요한 가르침을 깨달을 수 있다.

첫째, 하나님 백성의 공동체라 할지라도 하나님을 거스르면 그 하나님께서 재난을 내려 이전의 모든 영광을 잃고 엄청난 곤경에 처할 수 있다. 둘째, 그런 상황에서는 이전에 친하게 지내던 이 땅의 세력들이 아무런 도움을 주지 못하고 오히려 괴로움을 더하게 하는 적들이 되기도 한다. 셋째, 그런 곤경 속에서는 위로는 종교 지도자들과 고관들로부터 시작하여 아래로는 처녀들과 어린이들에 이르기까지 공동체의 구성원이 다 괴로움을 겪게 된다. 넷째, 그런 재난 가운데 있는 하나님 백성의 공동체를 도와주거나 위로할 사람이나 나라가 없다. 다섯째, 하나님은 당신의 백성 때문에 당신의 성소가 있는 성읍이 짓밟히고 온갖 모욕을 다 받는 것까지 허락하신다.

2. "여호와여 나의 환난을 감찰하소서"(1 : 9ㄷ-11)

9ㄷ 여호와여 원수가 스스로 큰 체하오니
나의 환난을 감찰하소서
10 대적이 손을 펴서
그의 모든 보물들을 빼앗았나이다
주께서 이미 이방인들을 막아
주의 성회에 들어오지 못하도록 명령하신
그 성소에 그들이 들어간 것을
예루살렘이 **보았나이다**

11 **그 모든 백성이 생명을 이으려고**
보물로 먹을 것들을 바꾸었더니
지금도 탄식하며
양식을 구하나이다
나는 비천하오니
여호와여 나를 돌보시옵소서

개역개정판에서는 잘 드러나지 않지만, 이 단락의 처음인 9절 셋째 줄과 마지막인 11절 셋째 줄, 둘 다 히브리어 본문에서는 "보십시오, 야훼여!"(사역)로 시작한다. 따라서 이 두 줄은 그저 예루살렘이나 유다의 어려운 상황을 묘사하는 앞의 여러 단락과는 달리 야훼께 아뢰는 기도의 형식을 띤다. 그런 만큼 한글로 번역할 때에도 높임말을 씀이 마땅하다.

여기서 말하는 이는 자신을 **나**라는 일인칭으로 부른다. 그런데 무엇보다도 히브리어 본문에서 11절 셋째 줄의 **나는 비천하오니**(동사 '잘랄'의 단순능동형)를 8절 둘째 줄의 **모든 사람이 그의 벗었음을 보고 업신여김이여**(동사 '잘랄'의 사역능동형)와 견주어 보면, 9절 셋째 줄과 11절 셋째 줄의 **나**는 앞서 나온 예루살렘(7, 8절)인 것으로 보인다. 이는 또한 11절 첫 두 줄의 **그 모든 백성이…… 탄식하며**가 8절 셋째 줄의 **그는 탄식하며**와 이어지고, 10절 첫 줄의 **그의 모든 보물들**('마하맛데하', 사역 : '그의 온갖 귀한 것')이 히브리어 본문에서는 7절 둘째 줄의 **모든 즐거움**('마하무데하', 사역 : '그의 온갖 귀한 것')과 통한다는 점으로도 뒷받침할 수 있다.

업신여김/비천함 :		8ㄴ				11ㄷ
탄식함 :			8ㄷ		11ㄱㄴ	
모든 즐거움/보물들 :	7ㄴ			10ㄱ		

그런데 10~11절 둘째 줄에서는 9절 셋째 줄의 **나**가 사라지고, 그 **나**가

히브리어 본문에서는 여성 '그'로 불린다. 이 점에서 10~11절 둘째 줄은 앞 1~9절 둘째 줄과 통한다. 그렇지만 야훼를 가리키는 이인칭 주어 '당신이'(**주께서**)가 10절에 나오는 점에서 1~9절 둘째 줄과 다르다. 앞에서 그냥 시온이나 예루살렘이나 유다의 참상을 두고 탄식하던 시인이 여기서는 예루살렘이 야훼께 탄원하는 소리를 들으면서 그와 함께 자신도 야훼께 탄식의 소리를 높인다.

이리하여 9절 셋째 줄~11절에서는 말하는 사람이, 9절 셋째 줄과 11절 셋째 줄에서 말하는 **나**와 그 사이 10~11절 둘째 줄에서 말하는 시인, 이렇게 둘로 나누어진다. 이 둘은 다 야훼를 향해 탄식함으로써 서로 이어진다. 이런 식으로 예루살렘의 고난을 두고 예루살렘 자신이 야훼께 탄원하는 말과 시인이 야훼께 탄식하는 말이 한데 어우러진다. **나** 예루살렘의 말은 기원의 성격이 강하다면, 시인의 말은 탄식의 성격을 띤다.

9절 셋째 줄에서 **나**는 자신의 고난을 야훼께서 보실 것을 빌면서 이는 곧 원수의 거드럭거림과 관계있다고 아뢴다. 이를 형식으로만 보면 개인 탄원시에서 탄원자가 야훼께 탄원자 자신을 돌아볼 것을 비는 기도와 적의 상황을 야훼 앞에서 묘사하는 것과 통한다(아래 9절 풀이를 보라). **원수가 스스로 큰 체하오니**는, 자기의 고난을 보시라고 야훼께 아뢴 기도에 야훼께서 응답하시도록 들이대는 까닭(motif)으로 볼 수 있다(시 74 : 10 ; 79 : 10 참고). 그런데 여기서 **나**는 개인이 아니라 예루살렘 공동체이므로, 9절 셋째 줄은 공동체 탄원시에 나오는 기도와, 야훼께서 응답하셔야 할 근거로 내세우는 말에 가깝다.

10~11절 둘째 줄에서는 9절에서 스스로 야훼께 부르짖었던 예루살렘의 참상을 시인이 야훼께 아뢴다. 먼저 적이 예루살렘의 온갖 귀한 것에 손댔음을 10절 첫 줄에서 말한 뒤에 둘째 셋째 줄에서는 이방 사람들이 예루살렘 성전에 들어온 사실을 한탄하고, 11절 첫 두 줄에서는 예루살렘의 백성이 굶주림에 시달리고 있음을 묘사한다. 이처럼 10~11절 둘째 줄에서는 한 개인이

한편으로는 예루살렘 공동체와 민족 공동체가 겪는 어려움을 두고 야훼께 아뢰고, 다른 한편으로는 그들을 괴롭힌 적의 행태를 고발한다. 이 경우 시인은 바로 그렇게 고난을 겪는 공동체의 구성원으로 볼 수 있다. 비록 '우리'가 나타나지는 않지만, 이런 것들은 공동체 탄원시에서도 볼 수 있는 요소다. 특히 야훼께서 적들이 성소에 들어오지 말라 하셨다는 말은 야훼께서 그런 일을 내버려 두셨다고 은근히 야훼를 원망하는 말로 들을 수도 있다(시 74 : 1 ; 79 : 5 ; 80 : 4 참고).

11절 셋째 줄 앞부분에서는 9절 셋째 줄 앞부분과 마찬가지로 자신이 겪는 어려움을 호소하고, 뒤이어 이번에는 적을 언급하지 않고 자신의 곤경 상황만 아뢴다. 자신이 업신여김을 받고 있다는 11절 셋째 줄 뒷부분의 말도 앞부분에서 아뢴 기도에 야훼께서 응답하시도록 내세우는 까닭으로 볼 수 있다(시 79 : 4 ; 80 : 6 참고).

이리하여 9절 셋째 줄과 11절 셋째 줄은 탄원자가 단수로 나오는 공동체 탄원시(시 74 : 12 참고)의 기원과 응답의 근거로 내세우는 말과 같은 형식을 취하고 있는 반면, 그 가운데 들어 있는 10~11절 첫 두 줄은 공동체 탄원시의 여러 요소를 포함하고 있지만 탄원자가 어려움을 겪는 공동체와 다소 구별되는 점에서 공동체 탄원시와 조금 다르다.

[1 : 9] 나 시온은 야훼께 **나의 환난을 감찰하소서**라고 부르짖는다. 이미 앞에서 제시했듯이 히브리어 본문에서는 '보십시오!'라는 명령형 동사를 '야훼여'라는 호격보다 앞세워 강조한다. 야훼께 '보십시오!'라고 부르짖는 말은 공동체 탄원시 가운데 하나인 시편 80편의 14[15]절 전반절 끝에서도 찾아볼 수 있다.

야훼께서 보셔야 할 것은 **나의 환난**이다. 여기서 **환난**으로 옮긴 히브리 명사 '오니'를 앞서 7절 첫 줄과 3절 첫 줄에서는 각각 시온이 겪는 고난과 유다 사회 내부의 고난을 표현하는 말로 썼다. 그런데 이번에는 이 고난이 원수의 거드럭거리는 모습과 관련되어 있다. **원수가 스스로 큰 체하오니**라는 말에는 크신 분은 오직 야훼이시므로(시 48 : 1[2] 참고), 그 어떤 사람이나 나라, 특히 그 크신 하나님의 성읍인 예루살렘을 부서뜨린 원수가 스스로 큰 체해서는 안 된다는 생각이 들어 있다. 자신이 겪는 어려움도 적지 않지만 그보다 야훼의 성읍을 부서뜨리고 야훼의 백성을 괴롭힌 원수가 스스로 큰 체하는 것은 더더욱 참기 어려운 상황이다. 이처럼 원수가 거드럭거리는 모습은 개인 탄원시뿐만 아니라(시 10 : 3-4 ; 13 : 4 참고) 공동체 탄원시에서도 찾아볼 수 있다(시 74 : 4 ; 79 : 10 ; 80 : 6).

[1 : 10] 그 **원수**('오옙')를 10절 첫 줄에서는 **대적**('차르')이라고 다른 말로 바꾸어 부른다. 이 두 낱말은 앞서 5절에서 나란히 쓰이면서 실제로는 같은 대상을 가리킨 적이 있다. 그 **대적**이 여성 **그의 모든 보물들**에 손을 뻗쳤다! 1장의 흐름으로 볼 때 이 여성 '그'는 8절 첫 줄의 예루살렘을 가리킨다. 또 여기서 **보물**로 옮긴 히브리 낱말을 앞 7절 둘째 줄에서는 **아름다움**으로 번역했는데, 실제로는 '귀한 것'을 뜻한다.

이처럼 10절 첫 줄에 나오는 **그의 모든 보물들** 곧 '그의 온갖 귀한 것'이라는 표현은 7절 둘째 줄과 이어진다. 거기서는 예루살렘이 적에게 빼앗긴 자신의 **모든 즐거움** 곧 '온갖 귀한 것'을 기억하며 괴로워했다. 그 경우 예루살렘은 두말할 나위 없이 예루살렘 주민들, 더 나아가서 유다 사람들을 대표하는 이름이다. 10절의 경우에는 둘째 셋째 줄에 비추어 볼 때 첫 줄의 **모든 보물들** 곧 '온갖 귀한 것'은 예루살렘 성전에서 쓰던 여러 귀한 그릇과 기구를 가리키는 것으로 이해할 수 있다. 바벨론 군대가 예루살렘 성전을 유린한 사건을 두고 여기서 민족들이 여성 '자기'의 성소 곧 예루살렘의 성소로 들어오는 것을 시온이 보았다고 표현한 점이 독특하다. 이 둘째 셋째 줄을 읽으면, 시편의 공동체 탄원시에서 이방 사람들이 야훼의 **성소**를 훼손했다고 탄식하는 말들이 생각난다(시 74 : 3, 6-7 ; 79 : 1). 다만 거기서는 예루살렘 성전을 가리켜 야훼 **주의 성소**(74 : 7) 곧 '당신의 성소'(사역), **주의 성전**(79 : 1) 곧 '당신의 거룩한 전'(사역)이라고 불렀다면, 여기서는 예루살렘을 **그 성소** 곧 그 히브리 낱말을 직역하면 '자기의 성소'라고 한다. 그리함으로써 야훼 하나님과 예루살렘 성전의 관계보다는 예루살렘 사람들과 예루살렘 성전의 관계에 초점을 맞춘다. 그 관계에 비추어 자신들의 성소가 짓밟히는 것을 그저 바라볼 수밖에 없었던 예루살렘 공동체의 고통을 시인의 눈과 입을 통해 그려 낸다.

그렇지만 시인은 예레미야애가 1장 10절의 셋째 줄에서 그렇게 쳐들어온 **이방인들**을 가리켜 **주의 성회** 곧 '당신의 공동체'(사역)에는 **들어오지 못하도록 주께서** 곧 '당신이'(사역) **명령하신** 민족들이라 하면서, 이렇게 무력하게 고난을 겪고 있는 예루살렘을 **주의 성회** 곧 '당신'에게 속한 공동체라고 부른다. 이는 시편의 공동체 탄원시에서 탄원자들이 자신들을 가리켜 **주의 종들**(시 79 : 2, 10), **주의 성도들**(79 : 2), **주의 백성**(79 : 13 ; 80 : 4[5]), **주의 기업**(74 : 2 ; 79 : 1), **주의 회중**(74 : 2), **주께서 기르시는 양**(74 : 1), **주의 목장의 양**(79 : 13)이라 한 점과 잘 맞아 떨어진다. 이 여러 구절에서 **주**가 히브리어 본문에서는 하나님을 가리키는 단수 남성 이인칭 '당신'이다.

개역개정판 예레미야애가 1장 10절에서 **성회**로 옮긴 히브리 낱말 '카할'(קָהָל)은 글의 흐름으로 보아 무엇보다도 종교의식을 함께 거행하는 신앙 공동체의 성격을 띤다(*HAL* 1009b). 그 대표적인 보기 가운데 하나인 역대하 30장 17절에서는 이를 **회중**으로 번역해 놓았다. 야훼께서 이방인들이 '당신'의 공동체에 들어오지 못하도록 명령하셨다는 내용은 무엇보다도 **암몬 사람과 모압 사람은 여호와의 총회**('카할') 곧 야훼의 공동체에 들어오지 못하리라는 말씀(신 23 : 3 ; 느 13 : 1)에 비추어 이해할 수 있다. 거기에 나타난 정신을 여기서는 모든 이방 민족들에게 확대 적용한 것으로 보인다.

[1 : 11] 10절에서는 자신의 성전을 이방 사람들이 유린하는 것을 무력하게 보

고 있을 수밖에 없었던 예루살렘의 고통을 두고 시인이 야훼께 부르짖었다면, 11절에서 시인은 예루살렘 주민들이 굶주림에 시달렸던 것을 회상하며 아뢴다. **그 모든 백성**이 주어인 히브리어 본문 11절 첫 문장의 술어는 개역개정판과는 달리 '**탄식하다**'를 뜻하는 동사의 분사로서 예루살렘 주민들이 한탄하며 한숨짓고 있었던 상황을 알려 준다. 탄식하고 있었던 주체가 앞 4절 둘째 줄에서는 시온의 제사장들이고, 8절 셋째 줄에서는 예루살렘 자신이었는데, 여기서는 구체적으로 **그 모든 백성** 곧 시온 백성 전체라고 한다.

이들이 탄식하고 있었던 까닭은 **양식** 곧 빵**을 구하**기 힘들었기 때문이다. 이리하여 시인은 11절에서 이들이 **생명을 이으려고**, 곧 '생기를 되돌리려고'(사역) **보물로 먹을 것들을 바꾸었**다(사역 : '먹을 것 때문에 자신들의 귀한 것들을 내놓았습니다')고 말한다. 히브리어 본문에서는 **양식** 곧 '빵'(לֶחֶם, '레헴')을 '생기를 되돌리기 위해 먹을 것'이라고 한다. **보물**로 옮긴 히브리 낱말은 10절과 마찬가지로 '귀한 것들'을 뜻하는데 거기서 예루살렘 성전의 그릇들과 기구들을 말했다면, 여기서는 예루살렘 주민들이 가지고 있던 귀한 물건들을 가리킨다. 예루살렘 주민들이 양식을 구하려고 자기들이 아끼고 있는 것들을 내놓았다고 할 때, 이는 굶주림이 극심했음을 암시한다(왕하 25 : 3 ; 렘 52 : 6 참고).

11절 셋째 줄에서 예루살렘이 직접 야훼께 다시 한 번 울부짖는데, 9절 셋째 줄의 **나의 환난을 감찰하소서**와는 달리 **여호와여 나를 돌보시옵소서**라고 한다. 그 히브리어 표현을 직역하면, "보십시오, 야훼여! 그리고 살피십시오!"가 된다. 이처럼 여기서는 서로 비슷한 뜻의 두 동사, '보다'(רָאָה, '라아')와 '살피다'(הִבִּיט, '힙빗')를 나란히 써서 말하고자 하는 바를 강조한다. 이 두 동사는 공동체 탄원시 가운데 하나인 시편 80편의 14[15]절 전반절에서도 나란히 나온다.

이렇게 기도하는 까닭을 **나는 비천하오니**라는 말로 밝힌다. 그 히브리어 문장은 "제가 업신여김을 받고 있기 때문입니다."로 직역할 수 있다. 이는 8절 둘째 줄에서 예루살렘에게 **영광을 돌리던 모든 사람이** 곧 예루살렘을 존중하던 사람들이 다 예루살렘을 업신여겼다고 시인이 한탄한 말을 떠올리게 한다. 거기서는 예루살렘이 상징하는 유다 나라와 유다 백성을, 그 전까지 유다를 인정하고 두려워하던 이웃 나라 사람들이 업신여겼다고 했다면, 여기서는 **나** 예루살렘이 그저 업신여김 받고 있다고 한다.

9절 셋째 줄~10절에서 **나** 예루살렘과 시인은 야훼의 **성소**를 **이방인들**이 짓밟았다는 사실을 가슴 아파한다. 그런 다음에 11절 첫 두 줄에서야 시인은 예루살렘 주민들이 겪은 굶주림을 한탄하고, **나** 예루살렘은 셋째 줄에서 자신이 겪는 어려움을 두고 야훼께 기도한다.

설교를 위한 묵상

여기서 오늘 우리 그리스도인들에게도 중요한 다음 두 가지 가르침을 생각해 볼 수 있다. 첫째, 하나님의 백성은 무엇보다도 자신들의 예배 공간이 훼손되는 것을 훨씬 더 고통스럽게 느낀다. 둘째, 하나님의 백성에게는 굶주림도 참기 힘들지만 그런 모든 상황을 통해 자신들이 업신여김을 당한다는 사실도 괴롭다. 셋째, 그런 상황에서도 하나님의 백성은 오로지 하나님께 호소할 수밖에 없고 호소할 수 있다.

3. "나의 고통과 같은 고통이 있는가"(1 : 12-17)

12 지나가는 모든 사람들이여
너희에게는 관계가 없는가
나의 고통과 같은

고통이 있는가 볼지어다
여호와께서 그의 진노하신 날에
나를 괴롭게 하신 것이로다
13 높은 곳에서 나의 골수에 불을 보내어
이기게 하시고
내 발 앞에 그물을 치사
나로 물러가게 하셨음이여
종일토록 나를 피곤하게 하여
황폐하게 하셨도다
14 내 죄악의 멍에를
그의 손으로 묶고 얽어
내 목에 올리사
내 힘을 피곤하게 하셨음이여
내가 감당할 수 없는 자의 손에
주께서 나를 넘기셨도다
15 주께서 내 영토 안
나의 모든 용사들을 없는 것 같이 여기시고
성회를 모아
내 청년들을 부수심이여
처녀 딸 유다를
내 주께서 술틀에 밟으셨도다
16 이로 말미암아 내가 우니
내 눈에 눈물이 물 같이 흘러내림이여
나를 위로하여 내 생명을 회복시켜 줄 자가
멀리 떠났음이로다
원수들이 이기매

내 자녀들이 외롭도다
17 시온이 두 손을 폈으나
그를 위로할 자가 없도다
여호와께서 야곱의 사방에 있는 자들에게 명령하여
야곱의 대적들이 되게 하셨으니
예루살렘은 그들 가운데에 있는 불결한 자가 되었도다

12절에 갑자기 남성 **너희 지나가는 모든 사람들**에게 하는 말이 나온다. 말하는 사람은 **나**다. **나**는 첫 줄에서 먼저 **너희**에게 자신이 겪는 아픔과 같은 아픔이 있는지 알아보라고 요구한 뒤에 그런 아픔이 닥친 까닭이 무엇인지를 말한다. 뒤이어 13절에서는 야훼께서 자기에게 하신 일을 말하고, 14절 첫 두 줄에서는 자신의 어려운 상황을 묘사한 뒤에 14절 셋째 줄~15절에서 다시 야훼께서 자기에게 하신 일을 묘사한다. 16절 첫 줄에서는 이런 상황에서 자신이 보이는 반응을 표현하고, 둘째 셋째 줄에서는 자신의 곤경을 묘사한다.

12~16절에서는 곤경에 처한 **내**가 **지나가는 사람들**에게 말을 건다는 점에서 야훼께 어려움을 호소하고 도움을 구하는 탄원시와는 다른 면을 보인다. 그렇지만 야훼께서 자신을 적들의 손에 넘기셨다는 내용은 공동체 탄원시에서도 찾아볼 수 있는 요소다(시 44 : 11-12 참고). '나'가 야훼께서 자신에게 행하신 바를 두고 하는 말(13, 14ㄷ-15)과 자신의 곤경을 묘사하는 말(14ㄱㄴ, 16)과 적을 언급하는 말(14ㄷ뒤, 16ㄷ뒤)은 각각 탄원시의 하나님과 자신과 적을 두고 탄식하는 말과 견주어 볼 수 있다. 다른 한편으로 여기서는 **지나가는 사람들**이라고 불리는 이웃 사람들이 고난을 겪는 사람들에게 보이는 반응을 유도한다는 데서 조가의 요소도 찾아볼 수 있다.

그런데 이렇게 **지나가는 사람들**에게 하는 탄식은 실제로 혼잣말의 성격을 띤다. 이 점에서 이런 탄식은 하늘이나 땅에게 하는 탄식과 비슷하다(사 1 : 2 ; 렘 2 : 12 등).

15절 첫 줄의 **나의 모든 용사들**과 둘째 줄의 **내 청년들**, 또 16절 셋째 줄의 **내 자녀들**을 보면, 이 단락의 **나**는 그냥 어떤 개인이 아니라 한 공동체임을 짐작할 수 있다. 실제로 아래에서 자세히 다루겠지만, 이 단락에는 앞에서 1절의 **이 성**이나 4~6절의 **시온**이나 7~8, 10~11절에서 **예루살렘**을 두고 시인이 탄식하며 노래할 때 쓴 여러 가지 표현이 아래와 같이 들어 있다.

'보다'와 '살피다'(12ㄱ // 11ㄷ)
"**여호와께서 괴롭게 / 곤고하게 하**셨다."(12ㄷ // 5ㄴ)
'**황폐하게 하**다'(13ㄷ) // '**적막하**다'(4ㄴ)
내 죄악(14ㄱ) // **그의 죄**(5ㄴ)
성회 / 절기(15ㄴ // 4ㄱ)
처녀 딸 유다(15ㄷ) // **딸 시온**(6ㄱ)
'울다'(16ㄱ // 2ㄱ)
"위로할 자가 내게서 멀리 있음이라."(16ㄴ)
// "위로할 자가 그에게 없도다."(9ㄴ)
// "그에게는 위로하는 자가 없도다."(2ㄴ앞)
'**생명을 회복시**키다 / 잇다'(16ㄴ // 11ㄴ)
'**외롭**다' / '**적막하**다'(16ㄷ // 4ㄴ)
원수(16ㄷ) // 9ㄷ)

이리하여 12~16절의 **나**는 9절 셋째 줄과 11절 셋째 줄의 **나**처럼 결국 예루살렘임을 어렵지 않게 알 수 있다. 이 **나** 예루살렘이 15절 셋째 줄 뒷부분에서는 유다를 **처녀 딸 유다**라는 표현으로 부른다(아래 15절 풀이를 보라).

나 시온이 지나가는 사람들에게 한 말은 16절로 끝나고 17절에서는 다시 시인이 1~9절 둘째 줄과 10~11절 둘째 줄에서 했듯이 예루살렘을 두고 탄식하는 말이 나온다. 그런데 4절과 6절에 나왔던 이름 **시온**이 오랜만에 여기

다시 나온다. 이 이름만 두고 본다면, **시온**이 나오는 4~6절과 17절 사이에 **예루살렘**을 두고 말하거나 **예루살렘** 스스로 말하는 7~16절이 들어 있는 셈이다.

[1 : 12] 12절에서 **내**가 말을 거는, **지나가는 모든 사람들**, 그 히브리어 표현을 직역하면 '길 가는 모든 사람들'은 멸망하여 황폐해진 **나** 예루살렘을 지나가는 이방 사람들이다. 이들에게 **나** 예루살렘에게 닥친 불행이 그들과 아무런 관계가 없지는 않다는 점을 **너희에게는 관계가 없는가**라는 수사의문문으로 말한다. 예언서에서 **지나가는 사람** 곧 '길 가는 사람'은 흔히 이스라엘의 하나님 야훼께서 당신의 백성을 벌하여 그들에게 재난을 내리신 뒤에 그 처참한 모습을 목격하는 증인으로 등장한다(렘 18 : 16 ; 19 : 8 등).

이제 **나**는 이 **지나가는 사람들**에게 **나의 고통과 같은 고통이 있는가 볼지어다**라고 말한다. **나의 고통**으로 옮긴 히브리어 표현은 '내게 행해진 고통'으로 직역할 수 있다. 여기서 '행하다'를 뜻하는 동사의 뿌리 '알랄'(עָלַל)은 나중에 22절과 2장 20절과 3장 51절에서도 쓰인다. 또 **볼지어다**는 본디 '살피라! 그리고 보라!'를 뜻하는 두 명령형 동사를 한데 묶어 옮긴 말이다. 두 동사 '보다'와 '살피다'는 이미 11절에 나란히 나왔는데, 이번에는 차례를 바꾸어 함께 쓴다. **고통**으로 옮긴 히브리 낱말 '마크옵'(מַכְאוֹב)이 본디는 한 인격체가 겪는 아픔을 말하는데, 때때로 한 공동체가 자기들에게 닥친 재난 때문에 겪는 어려움을 표현하기도 한다. 이미 예레미야 30장 15절에서 이 낱말을 시온에게 썼다.

나의 고통과 같은 고통이 있는가 살펴보라는 말은 **내**가 겪는 아픔이야말로 그 어떤 아픔보다도 큼을 강조하는 수사적 표현이다. 그런데 이런 아픔은 야훼께서 주셨음을 **나**는 알고 있다. **여호와께서 괴롭게 하신 것이로다**라고 개역개정판에서 옮긴 히브리어 표현은 앞서 5절 둘째 줄에 나온 바 있는데, 거기서는 이를 **여호와께서 곤고하게 하셨음이라**고 번역해 놓았다. 이렇게 야훼께서 괴롭히신 상대는 거기서와 마찬가지로 여기서도 시온이다. 다만 거기서는 시인이 시온을 두고 그리 말했다면, 여기서는 시온이 직접 자신을 두고 말하는 점에서 차이가 난다.

그런데 12절에서는 야훼께서 그렇게 **나를 괴롭게 하신 것**은 야훼의 노여움이 불타올랐기 때문이라고 한다. **진노하신**으로 옮긴 히브리어 표현 '하론 압'(חֲרוֹן אַף)을 직역하면 '코의 뜨거움의'가 된다. 본디 '압'은 코를, '하론'은 뜨거움을 뜻하기 때문이다. 그런데 두 낱말 다 분노를 표현한다. 따라서 이 둘이 나란히 쓰이면, 이는 크게 화난 상태를 말한다. 그리하여 '하론 압'을 나중 4장 11절에서는 **맹렬한 진노**로 번역했다. 이리하여 1장 12절 셋째 줄에서는 시온의 죄가 많아서 야훼께서 시온을 괴롭히셨다고 한 5절 둘째 줄과는 달리 그런 시온의 죄에 대한 야훼의 반응에 초점을 맞추고 있다. 이처럼 **나**는 자신이 야훼를 노여우시게 하여 그 어떤 아픔보다 더 큰 아픔을 겪고 있음을 잘 알고 있다. 야훼의 노여움은 예레미야애가 중 여기서 처음으로 언급된다. 또 여기 쓰인 히브리 낱말 '압'은 2장에 여러 번 나온다.

[1 : 13] 이제 **나**는 불타는 노여움으로 야훼께서 **나**를 어떻게 괴롭게 하셨는지 1장 13절부터 여러 가지로 표현한다. 맨 먼저 13절 첫 줄에서는 야훼께서 **높은 곳에서 나의 골수에 불을 보내어 이기게 하시고**라고 한다. 그 히브리 문장은 "높은 곳에서 내 뼈들 속으로 불을 보내어 그것들을 다스리셨도다."로 직역할 수 있다. 여기서 **높은 곳**은 하나님이 계시는 곳을 상징하는 듯하다(렘 17 : 12 참고). 하나님이 어떤 한 사람의 뼈들 속으로 불을 보내어 이기게 하셨다는 표현은 "타오르는 불 같은 것이 내 심장 안에 있고 내 뼈들 안에 갇혀 있다."(사역)고 하는 예레미야 20장 9절을 생각나게 한다. 거기서는 예언자의 선포 활동과 관련하여 예언자가 거부할 수 없게 야훼께서 예언자의 마음에 넣어 주신 것을 불에 견주어 말했다면(예레미야 I, 624-625 참고), 여기서 말하는 **불**은 범죄한 백성에게 재난을 내리시는 야훼 하나님의 노여움과 관련하

여 이해할 수 있다(애 2 : 3-4 ; 4 : 11 ; 렘 5 : 14 ; 23 : 29 참고). 이제 그렇게 야훼께서 보내셔서 **나의 골수에** 곧 '내 뼈들 속으로' 들어온 불을 다스리신다 함은 그 상황이 지속되고 있음을 뜻한다.

다음으로 **나**는 야훼께서 **내 발 앞에 그물을 치사**라고 한다. 이는 어부가 물고기를 잡듯이 야훼께서 **나**를 잡으려 하셨음을 말한다. 에스겔 12장 13절과 17장 20절에서는 야훼를 거스르는 유다 왕 시드기야가 바벨론 왕에게 사로잡히게 될 것을 두고 야훼께서 당신의 그물을 그의 위에 치시겠다는 식으로 표현한다. 결국 이는 당신을 거스른 자가 재난에 빠지게 하시는 야훼의 조치를 상징한다. 그렇게 야훼께서 **나로 물러가게 하셨**다. 그 히브리어 문장을 직역하면, "나를 뒤로 돌아가게 하셨다"가 된다. **내**가 더는 앞으로 나아갈 수 없게 된 것이다.

그뿐만이 아니다. 야훼께서는 **종일토록 나를 피곤하게 하여 황폐하게 하셨**다. 히브리어 본문에서는 먼저 "**나를 황폐하게 하셨**다"라고 한 다음에 **종일토록 나를 피곤하게**(직역하면, "온 **종일** 병들게) 하셨다고 한다. '**황폐하게 하다**'라는 표현은 본디 땅이나 성읍을 망가뜨려 그것이 거칠어져 쓸모없게 만듦을 가리킨다. 앞서 4절 둘째 줄에서는 시온의 성문들이 사람 없이 조용하게 된 상황을 묘사할 때 이 낱말을 썼고, 개역개정판에서는 **적막하며**로 번역해 놓았다. 이렇게 예루살렘이 황폐해진 상황은 온종일 병에 시달리는 사람에 견줄 만하다. 이런 표현은 예레미야 8장 18절에서 예언자가 **내 마음이 병들었도다**라고 탄식한 것을 생각나게 한다. 거기서 **마음**으로 옮긴 히브리 낱말은 '염통', '심장'을 뜻할 수도 있다. 그런데 거기서는 동족에게 닥칠 재난을 앞질러 겪으며 괴로워하는 예언자의 상황을 심장병으로 표현하고 있으므로, 황폐해진 예루살렘의 상황을 병든 상태에 견주고 있는 여기와는 다르다.

[1 : 14] 예레미야애가 1장 14절에서 **나**는 이 모든 괴로움이 **내 죄악** 때문에 닥친 줄 알고 있다. **내 죄악의 멍에를 그의 손으로 묶고 얽어**로 옮긴 히브리어

본문은 "내 죄들의 멍에가 단단하도다. 그의 손에 얽혀 있도다."로 직역할 수 있다. 여기서 **죄**악으로 옮긴 히브리 낱말 '페샤으'를, 시인이 시온을 두고 말하는 5절 둘째 줄에서는 **죄**로 옮겼다. 다른 한편으로 14절 첫 줄을 읽으면 8절 첫 줄에서 **예루살렘이 크게 범죄함**('헷 하타')**으로**라고 한탄한 말이 떠오른다. 그런 죄를 이제 시온 스스로 인정하고 고백한다.

말이나 소나 나귀 따위 수레를 끄는 짐승을 부리기 위해 그 짐승의 목덜미에 얹도록 굽게 만든 나무 조각인 **멍에**는 속박을 상징한다. **멍에**라는 말을 들으면, 예레미야 27~28장에서 야훼께서 예레미야를 통해 유다 왕과 백성에게 바벨론의 멍에를 지라고 간곡히 권고한 사실이 생각난다. 거기서는 바벨론의 통치를 멍에에 견주었다면, 여기서는 예루살렘의 죄들이 단단한 멍에가 되어 예루살렘을 괴롭히고 있다고 한다. **내 죄**들**의 멍에**는 **내**가 저지른 죄들이 **나**를 옥죄고 구속하고 있음을 뜻한다. 그런데 그 **죄**들은 **그의 손**에 얽혀 있다. 이는 야훼께서 그 죄들의 멍에를 손으로 단단히 잡고 계심을 뜻한다. 히브리어 본문에서는 전치사구, **그의 손**에를 술어동사보다 앞세워 강조한다. 곧 야훼께서 **내 죄**들의 **멍에**를 직접 다루신다는 것이다. 그리하여 **나**는 "그것들이 내 목 위로 올라왔"음을 느낀다. **내 목에 올리사**로 옮긴 히브리어 표현이 바로 이를 뜻한다.

이런 식으로 야훼께서는 **내 힘을 피곤하게 하셨**다. 직역하면, "내 힘이 흔들리게 하셨"다가 된다. '흔들리게 하다'로 옮긴 히브리 동사는 본디 '넘어지게 하다', '넘어뜨리다'를 뜻한다. 무거운 멍에를 진 짐승이 그 무게를 견디지 못하고 쓰러지듯이, **나**는 '**내 죄**들**의 멍에**'에 짓눌려 넘어지게 된 것이다.

14절 셋째 줄에서 **나** 시온은 야훼를 **주**(אֲדֹנָי, '아도나이')로 부르면서 그 **주**께서 **내가 감당할 수 없는 자의 손에 나를 넘기셨**다고 한다. 여기서 '**감당하다**'는 '맞서다'라는 뜻을 지닌다. '아도나이'(직역하면 '내 주[들]')의 기본 꼴인 '아돈'(אָדוֹן)은 본디 아랫사람인 종(עֶבֶד, '에벳')과 맞서는 자리에 있는 주인을 가리키는 낱말이지만, 이 낱말이 야훼 하나님을 가리킬 때는 '진정한 의

미의 주(主)', '최고의 주(主)', '참 주(主)'를 뜻한다(*THAT* I 33). 야훼 하나님을 가리키는 낱말로 홀로 쓰이는 '아도나이'는 구약 전체에 134번 나오는데, 그 가운데 14번을 장(章)수가 다섯밖에 안 되는 예레미야애가에서 찾아볼 수 있다(*ThWAT* I 66). 이는 '아도나이'가 예레미야애가에서 상당히 중요한 자리를 차지하고 있음을 말한다.

하나님이 갑을 을의 손에 넘기셨다는 표현은 흔히 전쟁에서 갑이 을에게 지게 하셨음을 뜻한다(수 10 : 19 ; 24 : 8 ; 삿 1 : 4 ; 3 : 10 ; 8 : 3 ; 11 : 32 ; 왕하 3 : 18 ; 대하 36 : 17 ; 24 : 24 ; 단 1 : 2). 실제로 이는 하나님이 유다 왕국을 바벨론 군대가 정복하고 망하게 한 것을 가리킨다(겔 16 : 39 참고). 그런데 **나**는 그것을 바벨론의 군사력이 우세해서 이루어진 일로 보지 않고, **주**께서 하신 일로 이해한다.

[1 : 15] 이 점을 15절에서도 다시 분명히 한다. 첫 줄에서 **주께서 내 영토 안 나의 모든 용사들을 없는 것 같이 여기시고**로 옮긴 히브리 문장은 "내 강한 자들을 다 주께서 내 한 가운데에서 저버리셨도다."로 직역할 수 있다. 여기서도 주어는 야훼가 아니라 **주**('아도나이')다. 그리고 이 히브리어 문장에서는 목적어인 **나의 모든 용사들** 곧 '내 강한 자들을'을 주어보다 앞세워 강조한다. **용사들**은 전사(戰士)들을 가리키는 듯하다.

15절 둘째 줄에서는 '주'께서 **성회를 모아 내 청년들을 부수심이여**라고 하는데, 그 히브리어 문장은 '나를 거슬러(또는 나 때문에) 절기를 선포하셨도다, 내 청년들을 쳐부수시려고'로 직역할 수 있다. 여기서 **성회**로 옮긴 히브리 낱말 '모엣'을 앞서 4절 첫 줄에서는 '절기'로 옮겼다. '모엣'은 '모이다', '약속하다'를 뜻하는 동사에서 비롯된 명사이어서 문맥에 따라 '모임'이나 '약속된 시간' 곧 '절기'를 가리킨다. 이리하여 15절 둘째 줄의 경우도 "나를 거슬러(또는 나 때문에) 정한 때를 선포하셨도다."로도 번역할 수 있다(*NJPST*, *Buber*). 그리하여 이 둘째 줄은 야훼께서 유다 왕국의 청년들을 쳐부수려고 이방 군대들을 불러 모으셨다는 뜻으로 이해하거나 아니면 때를 정해 놓고 이를 널리 알리셨다는 뜻으로 이해할 수 있다. 이처럼 여기서는 4절 첫 줄과는 역설적인 대조를 이루는 방식으로 히브리 낱말 '모엣'을 쓴다(Owens, 242). 이 가운데서 이스라엘의 하나님 야훼께서 이방 나라를 불러들여 당신의 백성을 벌하신다는 생각은 구약 곳곳에 나오는데, 특히 예레미야 4~6장에서는 야훼께서 북에서부터 적을 불러들이신다는 점을 강조한다.

15절 셋째 줄에서는 사람들이 포도주를 만들려고 포도를 밟는 것에 빗대어 야훼께서 당신의 백성에게 재난을 내리셨음을 말한다(사 63 : 2-3 참고). **처녀 딸 유다를 내 주께서 술틀에 밟으셨도다**로 옮긴 히브리 문장은 "포도즙틀에서 주께서 밟으셨도다, 처녀 딸 유다와 관련하여!"로 직역할 수 있다. 대부분의 번역본에서는 "포도즙틀에서 (하시듯이) 주께서 처녀 딸 유다를 밟으셨도다."라는 식으로 옮긴다. **처녀 딸 유다**는 앞서 6절 첫 줄에 나온 **딸 시온**처럼 **유다**를 한 여성 인격체로 다루는 표현이다. 이와 비슷한 것으로는 **처녀 딸 시온**(애 2 : 13 ; 왕하 19 : 21 ; 사 37 : 22), **처녀 딸 내 백성**(렘 14 : 17), **처녀 딸 애굽**(렘 46 : 11), **처녀 딸 시돈**(사 23 : 12), **처녀 딸 바벨론**(사 47 : 1)이 있다(*HAL* 160a). 이런 표현은 주로 탄식의 문맥에 쓰인다.

[1 : 16] 이렇게 야훼께서 **나** 예루살렘에게 하신 일들을 말한 뒤에 16절 첫 줄에서 **나는 이로 말미암아 내가 우니**라고 한다. 히브리어 본문에서는 '이것들 때문에'라는 말을 맨 앞에 내세워 자신이 울고 있는 까닭을 두드러지게 나타낸다. 또 술어가 여성 분사형인 점에서 울고 있는 주체가 여성 인격체임이 똑똑히 드러난다. 이는 앞서 2절 첫 줄에서 1절의 **이 성** 곧 '그 성읍'이 밤에 울고 울었다 함과 통한다. 거기서는 성읍이 울고 있음을 시인이 묘사했다면, 여기서는 예루살렘 스스로 자신이 울고 있음을 말한다. 거기서 눈물이 뺨에 흐른다고 했다면, 여기서는 뒤이어 **내 눈에 눈물이 물 같이 흘러내림이여**라고 한다. 그 히브리어 문장은 좀 독특하여 "내 눈, 내 눈이 물로 내려오고 있

도다."로 직역할 수 있다.

"내 눈이 물로 내려오고 있도다."라는 표현은 예레미야 13장 17절과 14장 17절의 "내 눈이 눈물로 내려오도다."(사역)와 비슷하다. 눈물 흘리는 동기를 두고 보면, 예레미야애가 1장 16절에서는 예루살렘이 대표하는 유다 공동체가 자신의 구성원들에게 닥친 재난 때문에 우는 것이므로, 자신이 전하는 야훼의 말씀을 듣지 않는 유다 백성 때문에 예언자가 눈물을 흘린다고 한 예레미야 13장 17절과는 다르고, **처녀 딸 내 백성**에게 닥친 고난을 두고 예언자의 눈이 밤낮으로 눈물을 흘린다고 한 14장 17절의 경우와 비슷하다. 더 나아가서 유다 백성에게 닥친 재난과 그런데도 깨닫지 못하는 유다 백성의 안타까운 상황을 보면서 예언자가 눈물을 쏟고 있음을 격정적인 말로 표현한 예레미야 8[9]장 23[1]절과 통한다(주께서 나를 이기셨으니 133-135 참고). 다만 예레미야애가 1장 16절에서는 재난을 겪는 당사자가 눈물을 흘린다고 하는 점에서 예레미야의 경우와 다르다.

뒤이어 예레미야애가 1장 16절 둘째 줄에서는 **나를 위로하여 내 생명을 회복시켜 줄 자가 멀리 떠났음이로다**라고 하면서 자신이 극한 슬픔 가운데서 아무에게도 위로받지 못하는 상황을 한탄한다. 그 히브리어 문장은 "위로할 자가 내게서 멀리 있음이라, 내 생기를 되돌릴 자가!" 정도로 직역할 수 있다. 이 또한 2절 첫 줄에서 울며 눈물 흘리는 시온 **그에게 위로하는 자가 없**다고 한 것과 통한다. 이런 식으로 앞서 시인이 **이 성**을 두고 하던 말을 이제 예루살렘 스스로 확인하고 있는 셈이다. 다만 여기서는 위로자라고만 하지 않고 **내 생명을 회복시켜 줄 자**라는 표현을 덧붙인다. '**생명을 회복시켜** 주다'로 옮긴 히브리어 표현을 앞서 11절 둘째 줄에서는 '**생명을** 잇다'로 번역하여, 예루살렘 사람들이 자신의 귀한 것들까지 내놓고 구하던 양식을 두고 말할 때 쓴 적이 있다.

16절 셋째 줄에서는 **원수들이 이기매 내 자녀들이 외롭도다**라고 탄식한다. 여기서 '**이기**다'로 옮긴 히브리 낱말은 본디 '강하다'를 뜻하고, '**외롭**다'

로 옮긴 히브리 낱말 '쇼멤'은 13절 셋째 줄에서 **황폐하게**로 옮긴 낱말 '쇼메마'와 뿌리가 같다. 결국 원수의 힘이 더 커서 자식들이 황폐해졌다는 것이다. 13절 셋째 줄에서 야훼께서 **황폐하게 하**신 대상이 예루살렘 자체였다면, 여기서는 **내 자녀들** 곧 예루살렘의 자녀들이다. 이는 15절에서 말한 **나의 모든 용사들**과 **내 청년들**을 비롯하여 예루살렘의 남녀 주민들을 가리키는 것으로 볼 수 있다. 이리하여 16절에서는 예루살렘 사람들이 적들에게 짓눌려 사람답게 살 수 없게 되었음을 말하는 듯하다. 또한 야훼께서 예루살렘의 자녀들을 황폐하게 하실 때 실제로는 **원수들**을 쓰셨음을 알려 준다.

원수들을 두고 말하는 16절 셋째 줄은 마찬가지로 원수를 두고 말하는 9절 셋째 줄과 견주어 볼 수 있다. 거기서는 **나** 예루살렘이 야훼께 **나의 환난을 감찰하소서** 곧 "제 고난을 보십시오!"라고 기도하는 까닭으로 원수가 스스로 큰 체 한다고 말했다면, 여기서는 지나가는 사람들에게 예루살렘의 자녀들이 황폐해진 까닭을 원수가 강했기 때문이라고 말한다.

12~16절에서 **나** 예루살렘은 무엇보다도 야훼께서 자신에게 고통을 주셨다는 점을 여러모로 똑똑히 말하며 탄식한다. 그와는 달리 자신의 잘못은 14절 첫 두 줄에서 분명히 인정하고, 12절 셋째 줄에서 암시하고 있을 따름이다. 또한 예루살렘을 괴롭힌 이방 원수들의 존재도 14절 셋째 줄에서 암시하고 16절 셋째 줄에서 조금 더 드러나게 말할 뿐이다.

이처럼 이 단락에서 **나** 예루살렘은 그 누가 겪는 것보다도 더 큰 아픔을 자신이 겪고 있지만 이는 오로지 야훼께로부터 왔다는 사실을 확실히 하면서 탄식한다. 다른 한편으로 이 단락에서는 예레미야에게서 볼 수 있었던 표현이나 내용을 생각하게 하는 부분이 다섯 군데 있다. **고통**을 두고 말하는 12절 둘째 줄, 뼛속으로 들어오는 불의 비유를 쓰는 13절 첫 줄, 병듦을 말하는 13절 셋째 줄, 야훼께서 적들을 불러들이심을 암시하는 15절 둘째 줄, 고통 가운데 운다고 하는 16절 첫 줄은 각각 예레미야 30장 15절과 20장 9절, 8장 18절, 4~6장, 13장 17절과 14장 17절과 9[8]장 1[23]절과 이어진다. 그렇지만 같거나 비슷한 표현이 양쪽에 나온다 하더라도 그 쓰임새는 다른 경우가 대부분이다. 이는 이 단락을 지은이가 예언자 예레미야가 자신의 괴로움을 표현하는 데 쓰던 말들을 예루살렘 공동체가 겪는 괴로움을 나타내는 데 끌어다 썼음을 뜻한다.

[1 : 17] 17절 첫 줄 앞부분에서 **시온이** 자기의 **두 손을 폈**다 함은 예레미야 4장 31절을 생각나게 한다. 거기서는 진통으로 몹시 지쳐 숨을 헐떡이며 손을 펴는 임산부에 빗대어 쳐들어온 적군에게 목숨을 잃을 위기에 처한 예루살렘 주민들이 처한 곤경을 묘사한다. 여기서는 뒤이어 **그를 위로할 자가 없도다**, 직역하면 "위로자가 그에게는 없도다."라고 함으로써 슬픔에 지쳐 있는 시온의 모습을 양 손을 펴고 있는 여인의 모습으로 표현한 듯하다. 위로할 자가 없다는 말은 앞서 2절 둘째 줄과 9절 둘째 줄 뒷부분에도 나온 바 있고, 16절에는 조금 다른 식으로 나왔다.

17절 둘째 줄에서는 이런 상황이 닥친 과정을 알려 준다. 다름 아니라, 야훼께서 **야곱**을 두고 **그의 사방** 곧 둘레**에 있는 자들**이 그의 **대적들이 되게 명령**하셨다는 것인데, 여기서 **시온** 대신에 갑자기 **야곱**이 등장한다. 그에 맞추어, 히브리어 본문으로 보면 지금까지 한결같이 유지되어 오던 여성 단수형 어법이 남성 단수형 어법으로 바뀐다. 이삭의 아들 이름인 **야곱**이 예레미야애가에서는 이곳 말고 두 번 더 나오는데(2 : 2, 3), 이 이름이 문맥에 따라서는 이스라엘 전체(민 23 : 7 등)나 북왕국(호 10 : 11 등)을 가리키기도 하지만 여기서는 이사야 65장 9절의 경우처럼 유다 왕국의 백성을 뜻하는 것으로 이해할 수 있다(*HAL* 403b, 377a). 다른 한편으로 5절과 10절에서는 그저 **대적들**이 예루살렘의 머리가 되고 예루살렘의 보물들을 빼앗아갔다고 했으나, 여기서는 **여호와께서** 유다 둘레 민족들을 그런 대적들로 만드셨음을 똑똑히 밝힌다.

앞서 15절 둘째 줄에서 시인이 **주께서** '나를 거슬러(또는 나 때문에) 절기를 선포하셨다'(사역)고 했다면, 여기서는 시인이 야훼께서 유다 왕국 둘레의 작은 나라들을 유다의 대적들이 되게 하셨다고 한다. 이는 바벨론 군대가 유다 왕국을 공격해 올 때 아람과 모압과 암몬 사람들도 야훼께서 함께 보내셨다고 하는 열왕기하 24장 2절을 떠올리게 한다(욥 1 : 11-14도 참고). 또한 예레미야애가 1장 2절에서 1절에서 말하는 **이 성** 곧 '그 성읍'의 친구들이 '그 성읍'을 배신하여 원수들이 되었다 한 것과도 통하고, 8절 둘째 줄에서 예루살렘을 존중하던 자들이 예루살렘을 업신여겼다고 한 것과도 관련시켜 볼 수 있다.

이처럼 주변 나라들조차 적들이 됨으로써 **예루살렘은 그들 가운데에 있는 불결한 자가 되었도다**라고 17절 셋째 줄 뒷부분에서 말한다. 그 히브리어 본문은 "예루살렘은 그들 사이에서 오물이 되었도다."로 직역할 수 있다. 여기서 **예루살렘**이 다시 주어가 됨으로써 17절 첫 두 줄에서 잠시 끊어졌던 여성 단수 어법이 되살아난다. 그에 어울리는 것이 **불결한 자**로 옮긴 히브리 낱말 '닛다'(נִדָּה)다. 이 낱말은 본디 월경(月經)이나 그 피가 묻은 것을 뜻하는데, 여기서는 쓰레기처럼 여겨지는 것을 가리키므로 '오물'로 옮길 만하다. 앞서 1절 셋째 줄에서 **열방 중에 공주였던 자가 이제는 강제 노동을 하는 자가 되었도다**라 하고, 8절 둘째 줄에서 **전에 예루살렘에게 영광을 돌리던 모든 사람이** 지금은 그를 **업신여**겼다고 했는데, 여기서는 예루살렘이 주변의 나라들 사이에서 혐오의 대상이 되었다고 함으로써 예루살렘의 처지를 한층 더 처량하게 묘사한다.

설교를 위한 묵상

12~16절에서 오늘 그리스도인들은 다음 몇 가지 가르침을 받을 수 있다.

첫째, 하나님 백성의 공동체는 엄청난 고통을 겪을 때 그 상황을 솔직히 인정하고 스스로 또는 다른 사람들 앞에서 탄식할 수 있다. 둘째, 자신들이 겪는 고통은 하나님이 적들을 통해 주신 것임을 깨닫는다. 셋째, 이런 괴로움은 결국 자신들이 하나님을 거스른 데서 비롯되었음을 알게 된다.

17절에서는 하나님이 당신의 백성에게 재난을 내리시면 그 누구도 그 백성을 도울 수 없고, 하나님 백성의 공동체가 하나님을 모르는 사람들이 혐오하는 대상이 될 수도 있음을 깨닫는다.

4. "여호와는 의로우시도다"(1 : 18–19)

18 여호와는 의로우시도다
그러나 내가 그의 명령을 거역하였도다
너희 모든 백성들아 내 말을 **듣고**
내 고통을 볼지어다
나의 처녀들과 나의 청년들이
사로잡혀 갔도다
19 내가 내 사랑하는 자들을 불렀으나
그들은 나를 속였으며
나의 제사장들과 장로들은
그들의 목숨을 회복시킬
그들의 양식을 구하다가
성 가운데에서 기절하였도다

18절 셋째 줄의 **나의 처녀들과 나의 청년들**(4절 셋째 줄의 '그의 처녀들'과 15절 둘째 줄의 '내 청년들' 참고)과 19절 둘째 줄의 **나의 제사장들**(4절 둘째 줄의

'그의 제사장들' 참고)로 미루어 보아 이 단락의 나는 17절 셋째 줄의 **예루살렘**을 가리키는 것으로 볼 수 있다.

18절 첫 줄에서 **나** 예루살렘은 야훼의 의로우심과 자신의 잘못을 고백하고, 나머지 두 줄에서는 자신의 남녀 젊은이들이 사로잡혀 감으로써 자신이 겪는 아픔을 듣고 볼 것을 **모든 백성들**에게 요구한다. 19절 첫 줄에서는 이전에 '나를 **사랑하던 자들**'의 배신을 한탄하고, 나머지 두 줄에서는 **나의 제사장들과 장로들**에게 닥친 재난을 묘사한다.

야훼의 의로우심 고백, 자신의 잘못 고백, 자신의 곤경 묘사, 배신자들의 행태 묘사라는 네 가지 요소 자체는 탄원시에 있음직한 요소이다. 그리하여 '나를 **사랑하던 자들**'의 달라진 태도를 두고 탄식하는 말이 담긴 19절 첫 줄은 시편 35편 13~16절과 견주어 볼 만하고, 특히 공동체가 처한 곤경을 묘사하는 예레미야애가 1장 18절 셋째 줄은 공동체 탄원시를 떠올리게 한다(시 44 : 11[12] 참고). 다만 표현 형식을 두고 보면, 괴로움을 겪는 사람이 야훼께 직접 아뢰는 탄원시와 다르다. 곧 예레미야애가 1장 18~19절에서 나 예루살렘은 9절 셋째 줄과 11절 셋째 줄과는 달리 야훼께 아뢰지 않고, 18절 둘째 줄에서 밝히는 대로 **모든 백성들**에게 말하고 있다.

앞서 12절에서 지나가는 사람들에게 말을 걸었던 나 예루살렘이 18절 둘째 줄에서는 **모든 백성들**에게 말한다. 실제로는 이 경우도 12절과 마찬가지로 말의 상대자는 그저 수사적인 의미를 지닐 따름이므로, 여기서도 **나** 예루살렘이 실제로는 혼잣말을 하고 있는 것으로 볼 수 있다.

[1 : 18] 나 예루살렘은 첫머리에서 **여호와는 의로우시도다**라고 고백한다. 그 히브리어 문장 '찻딕 후 야훼'(**צַדִּיק הוּא יהוה**)에서는 남성 삼인칭 대명사 '그'(**הוּא**, '후')를 술어 '의로우시도다'(**צַדִּיק**, '찻딕')와 주어 야훼(**יהוה**) 사이에 넣어 주어를 강조한다. 그리함으로써 이 말은 고난 가운데서 야훼를 굳게 신뢰하는 마음을 드러낸다. 이 고백은 예레미야 12장 1절 첫머리의 "당신은

의로우십니다, 야훼여!"(צַדִּיק אַתָּה יהוה, '찻딕 앗타 야훼'의 사역)를 떠올리게 한다. 거기서는 예언자가 야훼께 직접 고백했다면, 여기서는 예루살렘이 모든 백성들 앞에서 고백하는 점이 다르다. 나 예루살렘은 자신이 섬기는 야훼께서 의로우시다는 사실을 그 하나님을 섬기지 않는 이방 사람들 앞에서 고백한다!

그리하여 **여호와는 의로우시도다**라는 이 고백은 곧바로 **그러나 내가 그의 명령을 거역하였도다**, 곧 "그의 명령을 내가 거슬렀음이라."라고 **나** 예루살렘이 자신의 잘못을 고백하는 말로 이어진다. **그의 명령**으로 옮긴 히브리 낱말은 본디 '그의 입'을 뜻하고, '**거역하**다'로 옮긴 히브리 동사 '마라'(מָרָה)는 '거스르다'로 번역할 수도 있다. 하나님의 백성이 '야훼의 입을 거스르다'와 '야훼의 입을 거스르지 않다'라는 표현은 각각 사무엘상 12장 15절과 14절에서도 찾아볼 수 있는데, 바로 그 앞에 각각 '야훼의 목소리를 듣지 않다'와 '야훼의 목소리를 듣다'라는 표현이 있다. 이로 보면 야훼의 입을 거스른다 함은 다름이 아니라 야훼의 목소리를 듣지 않는 것이다.

예레미야애가 1장 18절 첫 줄의 고백으로 **나** 예루살렘은 자기에게 닥친 고난을 자신이 야훼의 입을 거스른 탓에 야훼께서 내린 벌로 이해하고 달게 받고 있음을 드러낸다(단 9 : 14 ; 느 9 : 33 ; 대하 12 : 6 참고). 이는 앞서 14절 첫 줄에서 마찬가지로 예루살렘이 **내 죄악**을 언급한 것과 잘 어울리고, 8절 첫 줄에서 **예루살렘이 크게 범죄**했다고 시인이 탄식한 바와 맞아 떨어진다.

나 예루살렘은 18절 둘째 줄에서 **모든 백성들**에게 우선 들을 것을 요구한다. 여기서 모든 백성들은 이스라엘 사람들을 가리킨다기보다는 이방 세계를 가리킨다. 뒤이어 이 이방 사람들에게 예루살렘은 **내 고통을 볼지어다**라고 요구한다. 이는 12절에서 **나의 고통과 같은 고통이 있는가 볼지어다**라고 한 것과 비슷하다. 그 **고통** 곧 아픔의 내용으로 앞 13~15절에서는 야훼께서 자기에게 하신 여러 가지 조치를 자세히 말한 것과는 달리 여기서는 그저 예루살렘의 남녀 젊은이들이 사로잡혀 간 것만을 말한다. 앞 5절 셋째 줄에서는 시온의 아이들이 사로잡혀 갔다고 한 적이 있다. 남녀 젊은이들은 한 지역 공동체, 민족 공동체의 한층 더 가까운 미래를 떠맡을 주인공들이다. 사로잡혀 간 그들이 돌아오지 않는다면, 예루살렘 공동체에는 희망이 없다. 히브리어 본문 18절 셋째 줄에서는 주어 **나의 처녀들과 나의 청년들**을 술어동사보다 앞세워 강조하는 것도 이런 흐름에서 이해할 수 있다. **청년**으로 옮긴 히브리 낱말 '바후르'(בָּחוּר)는 다 자라 어른이 되어 힘이 넘치지만 아직 결혼하지 않은 사내를 가리키므로(*HAL* 114a), 우리말로는 총각으로 번역할 만하다.

이처럼 18절 둘째 셋째 줄에서 **나** 예루살렘은 다 큰 자녀들을 적들에게 빼앗기고 홀로 남아 울부짖는 어머니의 모습으로 나타난다. 이는 예레미야 31장 15절에서 묘사하는 라헬의 모습이나 10장 20절에서 울부짖는 여인의 모습과 비슷하다.

[1 : 19] 뒤이어 19절 첫 줄에서 **나** 예루살렘은 자신이 이렇게 큰 고통 가운데에서 **내 사랑하던 자들**(מְאַהֲבַי, '므아하바이')에게 도움을 구했으나 오히려 그들에게 버림받은 아픔을 말한다. 글의 흐름으로 볼 때 '므아하바이'는 '내가 사랑하던 자들'이라기보다는 '나를 사랑하던 자들'로 이해하는 것이 더 낫다.

뒤이어 **"그들은 나를 속였으며"**로 옮긴 히브리어 본문에서 '속이다'는 '내버려 두다'로 바꾸는 것이 좋다. 또 이 문장에서는 술어동사에서 이미 알 수 있는 주어 '그들'을 따로 대명사를 써서 앞세워 한편으로는 주어를 강조하고 다른 한편으로는 한 줄 앞부분과 뒷부분의 균형을 살린다. 여기서 '내버려 두다'로 옮긴 히브리 동사는 곤경에 빠진 사람을 모른 체하여 전혀 돌보지 않음을 뜻한다.

이런 상황은 앞서 2절에서 '그 성읍'이 밤에 울고 울었지만 '그를 **사랑하던 자들**'(אֹהֲבֶיהָ, '오하베하') 가운데서 위로하는 자가 그에게 하나도 없었다 한 것과 견주어 볼 만하다. 예레미야 30장 14절에서는 시온 '**너를 사랑하던 자들**'(מְאַהֲבַיִךְ, '므아하바익')을 사랑하던 자가 다 시온을 잊고 찾지 아니했다고 한다.

이렇게 큰 고통 가운데 내버려진 **나** 예루살렘은 이제 **제사장들과 장로들**이 굶주려 죽는 것을 보아야 했다. 지도층에 속하는 사람들로서 **제사장들**은 이미 4절에 나왔지만 **장로들**은 예레미야애가에서 여기에 처음으로 나온다. **장로들**은 가족이나 씨족 안에서 많은 나이 때문에 권위를 인정받아 우두머리 노릇을 하던 남자들 가운데서 부족 공동체의 지도자로서 보통 때는 판결을 주도하고 전쟁이 일어나면 군대를 지휘하던 사람들이다. 성읍의 장로들은 귀족층을 이루었는데, 이들이 민간 생활에 미치는 영향은 상당했다.[1] 특히 수도 예루살렘의 장로들의 권위가 대단했으리라는 점은 어렵지 않게 짐작할 수 있다.

나 예루살렘의 **제사장들과 장로들**이 **그들의 목숨을 회복시킬 그들의 양식을 구**했으나 구하지 못하고 **성 가운데에서 기절하였**다고 한다. 그 히브리어 본문은 '자신들의 생기를 되돌리려고 자신들을 위해 먹을 것을 구했으나 그 성읍 안에서 숨졌다'로 번역할 수 있다. 생기를 되돌리려고 먹을 것을 구하는 문제는 시인이 예루살렘에 닥친 고난을 두고 11절에서 야훼께 아뢸 때 언급한 바 있다. 이와는 달리 16절 둘째 줄에서는 울고 있는 **나** 예루살렘을 위로할 자를 가리켜 **내 생명을 회복시켜 줄 자** 곧 '내 생기를 되돌릴 자'라고 했다. 그런데 19절에서는 **나** 예루살렘이 **성**이라는 표현을 씀으로써 자신을 객관화시킨다. 이 **성**은 1절 첫 줄에 나왔던 **이 성** 곧 '그 성읍'을 떠올리게 한다.

이처럼 **나** 예루살렘은 예루살렘 공동체의 지도층에 속하는 사람들마저 양식을 구하지 못해 목숨을 잃는 비극이 벌어졌다고 노래한다. 그리함으로써, 앞 11절에서 예루살렘 주민 전체가 '자신들의 생기를 되돌릴 먹을 것'을

1) 「해설관주성경전서 독일성서공회해설」(서울 : 대한성서공회, 1997)의 부록, 용어해설 '장로' 항목 참고.

구하려고 자신들이 아끼던 귀한 것들은 내놓았다고 한 것과 달리 여기서는 지도층의 운명에 초점을 맞추고 있다. 이런 상황은 18절 셋째 줄과는 달리 바벨론 군대에게 에워싸인 예루살렘의 주민들이 엄청난 굶주림에 시달릴 때를 생각해 보게 한다(왕하 25 : 3).

18~19절에 나오는 표현이나 낱말 가운데 1~17절과 관련된 것을 한데 모아 보면 다음과 같다. 괄호 안에는 먼저 절수를 적고, 뒤이어 말하는 주체가 누구인지를 밝혀 놓았다.

내가 그의 명령을 거역하였도다(18ㄱ, 예루살렘)
→ **내 죄악**(14ㄱ, 예루살렘)
→ **예루살렘이 크게 범죄함으로**(8ㄱ, 시인)
→ **그의 죄**(5ㄴ, 시)
너희 모든 백성들아(18ㄴ, 예루살렘)
→ **지나가는 모든 사람들이여**(12ㄱ, 예루살렘)
내 고통(18ㄴ, 예루살렘) → **나의 고통**(12ㄴ, 예루살렘)
나의 처녀들(18ㄷ, 예루살렘) → '그의 **처녀들**'(4ㄷ, 시인)
나의 청년들(18ㄷ, 예루살렘)
→ **내 청년들**(15ㄴ, 예루살렘)
나의 처녀들과 나의 청년들이 사로잡혀 갔도다(18ㄷ, 예루살렘)
→ **그의 어린 자녀들이 사로잡혔도다**(5ㄷ, 시인)
내 사랑하던 자들(19ㄱ, 예루살렘)
→ '그를 **사랑하던 자들**'(2ㄴ, 시인)
나의 제사장들(19ㄴ, 예루살렘)
→ '그의 **제사장들**'(4ㄴ, 시인)
성(19ㄴ, 예루살렘) → **이 성**(1ㄱ, 시인)
그들의 목숨을 회복시킬(19ㄷ, 예루살렘)

→ **내 생명을 회복시켜 줄**(16ㄴ, 예루살렘)
→ **생명을 이으려고**(11ㄴ, 시인)

이처럼 한편으로는 앞에 나온 시인의 혼잣말 탄식(1-9ㄴ절)에서 예루살렘을 두고 하던 말을 18~19절에서는 예루살렘이 스스로 말하고, 다른 한편으로 앞의 다른 단락(12-16절)에서 **나** 예루살렘이 **지나가는 모든 사람들**에게 말할 때 쓰던 표현이나 낱말이 다시 18~19절에 쓰이기도 한다.

설교를 위한 묵상

하나님 백성의 공동체도 엄청난 재난이 닥치기 전에는 자신들이 하나님을 거슬렀다는 사실을 깨닫지 못하는 수가 많다. 2000년 기독교의 역사가 이를 말해 준다. 하나님의 백성이라 하더라도 하나님을 거스르면 그 공동체의 미래인 청년들이 세속 세력에 사로잡혀 가며 지도층이 삶의 기본 조건조차 보장받지 못해 목숨을 잃는 불행을 맞을 수 있다. 이런 상황이 닥쳤을 때, 하나님의 참된 백성은 하나님을 모르는 세상 앞에서도 자신들이 지난날 저지른 잘못을 인정하고 하나님의 의로우심을 고백하면서 지금 겪는 아픔을 쏟아낼 수 있다.

5. "여호와여 보시옵소서"(1 : 20-22)

20 여호와여 보시옵소서 내가 환난을 당하여
나의 애를 다 태우고

나의 마음이 상하오니

나의 반역이 심히 큼이니이다

밖에서는 칼이 내 아들을 빼앗아 가고

집 안에서는 죽음 같은 것이 있나이다

21 **그들이 내가 탄식하는 것을 들었으나**

나를 위로하는 자가 없으며

나의 모든 원수들은 내가 재난 당하는 것을 듣고

주께서 이렇게 행하신 것을 기뻐하나이다

그러나 주께서 그 선포하신 날을 이르게 하셔서

그들이 나와 같이 되게 하소서

22 **그들의 모든 악을 주 앞에 가지고 오게 하시고**

나의 모든 죄악들로 말미암아

내게 행하신 것 같이

그들에게 행하옵소서

나의 탄식이 많고

나의 마음이 병들었나이다

18~19절에서 **나** 예루살렘은 남녀 젊은이들이 사로잡혀 가고 지도층이 굶어 죽은 공동체에서는 그 어떤 미래도 바라볼 수 없게 되었음을 **모든 백성들** 앞에서 탄식했다. 이런 절망 어린 탄식에 이어 1장의 마지막 석 절에서는 야훼께 매달리는 **나** 예루살렘의 기도가 나온다.

20절 첫 줄과 둘째 줄 앞부분에서는 자신의 상황을 한 인격체가 온 존재로 겪는 어려움으로 묘사하면서 야훼께 보실 것을 구하고, 둘째 줄 뒷부분에서는 자신의 잘못을 고백하며, 셋째 줄에서는 삶의 공간인 집 안팎의 어려운 상황을 말한다. 21절 첫 줄에서는 위로하는 사람이 없는 상태에서 한숨짓는 자신의 모습을 말하고, 둘째 줄에서는 자신에게 야훼께서 내리신 재앙을 보고 원수들이 기뻐한다고 하며, 21절 셋째 줄과 22절 첫 두 줄에서는 자신에게 하셨듯이 야훼께서 원수들에게 재난을 내려 달라고 기도한다. 22절 셋째 줄에서는 짧게 다시 한 번 자신의 곤경 상황을 아뢴다.

탄원자 **나**가 실제로는 개인이 아니라 예루살렘 공동체, 더 나아가서 유다 민족 공동체라는 점을 제쳐 놓고 보면, 20~22절에는 시편의 개인 탄원시와 공동체 탄원시의 요소가 뒤섞여 있다.

야훼의 개입을 요청하는 짤막한 기도(20절 첫머리의 **여호와여 보시옵소서**), 자신이 몸과 마음으로 겪는 괴로움을 호소하는 말(20ㄱ 나머지 부분과 20ㄴ앞, 21ㄱ), 적들의 행태를 묘사하는 말(21ㄴ앞), 자신의 잘못을 고백하거나 인정하는 말(20ㄴ뒤, 22ㄴ뒤), 야훼께서 **나**에게 재난을 주셨다고 하는 말(21ㄴ뒤, 22ㄴ앞), 적들에게 재난을 내려 달라는 기도(21ㄷ, 22ㄱ)는 개인 탄원시에 흔히 나오는 요소다. 공동체 탄원시의 요소는 20절 셋째 줄에서 찾아볼 수 있다. 그런데 개인 탄원시의 요소를 찾아볼 수 있는 부분에서도 말하는 주체가 공동체를 상징하는 시온이므로, 실제 그 내용으로는 공동체 탄원시의 요소가 들어 있다고 할 수 있다.

[1 : 20] 여호와여 보시옵소서(그 히브리어 문장을 직역하면, "보십시오, 야훼여!")는 앞서 9절 셋째 줄과 11절 셋째 줄에서 이미 보았던 기도다. 말할 수 없이 큰 아픔 가운데서 **나** 예루살렘은 뒤이어 20절 둘째 줄에서도 드러나게 말하듯이 그 아픔을 주신 야훼께로 향한다. 그렇게 야훼께 매달리는 까닭을 우선 **내가 환난을 당하여**(그 히브리어 문장을 직역하면, "곤경이 제게 닥쳤기 때문입니다.")라는 말로 밝힌다. 여기서 '**환난을 당하**다'로 옮긴 히브리 동사 '차라르'(צָרַר)는 본디 '좁다'를 뜻한다. 곧 공간이 한정되어 자유롭지 못한 상태가 되어 있음을 말한다.

이런 곤경이 자신에게 미친 영향을 20절 첫 줄 뒷부분에서는 **나의 애를 다 태우고**라고 표현한다. 그 히브리어 문장은 "제 창자들이 부글부글 끓었습니다."로 직역할 수 있는데, 주어인 '제 창자들이'(מֵעַי, '메아이')를 술어동사인 '부글부글 끓었습니다'(חֳמַרְמָרוּ, '호마르므루')보다 앞세워 강조한다. 구약 히브리어에서 창자는 감정이 자리 잡고 있는 곳으로 통한다. 그리하여 감정과 정신이 매우 힘들 때, 창자가 아프다는 식으로 표현하는데, 이는 그 누구보다도 예레미야에게서 두드러지게 나타나는 표현이다(렘 4：19； 31：20. 또 사 16：11； 욥 30：27； 시 22：14[15]도 참고). 이처럼 옛 히브리 사람들은 몸과 마음의 아픔을 구별하기보다는 하나로 느꼈던 것으로 보인다. 이는 그다음 문장 곧 20절 둘째 줄 앞부분인 **나의 마음이 상하오니**(그 히브리어 문장은 "제 염통이 제 안에서 변했습니다."로 직역할 수 있다.)에서도 드러난다. 여기서 **마음**으로 옮긴 히브리 낱말 '렙'(לֵב)은 '염통', '심장'을 뜻하기도 하기 때문이다. '창자'와 '염통'은 예레미야 4장 19절과 시편 22편 14[15]절에서도 나란히 나온다. 이리하여 예레미야애가 1장 20절 첫 줄과 둘째 줄 앞부분에서 **나** 예루살렘은 어려운 상황 가운데서 애간장이 다 타고 심장에도 이상이 생겼다는 식으로 자신이 한 인격체로서 겪는 괴로움을 표현한다.

이런 일이 벌어진 것은 자신이 야훼 하나님을 향해 **나의 반역이 심히** 컸기(그 히브리어 문장은 "제가 크게 거슬렀기"로 직역할 수 있다.) 때문이라고 **나**는 20절 둘째 줄 뒷부분에서 고백한다. 이는 앞서 18절 첫 줄 뒷부분에서 **내가** 야훼 **그의 명령을 거역하였도다**라고 한 것과 통한다. 그렇지만 몇 가지 점에서 차이가 있다. 우선 거기에 '야훼의 입'이라는 목적어가 있었던 것과는 달리 여기서는 그런 목적어가 없다. 게다가 거기서는 정동사만 썼는데, 여기서는 부정사 절대형을 정동사보다 앞세워 강조하여 썼다. 이리함으로써 여기서는 **나** 예루살렘의 반역 상태 자체에 초점을 맞추고 있다. 또 18절에서는 **모든 백성들** 앞에서 야훼의 입을 거스른 자신의 잘못을 인정했다면, 이제 20절에서는 야훼께 직접 자신의 잘못을 아뢴다.

20절 셋째 줄에서는 **나** 예루살렘에게 닥친 재난 상황을 묘사한다. **밖에서는 칼이 내 아들**('아이들'이라고 번역하는 것이 더 낫다.)**을 빼앗아 가고**는 적군의 칼에 청소년들이 목숨을 잃음을 말하고, **집 안에서는 죽음 같은 것이 있나이다**는 전쟁 가운데서 부상당하거나 전염병이나 기근으로 집 안에서 숨을 거두는 사람들이 있음을 암시한다. 예레미야 9장 21[22]절과 14장 18절 전반절에 이와 비슷한 내용이 들어 있다(신 32 : 25 ; 겔 7 : 15도 참고). 이런 표현은 한 마디로 집 안팎 어디도 목숨을 지킬 만큼 안전하지 못한 상황을 나타낸다.

앞 18절에서는 예루살렘이 다 큰 자녀들을 적군에게 빼앗긴 어머니처럼 한탄했다면, 여기서는 어린 자녀들까지 적군에게 목숨을 잃고 홀로 남은 어머니의 모습으로 탄식한다.

[1 : 21] 이리하여 **나** 예루살렘은 21절 첫머리에서 **그들이 내가 탄식하는 것을 들었으나**라고 말한다. 여기서 주어 **그들**은 일반인들을 뜻한다. 따라서 사람들이 예루살렘의 탄식소리를 들음을 말한다. '**탄식하**다' 동사는 이미 앞에서 세 번이나 나왔다. 4절 둘째 줄에서는 순례객이 끊어진 예루살렘에서 제사장들이 탄식하고, 8절 셋째 줄에서는 예루살렘이 한 여성 인격체로 탄식했으며, 11절에서는 예루살렘의 백성이 양식을 구하면서 탄식했다고 한다. 8절에서 시인이 예루살렘을 두고 하던 말을 21절에서는 **나** 예루살렘 스스로 쓴다. 8절에서는 그 술어가 여성 단수 완료형이었지만, 여기서는 여성 단수 분사형을 씀으로써 한편으로는 탄식하는 주체가 여성임을 드러내고, 다른 한편으로는 탄식하는 상황이 지속되고 있음을 알려 준다. 그뿐만 아니라 그렇게 **나** 예루살렘이 탄식하고 있는 것을 사람들이 들었다고 함으로써, 이 괴로운 상황이 널리 알려져 있음을 말한다.

그렇게 탄식하는 **나** 예루살렘을 **위로하는 자가 없**다고 하는 다음 말은 앞 2절 둘째 줄, 9절 둘째 줄, 17절 첫 줄과 이어진다. 시인이 예루살렘에게 위로하는 자가 없다고 말한 것을, 이제 **나** 예루살렘이 확인해 준다.

21절 둘째 줄 앞부분에서 **나** 예루살렘은 **원수들**의 행태를 묘사한다. 먼저

나의 모든 원수들은 내가 재난 당하는 것 곧 **나** 예루살렘에게 재앙이 닥쳤다는 소식을 들었다는 사실을 **나**는 안다. 이는 7절 셋째 줄 앞부분 히브리어 본문에서 대적들이 그 곧 예루살렘을 보았다고 한 것과 견주어 볼 만하다. 거기서는 적들이 예루살렘에 닥친 참상을 본다. 그렇다면 예루살렘의 곤경 상황을 본 적들은 실제로 예루살렘으로 쳐들어왔거나 예루살렘이 망한 뒤에 예루살렘을 들른 이방 민족들이고, 예루살렘에 재앙이 닥쳤음을 들은 원수들은 평소에 유다와 좋지 않은 관계를 유지하면서 멀리 있던 나라 사람들이나 멸망한 예루살렘에 아직 와 보지 못한 사람들이라 할 수 있다.

21절에서 **재난**으로 옮긴 히브리 낱말 '라아'(רָעָה)는 본디 '나쁜 것'을 뜻하는데, 문맥에 따라 사람이 저지른 악을 가리킬 수도 있고 그 악의 결과로 닥치는 재앙을 가리키기도 한다. 이처럼 이 낱말은 사람이 나쁜 행동을 하면 그에게 나쁜 결과가 미치기 마련이라는 옛 이스라엘 사람들의 생각을 드러낸다. 나중 22절 둘째 줄에서는 '라아'를 **악**으로 옮겨 놓았다. 다음으로 21절 첫 줄 뒷부분에서는 **원수들**이 **주께서 이렇게 행하신 것을 기뻐하나이다**(그 히브리어 본문은 "당신이 행하셨다고 기뻐합니다."로 직역할 수 있다.)라고 **나** 예루살렘은 탄식한다. 그러니까 예루살렘의 원수들이 예루살렘에 재앙이 닥쳤다는 소식을 듣고, 예루살렘 공동체가 믿고 섬기던 신이 그렇게 했다고 좋아했다는 것이다. 이리하여 **나**는 야훼께 벌을 받는 존재로 원수들에게 비웃음을 받는 대상이 된 것이다. 이는 앞서 7절 셋째 줄 뒷부분에서는 예루살렘이 끝장났음을 두고 적들이 비웃었다고 한 것보다 한층 더 가슴 아픈 상황을 말한다. 다른 한편으로 이는 일찍이 모세가, 가나안 땅으로 올라가지 않겠다고 하는 이스라엘 백성을 야훼께서 죽이신다면 이방 민족들이 비웃으리라고 말한 바를 떠올리게 한다(민 14 : 15-16 ; 신 9 : 26-28도 참고).

"당신이 행하셨다."로 사역한 히브리어 문장에서는 술어동사에서 이미 알 수 있는 주어 '당신'을, 인칭대명사를 따로 써서 강조한다. 이런 식으로 **나** 예루살렘은 자신에게 닥친 재앙이 야훼께로부터 비롯되었다는 점을 똑똑히 드러내는데, 이는 5절 둘째 줄과 12절 둘째 줄 뒷부분-13절에 나오는 야훼를 주어로 하는 여러 문장과, 14절 둘째 줄 뒷부분-15절에 나오는 '주'를 주어로 하는 여러 문장에서 이미 알 수 있었던 사실이다. 그런데 지금은 원수들이 이 사실을 확인하고 기뻐한다고 말한다. 이리함으로써 이제 예루살렘의 하나님이 예루살렘에 재앙을 내리셨다는 사실을 예루살렘 주민들뿐만 아니라 예루살렘의 원수들까지 알게 되었음을 드러낸다. 이 얼마나 수치스러운 일인가!

그렇지만 **나** 예루살렘은 이 부끄러운 상황을 두고 탄식하는 데만 머무르지 않는다. 21절 셋째 줄에서 **나** 예루살렘은 야훼께 원수들을 벌해 달라는 뜻을 **그러나 주께서 그 선포하신 날을 이르게 하셔서 그들이 나와 같이 되게 하소서**라는 말로 표현한다. **주께서 그 선포하신 날**은 야훼께서 당신의 백성을 어려움에서 건져 내고 적들은 벌하시겠다고 미리 알려 주신 날로 짐작할 수 있다. 이 기도 밑바닥에는 구약성경 곳곳에 나오는 '야훼의 날'에 대한 기대가 깔려 있다. 그 기대를 따라 예루살렘은 그날에 **나의 모든 원수들**이 **나**처럼 되기를 빈다. 여기에는 **나의 모든 원수들**도 **나** 못지않게 야훼 하나님께 잘못한 바가 있으리라는 점이 전제되어 있다. 이 점은 곧바로 뒤이어 나오는 기도에서 확인된다.

[1 : 22] 이제 **나** 예루살렘은 22절 첫머리에서 **그들의 모든 악을 주 앞에 가지고 오게 하시고**(그 히브리어 문장은 "그들의 악이 다 당신 앞에 오기 바랍니다."로 직역할 수 있다.)라고 기도한다. 여기서 악으로 옮긴 히브리 낱말은 앞서 21절 둘째 줄에서 **재난**으로 옮긴 바로 그 낱말 '라아'다. 그러니까 **나** 예루살렘이 행한 '나쁜 것' 때문에 야훼께서 **나**에게 '나쁜 것'이 닥치게 하셨다면, 이제는 **나의 모든 원수들**이 행한 (더) '나쁜 것' 때문에 야훼께서 그들에게 '나쁜 것'이 닥치게 하셔야 한다는 것이다. 이 기도를 읽으면 하박국 1장 13절의 기도가 생각난다.

또한 '오다'는 21절 셋째 줄 앞부분에 나온 동사 '오게 하다'와 같은 뿌리에서 나온 동사다(בּוֹא, '보'). 야훼께서 선포하신 날이 오면 **나의 모든 원수들**이 저지른 못된 짓들도 다 야훼 앞에 오게 되기 바란다는 것이다. 그들의 잘못이 드러나게 되리라는 뜻이다. 그리하면 그에 걸맞게 하나님이 그들을 벌하시기 바란다는 뜻을 **그들에게 행하옵소서**라는 말로 밝힌 것이다. 이러한 하나님의 조치는 야훼께서 **나의 모든 죄악들** 때문에 **내게 행하신 것**에 상응하는 것이어야 한다. 이야말로 앞 단락 18~19절의 첫머리에서 **여호와는 의로우시도다**라고 **모든 백성들** 앞에서 고백한 시온의 속마음과 잘 맞아 떨어진다. 22절에 두 번 나오는 '**행하**다'라는 동사는 앞서 12절에서 수동형으로 쓰인 동사와 뿌리가 같다. 또 **죄악**으로 옮긴 히브리 낱말 '페샤으'는 5절과 14절에 이미 나왔는데, 다만 5절에서는 **죄**로 번역했다. **나의 모든 죄악들**은 한편으로 20절 둘째 줄 뒷부분에서 **나의 반역이 심히 큼이니이다** 곧 "제가 크게 거슬렀기 때문입니다"라고 한 고백과 이어지고, 다른 한편으로는 5절 둘째 줄 뒷부분에서 말한 시온 **그의 죄**, 14절 첫 줄에서 말한 **내 죄악의 멍에**, 8절 첫머리에서 **예루살렘이 범죄함으로**라고 한 것과 이어진다.

1장의 마지막 줄인 22절 셋째 줄에서 **나** 예루살렘은 20절 첫 줄과 둘째 줄에서 묘사한 자신의 곤경 상황을 다시 한 번 간추려 아뢴다. **나의 탄식이 많고**라는 말은 21절 첫 줄에서 **내가 탄식하는 것**이라고 한 바를 더 강하게 표현한 것이다. **나의 마음이 병들었나이다**라는 말에서 **나의 마음**은 20절 둘째 줄에 나왔던 말로 '내 염통', '내 심장'을 뜻하기도 한다. '**병들**다'로 옮긴 히브리 낱말은 13절 셋째 줄에서 '피곤하게 하다'로 옮긴 낱말과 뿌리가 같다(דָּוֶה, '다와'). 이와 비슷한 표현은 유다 백성을 두고 말하는 이사야 1장 5절(……**온 마음이 피곤하였으며**……)에서도 찾아볼 수 있다.

20~22절에 들어 있는 표현이나 낱말 가운데서 1~19절과 관련된 것을 한데 모아 보면 다음과 같다. 괄호 안에는 먼저 절수를 적고, 뒤이어 말하는 주체가 누구인지를 밝혀 놓았다.

여호와여 보시옵소서(20ㄱ, 예루살렘)

→ **여호와여 나를 돌보시옵소서**(11ㄷ, 예루살렘)

→ **여호와여…… 나의 환난을 감찰하소서**(9ㄷ, 예루살렘)

나를 위로하는 자가 없으며(21ㄱ, 예루살렘)

→ **그를 위로할 자가 없도다**(17ㄱ, 시인)

→ **그를 위로할 자가 없도다**(9ㄴ, 시인)

→ **그에게 위로하는 자가 없고**(2ㄴ, 시인)

나의 반역이 심히 큼이니이다(20ㄴ, 예루살렘) /

나의 모든 죄악(22ㄴ, 예루살렘)

→ **내가 그의 명령을 거역하였도다**(18ㄱ, 예루살렘)

→ **내 죄악**(14ㄱ, 예루살렘)

→ **예루살렘이 크게 범죄함으로**(8ㄱ, 시인)

→ **그의 죄**(5ㄴ, 시인)

내가 탄식하는 것을(21ㄱ, 예루살렘) /

나의 탄식(22ㄷ, 예루살렘)

→ **그 모든 백성이…… 탄식하며**(11ㄱ, 시인)

→ **그**(=예루살렘)**는 탄식하며**(8ㄷ, 시인)

내게 행하신 것 같이(22ㄴ, 예루살렘) /

그들에게 행하옵소서(22ㄴ[ㄱ], 예루살렘)

→ '내게 행하다'(12ㄴ, 예루살렘)

병들었나이다(22ㄷ, 예루살렘)

→ **피곤하게 하여**(13ㄷ, 예루살렘)

20~22절에서는 18~19절과는 달리 앞서 **나** 예루살렘이 야훼께나 다른 사람들에게 한 말에서 쓰던 표현이나 낱말을 주로 다시 쓰고, 시인이 야훼께나 홀로 탄식할 때 쓰던 표현이나 낱말은 더러 쓴다.

이처럼 1장은 예루살렘이 시편의 탄원시 형식을 빌려 직접 야훼께 아뢰는 말인 20~22절로 끝난다. 이 탄원에서 예루살렘이 야훼를 원망한다는 느낌은 받을 수 없다.

나 예루살렘은 자신의 죄를 잘 알고 있다. 또 그 때문에 야훼께서 자신에게 재앙을 내리셨음도 잘 알고 있다. 그렇지만 지금 겪는 괴로움이 너무 크다. 그리하여 어린 자녀들이 적군에게 목숨을 잃고 자신은 몸과 마음이 다 망가진 가운데 위로받을 길 없이 한숨만 짓고 적군들에게 비웃음 당하는 어머니의 모습으로 탄식한다. 그리하여 야훼께서 이런 사정을 보시기를 기도한다. 아울러 자기 못지않게 야훼 앞에 잘못한 것이 많은 적들에게 야훼께서 재난을 내리실 날을 바라고 기다린다.

설교를 위한 묵상

오늘 새 언약 백성인 교회가 하나님께 잘못을 저질러 큰 불행을 겪고 그리스도인들은 무엇보다도 하나님을 모르는 사람들에게서 비웃음 당하는 것이 괴롭다. 그리하여 그들의 잘못을 두고서도 하나님이 알맞은 조치를 취하시라고 기도할 수 있다. 그럴 경우에 이는 사람의 복수심보다는 하나님의 의로우심을 이 땅에 드러내고 싶은 마음에서 비롯되어야 할 것이다.

B. 1장의 특징

1장의 첫 아홉 절에는 **이 성** 곧 '그 성읍'(1-2절), **유다**(3절), **시온**(4-6절), **예루살렘**(7-9ㄴ절)에 닥친 불행을 두고 시인이 홀로 탄식하는 말이 이어진다.

그러다가 예루살렘 자신이 야훼께 아뢰는 말(9ㄷ절)이 짧게 나오자 곧바로 시인도 예루살렘을 두고 야훼께 아뢰고(10-11ㄴ절) 다시 예루살렘이 말을 받아 야훼께 아뢴다(11ㄷ절). 그 뒤로는 예루살렘이 직접 나서서 자신의 어려운 상황을 두고 먼저는 **지나가는 모든 사람들**에게(12-16절), 다음으로는 **모든 백성들**에게(18-19절) 한탄한다. 그 사이에 시인이 짧게 끼어든다(17절). 마침내 1장은 예루살렘이 야훼께 아뢰는 말(20-22절)로 끝난다.

이처럼 1장은 말하는 주체를 두고 절수를 헤아려 보면, 예루살렘이 겪는 고난을 두고 시인이 하는 말(1-9ㄴ, 10-11ㄴ, 17절)과 예루살렘이 하는 말(9ㄷ, 11ㄷ-16, 18-22절)이 각각 열한 절 한 줄과 열 절 두 줄로써 거의 같은 분량을 차지하고 있다.

시인	1-9ㄴ		10-11ㄴ		17	
예루살렘		9ㄷ		11ㄷ-16		18-22

글의 흐름을 두고 보면, 시인의 말은 앞부분에, 예루살렘의 말은 뒷부분에 집중되어 있다. 이리하여 앞에서는 탄식의 대상으로 등장했던 예루살렘이 뒤에서는 직접 탄원의 주체로 나서게 되었음을 알 수 있다. 뒤집어 말하면, 시인의 탄식이 예루살렘 공동체의 탄식을 이끌어 들인 셈이다. 다른 한편으로 시인과 예루살렘이 번갈아 말하는 1장의 형식은 유다 멸망 후 공동체의 모임이나 예배에서 인도자가 말하고 회중이 응답하는 형식을 생각해 보게 한다.

말의 상대자를 두고 그 분량을 헤아려 보면, 시인이 홀로 한탄하는 말(1-9ㄴ, 17절)이 아홉 절 두 줄로 가장 많고, 그다음으로 예루살렘이 다른 사람들에게 하는 말(12-16, 18-19절)이 일곱 절, 시인이나 예루살렘이 야훼께 아뢰는 말(9ㄷ-11, 20-22절)이 다섯 절 한 줄이다. 글의 흐름으로 보면, 처음에는 혼잣말(1-9ㄴ)이 제법 오래 나오다가 잠시 야훼께 아뢰는 말(9ㄷ-11절)이 있는 뒤에 다시 사람들에게 하는 말(12-16, 18-19절)이 나오고 마침내 제법 길게 야훼께 아뢰는 말(20-22절)로 끝난다. 이처럼 시인의 혼잣말 탄식이 야훼께 아뢰는 시온의 탄원으로 끝남으로써 1장의 모든 탄식이 궁극적으로는 야훼를 향하고 있음을 느끼게 한다.

홀로	1-9ㄴ			17		
야훼께		9ㄷ-11				20-22
사람들에게			12-16		18-19	

내용을 두고 보면, 예루살렘이나 하나님의 백성이 겪는 괴로움을 묘사하는 말(1, 2ㄴㄷ, 3-5ㄱㄷ, 6-7ㄴ, 8ㄱ뒤ㄴ, 9ㄱㄴㄷ앞, 11, 12ㄱㄴ, 16ㄴㄷ앞, 17ㄱㄷ, 18ㄴ뒤-20ㄴ앞ㄷ, 21ㄱ뒤, 22ㄷ뒤)이나 그 괴로움 가운데 예루살렘이 보이는 반응(2ㄱ, 8ㄷ, 16ㄱ, 21ㄱ앞, 22ㄷ앞)을 묘사하는 부분이 가장 많다. 뒤이어 이런 고난을 주신 이가 하나님이심을 말하는 부분(5ㄴ앞, 12ㄷ-15, 17ㄴ)이 특히 1장의 중심 부분에 집중되어 있다. 예루살렘의 죄를 인정하거나 고백하는 말(5ㄴ뒤, 8ㄱ앞, 14ㄱ앞, 18ㄱ뒤, 20ㄴ뒤, 22ㄱ[ㄴ]뒤)이나 예루살렘을 괴롭힌 적들의 존재나 행태를 묘사하는 부분(5ㄱㄷ뒤, 7ㄷ, 8ㄴ, 9ㄷ뒤-10, 16ㄷ뒤, 21ㄴ)은 곳곳에 끼어든다. 이밖에 야훼께 예루살렘 자신의 어려운 상황을 보시기를 구하는 말(9ㄷ앞, 11ㄷ앞, 20ㄱ앞)과 적을 벌하시라는 기도(21ㄷ-22ㄱ앞ㄴ[ㄱ뒤])와 야훼에 대한 신뢰의 고백(18ㄱ앞)도 찾아볼 수 있다.

이런 내용의 분포 상황을 살펴보면, 1장의 초점은 자신의 잘못으로 적군들을 통해 야훼께서 내리신 재난으로 말할 수 없이 큰 고통을 받고 있는 상황에서 그 아픔을 표현하는 자체에 있는 것으로 보인다.

제Ⅱ부

2장

예레미야애가 2 : 1-2 : 22

A. 2장의 짜임새와 단락 나누기

1. "슬프다 주께서 진노하사"(2 : 1-10)
2. "내 눈이 눈물에 상하며"(2 : 11-12)
3. "딸 예루살렘이여 내가 무엇으로 증거하며"(2 : 13-19)
4. "주께서 누구에게 이처럼 행하셨는지요"(2 : 20-22)

B. 2장의 특징

2장

A. 2장의 짜임새와 단락 나누기

비평판 히브리어 성경에서 2장의 각 절은 보통 석 줄로 이루어져 있고, 19절만 넉 줄로 되어 있다. 각 절의 첫 낱말의 첫 자음은 히브리어 알파벳 순서를 따르는데, 히브리어 자모의 열여섯 째 자모인 '아인'(ע)과 '페'(פ)의 차례가 뒤바뀌어 있다.

2장에는 고유명사 **시온**(6ㄴ절) 말고도 **예루살렘**을 한 여성 인격체로 부르는 표현으로 **딸 시온**(1ㄱ, 4ㄷ, 8ㄱ, 10ㄱ, 18ㄱ절)과 **딸 예루살렘**(13ㄱ, 15ㄴ)과 **처녀 딸 시온**(13ㄴ절)이 나온다. 또 이에 맞추어 히브리어 본문에는 예루살렘을 가리키는 단수 여성 삼인칭대명접미어('그[여]의' : 2ㄷ, 5ㄴ, 7ㄴ, 9ㄱㄴㄷ절)나 단수 여성 이인칭대명접미어('너[여]의' : 13–15ㄱ, 16ㄱ, 17ㄷ, 18ㄷ, 19ㄴㄷ절)

나 단수 여성 명령형("너[여]는 ……하라!" : 18ㄴ-19ㄴ절)이 자주 나온다.

이 가운데서 1~10절에 나오는 단수 여성 삼인칭대명접미어는 1장에서도 시인이 예루살렘의 불행을 두고 노래할 때 자주 썼다. 또 야훼 하나님이나 다른 사람들을 가리키는 이인칭이 1~10절에는 나오지 않는다. 이리하여 2장 1~10절은 시인의 혼잣말로 읽을 수 있다.

11~12절에서는 **딸 내 백성**(11ㄴ절)이 겪는 괴로움을 두고 울부짖는 '나'의 목소리를 들을 수 있다. 이는 얼른 1장 16절에 나온 '나' 시온의 소리와 2절에서 시인이 묘사한 시온의 모습을 떠올리게 한다. 그렇지만 11절 둘째 줄의 **딸 내 백성**이라는 말에서 11~12절의 '나'가 시온이 아닌 시인임을 짐작하게 한다.

13~19절에 나오는 단수 여성 이인칭대명접미어와 단수 여성 명령형은 1장에서 볼 수 없었다. 이 둘은 애가에서 2장에 들어서서야 나오는 새로운 형식이다. 이런 경우에는 공성 단수 일인칭 주어 '나'(13ㄱㄴ절)는 예루살렘이 아님이 분명하므로 시인이 예루살렘에게 하는 말로 이해할 수 있다. 이리하여 13~19절에서는 시인이 예루살렘에게 탄식의 말을 쏟아내는 것으로 이해할 수 있다.[1)]

20~22절은 형식으로 보나 내용으로 보나 야훼께 아뢰는 말임이 분명하다. 다만 이 석 절에 나오는 공성 단수 일인칭 대명접미어(21ㄴ, 22ㄷ절)와 동사에서 알 수 있는 '나'(22ㄷ절)는 내용으로 보아 1~10절에서 말하는 시인이라기보다는 시온일 가능성이 더 크다.

이런 여러 가지 상황을 통틀어 보면, 2장은 **시온**과 하나님 백성의 참상을 주로 야훼께서 내리신 재난으로 시인이 노래하는 1~10절과, 시인이 **딸 내 백성** 특히 아이들의 고난 때문에 괴로워함을 혼잣말로 쏟아내는 11~12절과, 시인이 **너** 시온에게 여러 가지 탄식의 말을 내뱉는 13~19절과, 시온이 야훼께

1) 게르스텐베르거(Gerstenberger 485-490)는 2장 13-19절을 하나님의 탄식으로 이해하지만, 17절에서 **여호와**께서 3인칭으로 불리므로 시인의 탄식으로 보는 것이 더 낫다.

탄원하는 20~22절의 네 부분으로 나눌 수 있다.

<table>
<tr><td colspan="3">1-19 시인의 탄식</td><td rowspan="3">20-22
시온의
탄원</td></tr>
<tr><td colspan="2">1-12 혼잣말</td><td rowspan="2">13-19
시온에게</td></tr>
<tr><td>1-10
재난을 내리신 야훼</td><td>11-12
시온에
닥친 재난</td></tr>
</table>

이처럼 2장에서 주로 말하는 사람은 시인이고, 마지막 석 절에서 시온이 직접 등장할 따름이다. 시인은 그저 제삼자의 자리에 머물러 있지 않고 시온의 불행을 두고 직접 탄식의 말을 쏟아낼 뿐만 아니라 시온에게도 말을 건다. 이는 앞부분에서는 시인이 주로 노래하다가 뒤에서는 시온이 주로 말하는 1장의 흐름과 다르다.

1. "슬프다 주께서 진노하사"(2 : 1-10)

1 슬프다 주께서 어찌 그리 진노하사
딸 시온을 구름으로 덮으셨는가
이스라엘의 아름다움을
하늘에서 땅에 던지셨음이여
그의 진노의 날에
그의 발판을 기억하지 아니하셨도다
2 주께서 야곱의 모든 거처들을 삼키시고
긍휼히 여기지 아니하셨음이여
노하사 딸 유다의 견고한 성채들을 허물어
땅에 엎으시고
나라와 그 지도자들을 욕되게 하셨도다

3맹렬한 진노로 이스라엘의 모든 뿔을 자르셨음이여
원수 앞에서 그의 오른손을 뒤로 거두어 들이시고
맹렬한 불이 사방으로 불사름 같이 야곱을 불사르셨도다
4원수 같이 그의 활을 당기고
대적처럼 그의 오른손을 들고 서서
눈에 드는 아름다운 모든 사람을 죽이셨음이여
딸 시온의 장막에 그의 노를 불처럼 쏟으셨도다
5주께서 원수 같이 되어 이스라엘을 삼키셨음이여
그 모든 궁궐들을 삼키셨고 견고한 성들을 무너뜨리사
딸 유다에 근심과 애통을 더하셨도다
6주께서 그의 초막을 동산처럼 헐어 버리시며
그의 절기를 폐하셨도다
여호와께서 시온에서
절기와 안식일을 잊어버리게 하시며
그가 진노하사 왕과 제사장을 멸시하셨도다
7여호와께서 또 자기 제단을 버리시며
자기 성소를 미워하시며
궁전의 성벽들을 원수의 손에 넘기셨으매
그들이 여호와의 전에서 떠들기를
절기의 날과 같이 하였도다
8여호와께서 딸 시온의 성벽을 헐기로 결심하시고
줄을 띠고 무너뜨리는 일에서 손을 거두지 아니하사
성벽과 성곽으로 통곡하게 하셨으매
그들이 함께 쇠하였도다
9성문이 땅에 묻히며 빗장이 부서져 파괴되고
왕과 지도자들이 율법 없는 이방인들 가운데에 있으며

그 성의 선지자들은 여호와의 묵시를 받지 못하는도다
10**딸 시온의 장로들이 땅에 앉아 잠잠하고**
티끌을 머리에 덮어쓰고 굵은 베를 허리에 둘렀음이여
예루살렘 처녀들은 머리를 땅에 숙였도다

2장 1~10절을 시인이 하나님을 부르는 방식을 기준으로 보면, 대체로 보아 하나님을 **주**('아도나이')로 부르는 1~5절(1ㄱ, 2ㄱ, 5ㄱ절)과 **여호와**로 부르는 6~10절(6ㄴ, 7ㄷ, 8ㄱ, 9ㄷ절)의 두 부분으로 나눌 수 있다. 히브리어 본문의 인칭 대명접미사를 두고 보면, 6절 첫 줄은 1~5절에서 6절 둘째 줄~10절로 넘어가는 다리 노릇을 한다. 하나님 백성을 1~5절에서는 주로 남성으로 다루지만 6절 둘째 줄부터는 여성으로 다루고, 6절 첫 줄에서는 **그의**를 뜻하는 삼인칭 단수 대명접미어가 아직 남성으로 나와 5절 첫 줄의 이스라엘을 가리키기 때문이다.

그렇지만 7절에는 **주**와 **여호와**가 나란히 나오고, 1절과 2절과 5절과 7절의 **주**가 한결같이 문장의 주어로 쓰이는 것과는 달리, 7절과 9절의 **여호와**는 그러하지 못한 점을 생각한다면, 1~10절에서는 아무래도 **주**가 **여호와**보다 더 중요한 자리를 차지한다고 볼 수 있다.

<table>
<tr><td rowspan="2">주</td><td colspan="3">1-5</td><td></td><td></td><td></td><td></td></tr>
<tr><td>1ㄱ</td><td>2ㄱ</td><td>5ㄱ</td><td></td><td>7ㄱ</td><td></td><td></td></tr>
<tr><td rowspan="2">여호와</td><td colspan="3" rowspan="2"></td><td>6ㄴ</td><td>7ㄷ</td><td>8ㄱ</td><td>9ㄷ</td></tr>
<tr><td colspan="4">6-10</td></tr>
</table>

다른 한편으로 2장 1~10절에서 **시온** 공동체와 **유다** 공동체가 하나를 이루고 있다는 점은 하나님 백성을 가리키는 이름으로 **딸 시온**(1ㄱ, 4ㄷ, 8ㄱ, 10ㄱ절), **시온**(6ㄴ절), **이스라엘**(1ㄴ, 3ㄱ, 5ㄱ절)과 **야곱**(2ㄱ, 3ㄷ절)과 **딸 유다**(2ㄴ, 5ㄷ절)가 번갈아 여러 번 나오다가 마침내 10절 끝에서 **예루살렘**이 나타

난다는 데서 잘 드러난다.

딸 시온	1ㄱ			4ㄷ			8ㄱ	10ㄱ
시온						6ㄴ		
예루살렘								10ㄷ
이스라엘	1ㄴ		3ㄱ		5ㄱ			
야곱		2ㄱ	3ㄷ					
딸 유다		2ㄴ			5ㄷ			

시인은 1절에서 주께서 분노 가운데 **시온**을 버리시고 기억하지 아니하신다고 탄식한 뒤에 2~10절에서 이를 구체적으로 자세히 말한다. 2절에서는 **주께서 유다**의 국토와 요새와 지도층을 무너뜨리셨다고 하고, 3절에서는 불타는 분노로 **이스라엘**의 힘을 꺾으시고 **야곱**을 불태우셨다고 하며, 4~5절에서는 **주께서 원수 같이, 대적처럼 딸 시온의 장막**과 **이스라엘**과 **딸 유다**를 다루셨다고 한다.

이처럼 1~5절에서 시온을 넘어서서 **유다** 공동체에 야훼께서 내리신 재난을 묘사한 것과는 달리 6~10절에서는 **시온**(6ㄴ절)과 **딸 시온**(8ㄱ, 10ㄱ절)과 **예루살렘**(10ㄷ절)이 차례대로 나오는 데서도 알 수 있듯이, 다시 **시온**에 초점을 맞춘다. 그런데 6~10절은 야훼께서 시온을 어떻게 다루셨는지를 말하는 6~8절 셋째 줄 앞부분과 그 결과 시온에 닥친 어려움을 묘사하는 8절 셋째 줄 뒷부분~10절의 두 부분으로 다시 나누어 볼 수 있다.

야훼께서 이스라엘의 거주시설과 시온의 종교의식과 지도층을 망가뜨리셨음을 6절에서 말한 시인이 7절에서는 이에서 더 나아가 야훼께서 **제단**과 **성소**를 저버리시고 적들에게 왕궁과 성전을 넘기셔서 사람들이 성전에서 소리를 질러 댔다고까지 한다. 8절에서는 야훼께서 **시온**의 안팎 **성벽**을 망가뜨리셨다고 한 뒤 그것들의 상황을 묘사한다. 뒤이어 9절 첫 두 줄에서 시인은 **예루살렘 성문**과 **빗장**의 운명을 노래한다. 9절 셋째 줄에서는 정치 종교 지도자들, 10절 첫 두 줄에서는 민간 지도자들, 셋째 줄에서는 젊은 여성들이 겪는 어려운 상황을 알려 준다.

2장 1~10절에서 시인은 우선 야훼께서 예루살렘을 중심한 유다 왕국을 노여워하셔서 그들에게 무서운 재난을 내리셨다는 점을 여러 가지로 노래한다. 이는 이미 1~10절에 들어 있는 대부분의 문장이 하나님을 주어로 하고 있다는 사실에서 잘 드러난다(2 : 1-7ㄴ, 8ㄱ-ㄷ앞, 9ㄱ뒤). 이처럼 야훼께서 진노하셔서 취하신 조치를 노래하는 말 가운데 이미 그 대상인 시온 공동체와 유다 공동체가 겪는 어려움을 알 수 있지만 뒷부분에서는 따로 그 문제를 두고 탄식한다(2 : 8ㄷ뒤, 9ㄱ앞, 9ㄴ-10ㄷ). 적들의 행태를 두고 탄식하는 말은 단 한 군데밖에 없다(2 : 7ㄷ). 아무튼 야훼의 조치에 대한 탄식, 시온에 닥친 곤경을 두고 하는 탄식, 적의 행태를 두고 하는 탄식은 공동체 탄원시에서 찾아볼 수 있는 요소다. 그렇지만 시인이 홀로 탄식하면서 하는 말이라는 점에서는 하나님께 자신들의 어려운 상황을 아뢰는 공동체 탄원시와는 다르다.

다른 한편으로 2장 1~10절은 1장 12~16절에서 시온이 **지나가는 모든 사람들**에게 한 말의 내용을 떠올리게 한다. 다만 거기서는 짧게나마 시온 자신의 죄를 언급하는데(1 : 14), 여기서는 그에 대한 말은 전혀 나오지 않는다.

[2 : 1] 1장 첫머리에서는 한 여인의 죽음을 두고 슬퍼하듯이 **슬프다 이 성이여**로 탄식하기 시작한 것과는 달리 2장 첫머리에서는 **주**('아도나이')**께서 딸 시온**을 노여워하여 혹독하게 다루신 것을 두고 탄식한다. 1장에 세 번(1 : 14ㄷ, 15ㄱ, ㄷ)밖에 나오지 않는 '아도나이'가 바로 2장 1~10절에 집중적으로 나온다는 사실을 예고나 하듯이, 첫 절인 1절 첫 줄에서부터 '아도나이'가 주어로 나온다. 1장 6절에 처음 나왔던 **딸 시온**이 2장에서는 여섯 번이나 나오는데(1, 4, 8, 10, 13, 18절), 그 가운데 네 번이 1~10절에 들어 있다. 1장 6절에서는 시온의 아름다움이 사라져 버렸음을 시인이 한탄했다.

첫머리의 **슬프다…… 어찌**('에카')는 1장 1절과 마찬가지로 2장 1절 둘째 줄과 셋째 줄에도 영향을 미치는 것으로 읽을 수 있다. 그리하여 개역개정판의 낱말을 최대로 살려 2장 1절을 다시 번역해 본다면, "**어찌**하여 **주께서 그리 진노하사 딸 시온을 구름으로 덮으셨는가! 이스라엘의 아름다움을 하늘에서 땅에 던지셨**는가! **그의 진노의 날에 그의 발판을 기억하지 아니하셨**는가!"가 된다.

2장 1절에서는 무엇보다도 첫 줄과 셋째 줄에 **진노**라는 낱말을 두어 **주**님의 노여움을 강조한다. 그러니까 1장 첫머리에서는 재난 당한 자가 처한 딱한 상황을 묘사했다면, 2장 첫머리에서는 **진노하**신 **주**께서 그런 재난을 일으키셨다는 사실을 가슴 아프게 느끼고 있음을 드러낸다. 이는 야훼께서 **나** 예루살렘에게 여러모로 고통을 주셨다고 탄식한 1장 12~15절과 통한다.

히브리어 본문 2장 1절 첫 줄에서는 **어찌 그리 진노하사**(직역하면 '그의 **진노** 가운데')라는 표현을 주어보다 앞세워 강조한다. 글의 흐름으로 보아 '**딸 시온을 구름으로 덮**다' 함은 좋은 뜻을 지니지 않는다. 야훼께서 애굽에서 나온 이스라엘 백성을 낮의 뜨거운 햇빛에서 지키려고 구름 기둥으로 감싸 주셨다는 것과는 달리 시온을 향한 야훼의 분노가 구름처럼 시온과 야훼 사이를 흐리게 한 것으로 이해할 수 있기 때문이다. 여기서 **진노**로 옮긴 히브리 낱말 '압'은, 앞서 1장 12절에서 알아보았듯이, 본디 코를 뜻하고 사람이 화를 낼 때 코에서 나는 뜨거운 기운을 가리키기도 한다는 점 또한 이러한 추측을 뒷받침한다.

2장 1절 둘째 줄 문장의 주어는 1절에 나온 **주**다. 그 주께서 **하늘에서 땅으로 던지셨**다고 하는 **이스라엘의 아름다움**은 예루살렘이나 예루살렘 성전을 가리키는 듯하다. **아름다움**으로 옮긴 히브리 낱말 '티프에렛'(תִּפְאֶרֶת)은 본디 '장식물'을 뜻하는데, 이 경우에는 오히려 '자랑거리'로 번역할 만하다. 하늘에서 땅으로 던지셨다 함은 그것이 본디 있던 높은 자리에서 끌어내려 짓밟히게 함을 생각하게 한다. 이사야 14장 12~15절에서는 바벨론을 두고 하늘 높이 올라갔다가 떨어져 구덩이 맨 밑에 떨어지리라고 한다(옵 1 : 3-4도 참고).

2장 1절 둘째 줄에서 시인은 예레미야애가에서 처음으로 하나님 백성의 공동체를 **이스라엘**이라는 이름으로 부른다. 이제까지는 **유다**(1 : 3)나 **야곱**(1 : 17ㄴ)으로 불렀을 따름이다. **시온**과 **이스라엘**을 한 절에서 줄을 달리하여 나란히 씀으로써 수도 예루살렘과 하나님 백성의 나라가 한 운명의 공동체를 이룸을 암시한다. 이는 2~3절에서 더 분명해진다. 여기서 **이스라엘**이 좁게는 유다 왕국을 가리키지만, 넓게는 남북왕국을 통틀어 가리키는 것으로 이해할 수 있다. 북왕국이 망한 뒤에도 예루살렘은 아직 남아 있는 남왕국 백성뿐만 아니라 망한 북왕국 백성까지 포함한 전체 이스라엘 사람들이 자신들의 자랑거리로 여겼을 것이기 때문이다.

2장 1절 셋째 줄에서는 1장 12절과 마찬가지로 야훼께서 당신의 **진노의 날에** 어찌하셨는지를 말한다. 1장 12절 셋째 줄에서는 야훼께서 나 시온을 괴롭게 하셨다고 했다면, 여기서는 **그의 발판을 기억하지 아니하셨**다고 한다. 하나님의 발판이라는 표현이 땅(사 66 : 1)이나 언약궤(대상 28 : 2 ; 시 99 : 5 ; 132 : 7)에 쓰이기도 하지만 여기서는 시온을 가리키는 것으로 보인다(*HAL* 229b). 창세기 8장 1절에서 하나님이 홍수 가운데서 노아와 그의 일행을 기억하셨다고 할 때 이는 곧 그들에게 살 길을 열어 주시는 조치로 나아간다. 따라서 **진노의 날에 기억하지 아니하**신다 함은 계속 재난을 당하도록 그냥 내버려 두심을 뜻한다.

주께서 시온을 **하늘에서 땅으로 던지**고 **진노의 날에 기억하지 아니하**셨다 함이 실제로 무엇을 뜻하는지를 그다음 여러 절에서 자세히 다룬다.

[2 : 2] 먼저 2절 첫 줄에서 시인은 **주께서 야곱의 모든 거처들을 삼키시고 긍휼히 여기지 아니하셨**다고 한탄한다. '사정없이' 집어삼키셨다고 한탄한다. '삼키다'는 본디 음식물 같은 것을 입에 넣어 목구멍으로 넘김을 뜻하는데, 여기서는 무엇을 부수어 없애 버림을 가리킨다. **야곱의 모든 거처들**은 유다

사람들의 생활공간 곧 삶의 터전인 유다 땅을 가리킨다. **야곱**이라는 이름은 앞서 1장 17절 둘째 줄에 나온 적이 있다. 17절 첫째 줄에서 **시온**의 비참한 상황을 말하다가 **야곱**이란 이름을 쓴 것과 마찬가지로 2장 1절 첫 줄에서 **주께서 딸 시온을 구름으로 덮으셨**다고 한탄한 뒤에 2절 첫 줄에서 **주께서 야곱의 모든 거처들을 삼키**셨다고 한다. 이처럼 수도 예루살렘의 운명은 유다 전체의 운명과 깊이 이어져 있다. 이는 앞서 1절의 첫 두 줄에서 **시온**과 **이스라엘**이 나란히 나온 데서 이미 암시된 바이기도 하다.

긍휼히 여기지 아니하셨다 함은 아끼는 마음이나 불쌍히 여기는 마음 없이 그야말로 '사정없이' 집어삼키셨음을 뜻한다. 실제로 유다 땅을 삼킨 것은 바벨론 군대인데도 **주께서 삼키**셨다고 함으로써, 유다를 멸망하게 하신 주체는 야훼이심을 똑똑히 말한다. 시편 35편 25절에서 시인은 야훼께 적들이 **우리가 그를 삼켰다 말하지 못하게** 해 달라고 기도한 것에 비추어 생각하면, 예레미야애가 2장 2절에서 시인은 야훼 하나님이 그 백성의 원수처럼 되신 것으로 느끼고 있음을 드러낸다고 할 수 있다. 이 점을 4절 첫 줄에서는 아예 드러내 놓고 말한다.

2절 둘째 줄에서는 좀 더 구체적으로 **주께서 노하사 딸 유다의 견고한 성채들을 허무**셨다고 하는데 그 히브리어 본문은 "그가 그의 노여움 가운데 딸 유다의 요새들을 허무셨다"로 직역할 수 있다. 여기서 '노여움'을 뜻하는 히브리 낱말 '에브라'(**עֶבְרָה**)는 앞 1절에 두 번 나온 **진노**('압')와 비슷한 뜻을 지닌다. 또 1절에서 주께서 재난을 내리신 수도 예루살렘을 **딸 시온**이라는 한 여성 인격체로 불렀다면, 여기서는 유다 땅을 가리켜 **딸 유다**라고 부르면서 마찬가지로 한 여성 인격체로 다룬다. 그리하면서 **딸 시온**에게 진노하신 **주**님은 **딸 유다의** 요새들도 허무셨음을 말한다. 예루살렘이 **주**님께 버림받으면 일이 그것으로 끝나지 않고 유다 전역의 방어 시설들도 무너진다는 것이다. 예루살렘을 하나님이 버리셨다 함은 하나님이 유다 왕국을 버리신 것을 뜻하기 때문이다. **유다**라는 이름은 1장 1~2절에서 **이 성** 곧 '그 성읍'의 참상을 노래한 뒤 3절에서 쓰인 바 있다.

2 : 1ㄱ **딸 시온** // 1 : 1-2 **이 성** 곧 '그 성읍'
2 : 2ㄴ **딸 유다** // 1 : 3 (여성) **유다**

여기서도 수도 예루살렘과 유다 왕국의 운명이 하나임을 다시 한 번 느낄 수 있다. 이 점을 시인은 2장 첫 석 절에서 **이스라엘**, **야곱**, **유다**라는 이름을 번갈아 씀으로써 강하게 나타낸다.

2절 둘째 줄에서 시인이 말하는 것은 또한 역사적으로 바벨론 군대가 유다의 요새들을 하나씩 무너뜨린 것을 가리킨다.

셋째 줄에서는 주께서 마침내 **나라와 그 지도자들을**(직역하면 '왕국과 그것의 고관들을') **욕되게 하셨**다고 한다. 구약성경 헬라어 번역본인 칠십인역에서는 **나라** 자리에 '그의 왕'이 있다. 글의 흐름으로 보면 이것이 더 나을지 모르지만, 굳이 히브리어 본문을 고칠 만한 근거는 없다. 여기서 '**욕되게 하다**'로 사역한 히브리 동사 '힐렐'(חִלֵּל)은 본디 하나님께 속한 것 곧 제단(출 20 : 25)이나 안식일(출 31 : 14 등)이나 성물(레 19 : 8 등)이나 성소(레 21 : 12 등)나 하나님의 이름(레 18 : 21) 등을 더럽힘을 뜻한다. 유다 왕국과 그 나라의 고관들을 야훼 하나님은 당신께 속한 것으로 만드셨는데 이제는 그들을 당신 스스로 더럽히셨다는 것이다.

개역개정판에서는 2절 셋째 줄 앞부분을 둘째 줄에 붙여서 **주께서 유다의 견고한 성채들을 허물어 땅에 엎으**신 것으로 번역해 놓았지만, 히브리어 시문의 짜임새에 비추어 보면, 주께서 땅에 엎으신 대상은 2절 셋째 줄에 나오는 **나라와 그 지도자들**로 이해하는 것이 더 나으므로, 2절 셋째 줄은 "그가 왕국과 왕국의 고관들을 땅에 엎으셨도다. 욕되게 하셨도다."로 번역할 만하다(표준새번역, 가톨릭성경, *NIV*, *NJPST*, *NRSV*, *ZB*, *Buber* 참고).

이처럼 시인은 시온을 버리고 기억하지 아니하신다 함은 그저 예루살렘이라는 한 성읍을 그리하신 것이 아니라 예루살렘을 중심한 하나님 백성의 공동체가 삶의 터전으로 삼아 온 공간과 방어 시설과 왕국이라는 정치 실체와 그 지도층까지 하나님이 버리셨음을 뜻한다고 애달프게 노래한다.

[2 : 3] 앞서 1절과 2절에서 그리했던 것처럼 시인은 3절에서도 다시 한 번 **주**님의 **진노**를 두고 말한다. 이번에는 **맹렬한 진노**인데, 그 히브리어 표현을 직역하면 '코의 뜨거움'이 된다. 그렇게 뜨거운 불처럼 타오르는 진노로써 이번에는 주께서 **이스라엘의 모든 뿔을 자르셨**다고 한다. 여기서 시인은 하나님 백성의 공동체를 가리키는 이름인 **이스라엘**을 1절 둘째 줄에 이어 한 번 더 쓴다. 그리고 **뿔**은 힘, 능력을 상징한다. 이리하여 이 말은 주께서 당신의 백성이 아무 힘도 쓰지 못하게 만드셨음을 뜻한다. 예레미야 48장 25절에서 **모압의 뿔이 잘렸고 그 팔이 부러졌도다**라고 하는 데서도 이를 알 수 있다.

예레미야애가 2장 3절 둘째 줄에서는 주께서 **원수 앞에서 그의 오른손을 뒤로 거두어 들이**셨다고 함으로써 적에게 위협받는 하나님 백성을 하나님이 돕지 않으셨음을 말한다. 하나님의 **오른손**은 어려움을 겪는 하나님의 사람이나 백성을 지키고 도우시는 하나님의 힘을 상징할 수 있다(시 16 : 8, 10 ; 77 : 10[11] ; 사 62 : 8). 그런데 시인은 그 **오른손**을 주께서 앞으로 펼쳐 당신의 백성을 돕지 아니하시고 **뒤로 거두어 들이셨다** 곧 되돌리셨다고 한다. 이는 **원수 앞에** 있는 당신의 백성을 몰라라 하시는 몸짓의 표현으로 **나의 목자 여호와**께서 **내 원수의 목전에서 내게 상을 차려** 주셨다고 시편 23편 5절에서 고백하는 바와는 다른 상황을 떠올리게 한다. 예레미야애가 2장 3절 둘째 줄은 공동체 탄원시의 한 부분과 이어진다. 원수들이 하나님의 성소를 불사르고 더럽히며 하나님의 이름을 욕보이는 상황에서 시편 74편의 시인은 11절에서 **주께서 어찌하여 주의 손 곧 주의 오른손을 거두시나이까**라고 울부짖는데, 그 히브리어 본문은 "어찌하여 당신이 당신의 손, 곧 당신의 오른손을 돌리십니까?"로 직역할 수 있다. 예레미야애가 2장 3절 둘째 줄은 이렇게 하나님이 도우시지 않아 하나님 백성이 망한 뒤에 내뱉는 탄식의 소리다.

3절에서는 이처럼 하나님이 위기 상황에서 돕지 않으셨음만을 말하지 않는다. 셋째 줄에서는 아예 주께서 **야곱을 불사르셨**다고 한다. 그것도 **사방으로 불사름 같이**(그 히브리어 표현은 '사방을 먹어치우는 불길의 불같이'로 직역할 수 있다.) 무서운 기세로 그리하셨다고 한다. 이는 한편으로 하나님의 노여움이 불길처럼 유다를 다 태워 버리심을 상징하는 표현으로 이해할 수 있다. 다른 한편으로는 예루살렘을 점령한 바벨론 군대가 예루살렘의 성전과 궁전과 귀족들의 집과 민가를 불태운 사실(왕하 25 : 9 ; 대하 36 : 19 ; 렘 52 : 13)을 생각나게 한다. 여기서 시인은 2절 첫 줄에 나왔던 이름 **야곱**을 다시 한 번 쓴다. 야훼의 진노를 **불**에 견준 것은 앞서 1장 12~13절에서 알아본 바 있다.

[2 : 4] 앞서 1~3절에서 이미 여러모로 암시하던 것을 이제 4절에서는 드러나게 강조하여 말한다. 주께서 **시온**에게 **원수 같이** 되시고 **대적처럼** 되셨다는 것이다. 원수('오옙')라는 말은 1장 2절과 5절과 9절과 16절에, 적('차르')이라는 말은 1장 5절 첫 줄과 셋째 줄, 7절 셋째 줄과 넷째 줄, 10절과 17절에 나왔다. 특히 1장 17절에서 시온의 둘레에 있는 자들을 시온의 적들이 되게 명령하신 야훼께서 이제는 몸소 원수처럼, 적처럼 시온을 다루셨다고 시인은 한탄한다(렘 30 : 14 참고). 이처럼 여기서는 당신의 백성에게 재난을 내리신 하나님의 조치를 1장보다 훨씬 더 강하게 표현한다. 이 표현은 한편으로 예레미야 30장 14절에서 야훼께서 시온에게 **나는 네 원수가 당할 고난을 네가 받게 하며**라고 은근히 하신 말씀보다는 좀 더 직접적이다. 다른 한편으로 야훼께서 이스라엘의 원수가 되셨다고 하는 이사야 63장 10절의 직접적인 표현에까지는 아직 이르지 못했다(*THAT* I 122 참고).

예레미야애가 2장 4절 첫 줄 앞부분에서 주께서 **원수 같이 그의 활을 당기**셨다 함은 결국 하나님이 당신의 백성에게 화살을 쏘셨음을 뜻한다. **대적처럼 그의 오른손을 들고** 섰다 함도 같은 흐름에서 이해할 수 있다. 곧 당신의 백성을 치시는 데 당신의 힘을 쓰시려고 했음을 말한다. 이는 예레미야 21장 4절에서 예언자 예레미야가 임금 시드기야에게 전한 야훼의 말씀과 비슷하다. 바벨론 군대가 예루살렘을 에워쌌을 때 유다 사람들이 적군을 쳐부수는 데 쓸 무기를 야훼께서 오히려 뒤로 돌려 예루살렘 성 안으로 모아들이시겠다고 한 것이다.

그리하여 애가 2장 4절 둘째 줄에서 시인은 주께서 **눈에 드는 아름다운 모든 사람을 죽이셨**다고 탄식한다. **아름다운**('귀한 것')으로 옮긴 히브리 낱말은 1장 10절과 11절에 **보물**로 번역되어 쓰인 바 있다. 그렇지만 거기서는 예루살렘에 속한 귀한 것들과 예루살렘 주민들이 가지고 있던 귀한 것들을 말했다면 여기서는 생명체들, 곧 예루살렘 주민들과 동물들을 가리키는 것으로 보인다. 개역개정판에서 **모든 사람**으로 옮긴 히브리 낱말은 그저 '전체' 또는 '모든 것'을 뜻하므로, 그것이 반드시 사람들만을 뜻한다고 할 수 없기 때문이다. 구약성경에서 하나님이 생명체를 죽이신다는 문장이 더러 나오기는 한다. 그렇지만 그 목적어로 나오는 것은 바로의 맏아들(출 4 : 23), 애굽 사람들의 맏아들과 처음 태어난 짐승들(출 13 : 15), 과부와 고아를 해치는 자들(출 22 : 24[23]), 리워야단(사 27 : 1), 모압의 지도자들(암 2 : 3), 이스라엘의 청년들(암 4 : 10), 이스라엘의 남은 자(암 9 : 1), 사로잡혀 간 이스라엘 사람(암 9 : 4), 시인의 원수(시 59 : 11[12]), 광야 백성 중 강한 자들(시 78 : 31, 34), 왕들(시 135 : 10 ; 136 : 18)이다. 이들은 한결같이 하나님을 거스르던 사람들이다. 그러한 흐름에서 애가 2장 4절, 21절, 3장 43절에서도 하나님이 당신의 백성을 죽이셨다고 한다. 여기서 하나님이 당신의 백성에게 원수처럼 적처럼 되신 까닭은 그들이 먼저 하나님을 거슬렀기 때문임을 알 수 있다.

2장 4절 셋째 줄에서 시인은 야훼께서 당신의 **노를 불처럼 쏟으셨**다고 한다. 다만 이번에는 그 대상은 **딸 시온의 장막**이라고 부른다. 이는 2절 첫 줄에 나온 표현, **야곱의 모든 거처들**과 마찬가지로 유다 땅 전체를 가리키는 또 다른 표현으로 이해할 수 있다. 시인은 1~4절에서 자기 백성을 향한 하나님의 노여움을 1절 첫 줄과 셋째 줄에서는 그냥 **진노**('압')라는 말로, 2절 둘째 줄에서는 '노여움'('에브라')으로, 3절 첫 줄에서는 **맹렬한 진노**("'압'의 뜨거움") 라는 표현으로, 4절 셋째 줄에서는 **노**(חֵמָה, '헤마')라는 말로 거듭 거듭 말한다. 이 '헤마'는 나중에 4장 11절에 다시 한 번 나온다. **불처럼 노를 쏟으**신다 함은 3절 첫 줄에서 '진노의 뜨거움'이라 하고, 셋째 줄에서는 주께서 **불이 사방을 불사름 같이 야곱을 불사르셨**다고 한 것과 잘 이어진다.

[2 : 5] 앞서 4절에서 '그가' **원수 같이** 당신의 백성을 다루셨다고 하던 시인이 5절 첫머리에서는 1절과 2절에서 썼던 주어 **주께서**를 다시 쓰면서 아예 **주께서 원수 같이 되**셨다고 한다. 또 앞 2절 첫 줄에서 **주께서 야곱의 모든 거처를 삼키**셨다고 하던 것을 이제는 **원수 같이 되**신 **주께서 이스라엘을 삼키**셨다고 한다. 1장에서는 한 번도 나오지 않았던 이스라엘이라는 이름이 2장에 들어서서 1절과 3절에 이어 벌써 세 번째로 나온다.

5절 둘째 줄 앞부분에서 시인은 2절과 5절에 이어 세 번째로 주께서 무엇을 **삼키셨**다고 한다. 이처럼 시인이 노래하는 주님은 집어삼키시는 무서운 주님이시다. 그런데 이번에는 그렇게 삼키신 대상이 **그 모든 궁궐들**(사역 : '그의 모든 궁성들')이다. 뒤이어 5절 둘째 줄 뒷부분에서는 앞서 2절 둘째 줄에서 말했듯이 **견고한 성들**(사역 : '그의 요새들')**을 무너뜨리**셨다고 한다. 그런데 히브리어 본문에서 5절 둘째 줄 앞부분의 **그 모든 궁궐들**에서 '그'는 여성형이고, 뒷부분의 '그의 요새들'(사역)에서 '그'는 남성형이다. 글의 흐름으로 보아 앞의 '그'는 **시온**을, 뒤의 '그'는 **이스라엘**을 가리키는 것으로 볼 수 있다. 이리하여 원수처럼 되신 야훼께서 한편으로는 예루살렘의 궁성들을 집어삼키고, 다른 한편으로 유다의 요새들을 망가뜨리셨다고 시인은 한탄한 것이다. 이처럼 주께서 예루살렘 궁성들을 집어삼키고 유다의 요새들을 무너뜨리셨다 함은 야훼께서 예루살렘 중심부뿐만 아니라 유다 전역의 중요 방어시설물에도 재난을 내리셨음을 뜻한다.

이리하여 5절 셋째 줄 히브리어 본문에서는 보통 히브리 산문에서 쓰지 시문에서는 잘 쓰지 않는 '와우' 미완료연속법을 쓰면서 첫 두 줄에서 주께서 내리신 재난이 유다 땅에 어떤 결과를 가져다주었는지를 알려 준다. 곧 **딸 유다에 근심과 애통을 더하셨도다**(사역 : "그리하여 그는 딸 유다에 애달프게 애통함을 많아지게 하셨다."로 직역할 수 있다.)라고 한 것인데, **딸 유다**라는 표현은 위 2절 둘째 줄에 나온 바 있다. **근심과 애통**으로 옮긴 히브리어 표현 '타아니야 와아니야'(תַּאֲנִיָּה וַאֲנִיָּה)는 발음도 뜻도 비슷한 두 낱말을 붙여 써서 우선 듣고 기억하기에 인상 깊고 좋을 뿐만 아니라 슬프다는 뜻을 한층 더 강하게 느끼게 해 주는데(*HAL* 69b, 1545a 참고), 우리말로는 '애달프게 애통함' 정도로 옮겨 볼 만하다. 이 표현은 이사야 29장 2절에 한 번 더 나오는데, 거기서는 예루살렘 자체가 **슬퍼하고 애곡**하게 되리라("'타아니야 와아니야'가 되리라")고 했다면, 여기서는 야훼께서 유다 땅에 '타아니야 와아니야'가 많아지게 하셨다고 한다. 그러니까 주께서 이스라엘을 집어삼키시고 곧 예루살렘 궁성들을 집어삼키시고 유다의 요새들을 망가뜨리셨으므로 유다 백성은 슬퍼할 수밖에 없게 된 것이다.

[2 : 6] 6절 첫 문장에서는 **주께서** 당신의 백성을 어떻게 혹독하게 다루셨는지를 다른 말로 표현한다. 개역개정판에서는, 히브리어 본문에서 그저 '그리고 그가 **헐어 버리**셨다.'를 뜻하는 낱말에 들어 있는 주어 '그'가 주이심을 두드러지게 하려고 '그리고 그가' 대신에 **주께서**라고 번역해 놓았다. 또 '**헐어 버리다**'로 옮긴 히브리 동사 '하마스'(חָמַס)는 본디 '폭력으로 다루다'를 뜻한다. 이 동사가 예레미야 22장 3절에서는 유다 왕가를 향하여 **이방인과 고아와 과부를 압제하거나 학대하지**('하마스') **말**라고 야훼께서 말씀하실 때 나왔고, 에스겔 22장 26절과 스바냐 3장 4절에서는 예루살렘 제사장들이 야훼의 **율법**('토라')**을 범하**였다('하마스')고 예언자가 한탄할 때 쓰였다. 그런 동사를 시인이 예레미야애가 2장 6절에서는 하나님께 씀으로써 하나님을 이스라엘을 괴

롭히는 존재로 부각시킨다. 이런 식으로 시인은 이미 앞 4절 첫 줄에서 말했듯이 주께서 당신의 백성에게 **원수 같이**, **대적처럼** 되셨다는 점을 다시 한 번 느끼게 해 준다.

주께서 **헐어 버리**신 곧 폭력으로 다루신 대상은 **그의 초막**이다. 여기서 남성 **그**는 **주**님을 가리킨다기보다는 5절 첫 줄 뒷부분에 목적어로 나온 **이스라엘**을 가리키는 것으로 보인다. 이스라엘의 **초막**은 이스라엘 사람들이 살던 이스라엘 땅을 아주 보잘것없게 부르는 말로 이해할 수 있다.

주께서 이스라엘의 **초막을 동산처럼 헐어버리**셨다 함은 보잘것없이 작은 나라인 유다를 멸망시키는 데 강대국 바벨론의 엄청난 군사력을 쓰셨음을 생각하게 한다.

뒤이어 6절 첫 줄 뒷부분에서는 주께서 **그의 절기를 폐하셨다**고 하는데, 여기서 '**폐하**다'로 옮긴 히브리 동사를 앞 5절 둘째 줄 뒷부분에서는 '**무너뜨리**다'로 번역했다. **그의 절기**에서 **그**는 이스라엘을 가리키는 것으로 보인다. **절기**로 옮긴 히브리 명사 '모엣'은 6절 둘째 줄에도 나온다. 그런데 6절 첫째 줄의 앞부분(**주께서 그의 초막을 동산처럼 헐어 버리시며**)과 뒷부분(**그의 절기를 폐하셨도다**)이 비슷한 내용을 조금 다른 식으로 나란히 표현했다고 본다면, '모엣'도 **초막**과 마찬가지로 어떤 공간을 가리키는 것으로 이해할 수 있다. 그리하여 '모엣'을 1장 4절에서 알아보았듯이 그 여러 뜻 가운데 하나인 '모임장소' 정도로 옮겨 볼 만하다. 그렇지만 그렇다고 해서 '모엣'을 '회막'(이를테면 표준새번역, *NRSV*, *NJPST*)으로 옮기는 것은 지나치다. 왜냐하면 여기서 말하는 '모임장소'는 실제로 예루살렘 성전이나 예루살렘을 가리킨다고 볼 수 있기 때문이다.

이렇게 보면, 6절 첫 줄에서는 이스라엘의 초막을 폭력으로 다루신 주께서는 이스라엘의 모임장소도 망가뜨리셨음을 말한다. 나라가 절단 나면 종교 행사를 치를 공간도 망가질 수밖에 없다. 1장 4절 첫 줄에서는 절기('모엣')에 참석하려고 시온을 찾아오는 사람이 없다고 했는데, 여기서는 아예 야훼께서

'모임장소'('모엣')를 망가뜨리셨다고 함으로써 훨씬 더 강하게 표현한다.

2장에서 지금까지 **주**('아도나이')로 하나님을 부르던 시인이 6절 둘째 줄에서 처음으로 **여호와**라고 하나님을 부른다. 뒤이어 7, 8, 9절에서도 시인은 **여호와**라는 하나님의 이름을 쓴다. 이리하여 1~10절에 나오는 시인의 혼잣말은 6절에서부터 후반부로 접어든다.

6절 둘째 줄에서는 첫 줄 뒷부분에서 말한 바를 구체적으로 말한다. **여호와께서 시온에서 절기와 안식일을 잊어버리게 하**셨다 함은 절기와 안식일을 더는 **시온**에서 지킬 수 없게 된 상태가 되었음을 말한다. 다른 한편으로 여기서 **시온**의 상황을 다룸으로써 앞서 1~5절에서 **시온**을 넘어서서 **유다** 공동체 전체의 곤경을 말하는 데서 다시 초점을 예루살렘에 맞춘다. 이는 6절 첫 줄 뒷부분에서 이미 알아차릴 수 있었던 것이었는데, 뒤이어 7~10절에서 더 확실하게 드러난다.

6절 셋째 줄에서 시인은 야훼께서 **진노하사** 아예 **왕과 제사장을 멸시하셨**다고 말한다. 이는 시온에서 활동하는 유다의 최고 통치자와 종교 지도자를 야훼께서 더는 아끼시지 않음을 뜻한다. **왕**이 칠십인역에서는 앞서 2절 셋째 줄 뒷부분에서 이미 나온 바 있지만, 히브리어 본문에서는 여기에 처음 나온다. 이와는 달리 제사장은 앞서 1장 19절 둘째 줄에서 장로들과 나란히, 굶주림으로 고통 받는 주체로 등장했다. 그런데 2장에서는 장로들을 뒤 10절 첫 두 줄에서 따로 다룬다.

또한 2장 6절 셋째 줄에서는 앞서 1~4절에서 거듭 밝혔던 야훼의 **진노**('압')를 다시 한 번 언급한다. '압'은 2절 첫머리와 마지막, 또 3절 첫 줄에 이어 2장에서 네 번째로 쓰인다. 개역개정판에서는 그저 **그가 진노하사**라고만 옮겨 놓았지만, 히브리어 본문에서는 '압' 앞에 '자암'(זַעַם, '격분')이라는 낱말도 있다. 이 '자암'은 '압', 2절 둘째 줄의 '노여움'('에브라'), 4절 마지막 줄의 **노**('헤마')에 이어 2장에서 하나님의 노여움을 표현하는 네 번째 낱말이다. 이런 식으로 하나님의 진노가 6절 셋째 줄에서는 강하게 표현되어 있는데, 이는 3절 첫머리의 **맹렬한 진노**라는 말과 통한다.

[2 : 7] 시인은 7절 첫 줄에서는 주어를 다시 **주**('아도나이')로 바꾼다. 개역개정판에서는 무슨 까닭에서인지 주어를 **여호와**로 해 놓았다. 이번에는 주께서 **자기 제단을 버리시며 자기 성소를 미워하**셨다고 한탄한다. 여기서 '미워하다'로 옮긴 히브리 동사 '니에르'(נִאֵר)는 앞에서 '버리다'로 옮긴 동사 '자나흐'(זָנַח)와 비슷한 뜻을 지니는데, 이 점을 살린다면 '저버리다' 정도로 번역할 만하다. 시편에서는 개인(시 43 : 2 ; 88 : 14[15])이나 하나님 백성의 공동체(시 44 : 9[10], 23[24] ; 60 : 1[3], 10[12] ; 74 : 1 ; 77 : 8 ; 108 : 11[12])가 야훼께서 자신이나 자신들의 왕(시 89 : 38[39])이나 자신들을 영영 버리실까봐 애태우는 모습을 찾아볼 수 있다. 지금까지는 야훼께서 무너뜨리거나 망가뜨리신 대상을 그저 시온이나 이스라엘의 무엇이라고 하던 시인이 여기서는 자신의 제단과 성소를 주께서 버리시고 저버리셨다고 한다. 그리함으로써 주께서 시온이나 이스라엘을 벌하시려고 하신 일이 마침내 주님 자신의 것에 닥쳤음을 나타낸다. 이는 예레미야 12장 7절에서 **내가 내 집을 버리며 내 소유를 내던져 내 마음으로 사랑하는 것을 그 원수의 손에 넘겼나니**라는 말씀으로써, 자신의 것을 버리실 수밖에 없어 깊이 탄식하신 야훼의 모습을 떠올리게 한다.

애가 2장 7절 둘째 줄에서는 다시 시온의 **궁전 성벽들**을 주께서 **원수의 손에 넘기셨**다고 한다. 앞서 5절 둘째 줄에서 주께서 시온의 **모든 궁궐들을 삼키셨**다고 한 것과는 다르다. 그렇지만 4절 첫 줄에서 **주께서 원수 같이 이스라엘을 삼키셨**다고 한 것과 한데 묶어 보면, 이스라엘의 하나님 야훼께서 이제 이스라엘에 쳐들어온 적군들과 한편이 되어 이스라엘을 괴롭히셨다고 생각할 만하다.

7절 셋째 줄에서는 **그들이 여호와의 전에서 떠들기를 절기의 날과 같이 하였도다**라고 하는데 여기서 **그들**은 글의 흐름으로 보아 예루살렘을 정복한 군대를 가리키는 것으로 보인다. 이 셋째 줄은 야훼께서 당신의 성전까지 원수의 손에 넘겨주셨음을 전제한다. 왜냐하면 순례자들이 절기 때에 성전에는 지르는 감격과 기쁨과 찬양의 소리 대신에 성전을 짓밟은 사람들이 소리 지르는 장면을 떠올리게 하기 때문이다. 이러한 모습은 또한 **주의 대적이 주의 회중 가운데에서 떠들며 자기들의 깃발을 세워 표적으로 삼았으니**라고 한 시편 74편 4절의 내용과도 통한다. 거기서 회중으로 옮긴 히브리 낱말 '모엣'을 예레미야애가 2장 7절에서는 **절기**로 번역해 놓았다.

[2 : 8] 여호와가 주어인 문장이 8절 첫머리에서 다시 나타난다. 8절 첫 줄에서는 1절과 4절에서 나왔던 **딸 시온**이라는 표현도 다시 볼 수 있는데, 이번에는 **여호와께서** 특별히 **시온의 성벽을 헐기로 결심하**셨다고 탄식한다. 여기서 '결심하다'로 옮긴 히브리 동사는 오히려 '계획하다'로 이해하는 것이 더 낫다. '헐다'로 옮긴 히브리 동사의 뿌리는 이미 앞 6절 첫 줄 뒷부분에서는 이스라엘의 모임장소('모엣')를 목적어로 하고, 5절 둘째 줄 뒷부분에서는 **이스라엘의 견고한 성들** 곧 요새들을 목적어로 하여 쓰인 적이 있는데, 여기서는 그 목적어가 **딸 시온의 성벽** 곧 예루살렘 성벽이다. 앞서 7절 둘째 줄에서는 야훼께서 예루살렘 궁성 성벽들을 원수의 손에 넘기셨다고 했는데, 여기서는 아예 야훼 몸소 성벽들을 망가뜨리기로 하셨다고 한다. 이처럼 예루살렘에 닥친 재난이 궁극적으로는 야훼께로부터 비롯된 것임을 시인은 앞에서보다 더 강하게 표현한다.

8절 둘째 줄 앞부분에서는 야훼께서 이 계획을 실천에 옮기신 모습을 **줄을 띠고**라는 말로 묘사하는데, 그 히브리어 표현은 "다림줄을 펼치셨도다"로 직역할 수 있다. 여기서 말하는 **줄**은 나무로 무엇을 만들거나(사 44 : 13) 건물을 짓거나(슥 1 : 16 ; 욥 38 : 5) 헐 때(왕하 21 : 13) 수평이나 수직을 헤아려 보는 등으로 일을 정확하게 해내기 위해 쓰는 다림줄이다.

8절 둘째 줄 뒷부분에서는 야훼께서 시온 성벽 허시는 일을 계속하셨음을, **무너뜨리는 일에서 손을 거두지 아니하사**라는 말로 표현한다. 여기서 '**무너뜨리**다'로 옮긴 히브리 낱말은 2절과 5절에서 '삼키다'로 옮긴 동사와 같으므로 '삼키다'로 옮길 만하다. **주께서** 2절에서는 **야곱의 모든 거처들을**, 5절 첫 줄에서는 **이스라엘을**, 5절 둘째 줄에서는 시온의 **모든 궁궐들을 삼키셨**다고 했는데, 여기서는 **딸 시온의 성벽**을 그리하셨다고 한다. '**손을 거두**다'로 옮긴 히브리어 표현은 '손을 돌리다'로 직역할 수 있는데, 무슨 일을 하다가 그만 둠을 뜻한다(수 8 : 26 참고). 앞서 3절에서 주께서 당신의 오른손을 뒤로 거두어 들이셨다 곧 돌리셨다고 할 때는 원수 앞에서 어려움을 겪는 당신의 백성을 돕지 아니하셨음을 뜻했다.

이처럼 8절 첫 두 줄에서는 야훼께서 일관되게 예루살렘 성벽을 망가뜨리셨음을 말한다. 2절과 5절과 8절 첫 두 줄을 한데 묶어 말해 본다면, 사정없이 야곱의 거처를 다 삼키신 주, 원수 같이 이스라엘을 삼키신 야훼께서 이제 시온 성벽을 삼키시는 일에서 손을 떼시지 않았다는 것이다.

이렇게 야훼께서 시온의 성벽을 망가뜨리신 결과로 2장 8절 셋째 줄 앞부분에서는 성벽의 안팎이 완전히 무너짐을 한 인격체가 슬퍼하다가 사라져 버린 것에 빗대어 묘사한다. **성벽과 성곽으로 통곡하게 하셨으매**에서 **성벽**과 **성곽**으로 옮긴 히브리 낱말은 각각의 성의 바깥쪽 벽과 안쪽 벽을 가리키는 듯하다. 무생물인 성벽이 **통곡하게 하**셨다 함은 자기들을 외적으로부터 안전하게 지켜 주던 성벽이 송두리째 무너지는 것을 무력하게 안타깝고도 두려운 마음으로 바라볼 수밖에 없는 주민들의 시각을 반영한다. 8절 셋째 줄 뒷부분에서 시인은 **그들이 함께 쇠하였도다**라고 탄식한다. 여기서 **그들**은 바로 앞에 나온 성벽과 성곽을 가리키고, '**쇠하**다'로 옮긴 히브리 동사는 본디 '마르다'를 뜻하는데, 여기서는 사라져 버림을 뜻한다.

8절에서 '**통곡하게 하**다'로 옮긴 히브리 사역능동형 동사의 단순능동형인 '아발'(אָבַל)과 '쇠하다'로 번역한 강의(强意)수동형 동사 '우믈랄'(אֻמְלַל)은 예레미야 14장 2절 앞부분, **유다가 슬퍼하며**('아발') **성문의 무리**(직역하면 '그의 성문들')**가 피곤하여**('우믈랄')에서도 각각 유다와 유다의 성문들이라는 사람 아닌 주어의 술어동사로 나란히 쓰이면서 재난을 겪는 유다 백성이 보이는 반응을 묘사한다.

[2 : 9] 예레미야애가 2장 9절 첫 줄에서는 성벽이 무너져 사라진 뒤 **성문**과 **빗장**이 어찌 되었는지 말한다. **성문이 땅에 묻히며 빗장이 부서져 파괴되고**로 옮긴 히브리어 문장에서 **성문**과 **빗장**은 각각 '그의 **성문**들'과 '그의 **빗장**들'로 되어 있는데, 여기서 '그'가 여성형이어서 시온을 가리킨다. 또 **빗장이 부서져 파괴되고**는 본디 "그가 그의 빗장들을 부수고 파괴하셨다."는 능동문으로 되어 있다. 이처럼 히브리어 본문에서는 예루살렘의 성문들이 땅에 파묻히게 된 것은 야훼께서 하신 일임을 다시 한 번 똑똑히 알려 준다. 아무튼 이런 여러 표현에서는 부서진 성문 조각과 빗장 조각이 땅속 여기저기에 파묻혀 있는 모습을 떠올릴 수 있다. 예레미야 51장 30절에서는 예루살렘이 바벨론 군대에게 함락된 뒤에 성문의 빗장들이 부서졌음을 알려 준다.

예레미야애가 2장 9절 둘째 줄에서는 **왕과 지도자들이 율법 없는 이방인들 가운데 있**다고 함으로써 유다의 임금 특히 시드기야와 고관들이 다른 나라로 사로잡혀 간 상황을 암시한다. 여기서 **율법 없는**으로 옮긴 두 히브리 낱말 '엔 토라'(אֵין תּוֹרָה)는 "율법이 없다."를 뜻하는데, 개역개정판에서는 이것을 **이방인들**을 꾸미는 말로 이해했다. 그럴 경우에 이 두 낱말은 유다 지도층이 사로잡혀 가 사는 곳이 이방 땅이라는 점을 더 강조하는 역할을 한다. 그렇지만 이 두 낱말을 하나의 독립 문장으로 보면(*NZB* 참고), 지도층이 사라진 유다 땅의 막막한 상황을 묘사하는 표현으로 읽을 수 있다. 이는 **그 성의 선지자들은 여호와의 묵시를 받지 못하는도다**라고 한탄하는 그다음 9절 셋째 줄과 더 잘 어울린다. **율법**으로 옮긴 '토라'(תּוֹרָה)는 예레미야 18장 18절과 학개 2장 10~13절에서 알 수 있듯이 이런저런 종교의식과 관련된 구체적인 문제를 두고 제사장이 판가름해 알려 주는 실제적인 가르침을 뜻하는 것으로 보인다. 따라서 그런 '토라'가 없다 함은 결국 제사장이 사라져 버렸거나 제 구실을 못하는 상황을 암시하는 듯하다(1 : 4, 19 참고).

애가 2장 9절 셋째 줄에서 시인은 예언자들마저 무능하게 되었다고 한탄한다. **그 성의 선지자들은 여호와의 묵시를 받지 못하는도다**라고 한 것인데, 그 히브리어 본문에서는 주어 **그 성의 선지자들**을 술어동사보다 앞세워 강조한다. **묵시**로 옮긴 히브리 낱말 '하존'(חָזוֹן, '본 것')은 예언자를 가리켜 더러 선견자(חֹזֶה, '호제', '보는 사람')라고도 부르는 전통을 생각하게 한다(사 30 : 10 ; 왕하 17 : 13 ; 암 7 : 12 등). 그런데 **여호와의 묵시**로 옮긴 히브리어 표현은 본디 '야훼로부터 비롯된 묵시'를 뜻한다. 결국 **묵시** 곧 '본 것'은 하나님이 예언자에게 나타내 보여 주신 말씀을 뜻한다. 이는 몇몇 예언서의 첫머리에 나오는 표제에 이 낱말이 쓰이는 데서도 알 수 있다(사 1 : 1 ; 옵 1 : 1 ; 나 1 : 1). 하박국 2장 2절에서는 야훼께서 예언자 하박국에게 **묵시** 곧 '본 것'을 기록하라고 명령하신다. 이리하여 '하존'을 **받지 못**한 예언자는 예언자의 직무를 제대로 수행할 수 없다. 여기서 '받다'로 옮긴 히브리 동사 '마차'(מָצָא)는 문맥에 따라 '……에 이르다', '우연히 만나다', '구하던 것을 만나다' 등을 뜻하는데, 여기서는 맨 뒷 경우에 해당한다. 이리하여 **묵시**는 물론 야훼께서 주시는 것이지만 예언자 쪽에서도 제 맘대로 예언하려고 할 것이 아니라 하나님께로부터 오는 묵시를 받도록 힘쓰고 준비해야 한다. 아무튼 예언자들은 무엇보다도 야훼의 백성에게 야훼의 뜻을 전하는 사람이므로, 예언자들조차 '야훼께로부터 오는, 본 것'을 받지 못한다 함은 야훼께서 당신의 백성을 외면하고 계심을 뜻한다.

[2 : 10] 정치 종교 지도자들의 한심스런 모습을 두고 9절 둘째 줄과 셋째 줄에서 탄식하던 시인이 10절 첫 줄에서는 **장로들**의 모습을 묘사한다. 앞서 6절 풀이에서 이미 알아본 바와 같이, 1장 19절 둘째 줄에서는 장로들을 제사장들과 함께 언급했는데, 2장에서는 먼저 6절 셋째 줄에서 제사장을 임금과 함께

등장시킨 다음에 장로들은 여기서 따로 다룬다.

그런데 이들이 **땅에 앉아**라고 함은 상징성을 띠는 표현이다. 보통 장로들은 성문에 마련된 좋은 자리에 앉아 재판을 이끌었기 때문이다(룻 4 : 11–12 ; 잠 31 : 23). 사람이 어려운 일을 겪으면 땅바닥에 내려앉는다. 이는 또한 1장 1절에서 "백성 많던 그 성읍이 홀로 앉았도다."(사역)라 한 것을 떠올리게 한다. 성읍의 민간 지도자들이 땅바닥에 내려앉은 모습에서 예루살렘 성읍이 망한 모습이 드러난다.

장로들이 땅에 앉아 잠잠하고에서 '**잠잠하**다'로 옮긴 히브리 동사를 최근에 나온 히브리어 사전에서는 이사야 23장 2절과 시편 4편 4[5]절과 31편 18절과 마찬가지로 '울부짖다'라는 뜻으로 이해한다(*HAL* 217b). 예레미야애가 2장의 탄식 상황을 생각하면 그리 볼 수도 있다. 그렇지만 그냥 잠잠하다는 뜻으로 이해해도 큰 문제는 없다. 닥친 재난이 너무 엄청나면 할 말을 잃기 때문이다.

뒤이어 **티끌을 머리에 덮어쓰고 굵은 베를 허리에 둘렀**다로 옮긴 문장은 "티끌을 자기들 머리 위로 올렸도다. 베옷을 둘렀도다."로 직역할 수 있다. 여기서 **티끌**로 옮긴 히브리 낱말 '아파르'(עָפָר)는 메마르고 자잘한 땅거죽 부스러기를 가리킨다(*HAL* 815b). **굵은 베**로 옮긴 히브리 낱말 '삭'(שַׂק)은 대부분의 경우에 염소털로 거칠게 짠 검은 천을 말한다(*HAL* 1258a). 이런 거친 천을 몸에 두르고 앉아 먼지를 머리 위로 날린다 함은 한편으로 심한 슬픔을 나타내고, 다른 한편으로는 자신을 낮추는 몸짓이다(*HAL* 815b, 1258a). 아간이 야훼의 명령을 어기고 전리품을 빼돌린 탓에 아이를 치러 간 이스라엘 사람들이 큰 피해를 입고 돌아오자 여호수아는 옷을 찢고 이스라엘의 장로들과 함께 저녁 때까지 언약궤 앞 땅에 엎드려 티끌을 자기들의 머리 위에 올렸다(수 7 : 6). 아브넬이 요압에게 살해되었을 때 다윗은 모든 백성에게 옷을 찢고 굵은 베를 두르고 아브넬 앞에서 애도하라고 했고(삼하 3 : 31), 아람 왕 벤하닷은 이스라엘 왕 아합에게 살려 달라고 요청하러 갈 때 신하들의 조언을 따라 베옷을 둘렀고(왕상 20 : 32), 모압이 망하자 사람들이 베옷을 두르고 슬피 울었으며(사 15 : 3), 재난이 닥치리라 예고 받은 사람들은 머리카락을 뜯으며 베옷을 두르고 슬피 울라는 명령을 받았고(사 22 : 12), 재난이 코앞에 닥친 것을 알게 된 예레미야는 유다 사람들에게 베옷을 두르고 애곡하라고 권고했고(렘 4 : 8 ; 6 : 26), 망할 암몬 자손들에게도 베옷을 두르고 슬피 울라고 했다(렘 49 : 3). 에스겔도 유다가 망하면 사람들이 베옷을 두르게 되리라 했고 (겔 7 : 18) 두로가 망해도 그런 일이 있으리라 했다(겔 27 : 31). 요엘도 백성에게 약혼한 남자가 죽었을 때 처녀가 하듯이 베옷을 두르고 슬피 울라고 권고했다(욜 1 : 8).

예레미야애가 2장 10절 셋째 줄에서는 **예루살렘** 주민들 가운데 특히 **처녀들**이 기죽어 지내는 모습을 묘사한다. **머리를 땅에 숙였**다 함은 머리를 아래로 떨군 것을 말한다. 이는 결혼 상대가 될 만한 젊은 남자들이 전쟁으로 죽었거나 사로잡혀 가고 의지할 어버이조차 없는 상황을 짐작하게 한다. 1장 7절, 8절, 17절에 나왔던 고유명사 **예루살렘**이 2장에서는 여기에 처음 나온다. 히브리어 본문으로 볼 때 1절 첫 줄 끝에 **딸 시온**이 있었다면, 10절 마지막 낱말로 **예루살렘**이 나와서, 이 단락이 **시온** 곧 **예루살렘**의 운명을 노래하고 있음을 다시 한 번 기억하게 한다.

2장의 첫 단락으로 1~10절에서 시인은, 무엇보다도 주 야훼께서 시온과 유다 공동체를 얼마나 노여워하셨는지, 또 그 때문에 얼마나 혹독하게 다루셨는지, 그런 곤경 가운데서 정치 종교 민간 지도자들조차 얼마나 무력한지를 노래한다. 그 과정에서 시인은 같은 낱말을 여러 번 쓴다. 이 단락에서 자주 쓰인 낱말이나 표현으로 서로 비슷한 뜻을 지니거나 서로 관련되는 경우를 한데 묶어 보면 아래와 같다.

진노('압', 1ㄱㄷ, 3ㄱ, 6ㄷ절)
// '노여움'('에브라', 2ㄴ절) // 노('헤마', 4ㄷ절)

// ‘격분’(‘자암’, 6ㄷ절) // ‘뜨거움’(‘호리’, 3ㄱ절)

‘삼키다’ / **‘무너뜨리다’**(‘빌라으’, 2ㄱ, 5ㄱㄴ, 8ㄴ절)

견고한 성채 / **성**(2ㄴ, 5ㄴ절)

원수(‘오옙’, 4ㄱ, 5ㄱ절) // **대적**(‘차르’, 4ㄱ절)

궁궐 / **궁전**(5ㄴ, 7ㄴ절) // **성벽** / **성곽**(7ㄴ, 8ㄱㄷ절)

‘무너뜨리다’ / **‘폐하다’** / **‘헐다’**(5ㄴ, 6ㄱ, 8ㄱ절)

// **‘허물다’**(2ㄴ절)

절기 / ‘모임장소’(‘모엣’, 6ㄱㄴ절)

왕(6ㄷ, 9ㄴ절)

이런 낱말의 분포에서도, 앞부분에서는 주로 야훼의 분노를, 뒷부분에서는 당신의 백성이나 성읍에게 재난을 내리시는 야훼의 행위를 노래하고 있음이 드러난다.

다른 한편으로 1장과 관련되는 낱말이나 표현으로 2장 1~10절에서 찾아볼 수 있는 것들은 아래와 같다.

주(‘아도나이’)(2 : 1, 2, 5 → 1 : 14ㄷ, 15ㄱㄷ절)

딸 시온(2 : 1ㄱ, 4ㄷ, 8ㄱ, 10ㄱ → 1 : 6ㄱ절)

진노(2 : 2ㄱㄷ, 3ㄱ, 6ㄷ → 1 : 12ㄷ절)

야곱(2 : 2ㄱ, 3ㄷ → 1 : 17ㄴ절)

딸 유다(2 : 2ㄴ, 5ㄷ절) // **유다**(1 : 3ㄱ절)

원수(2 : 4ㄱ앞, 5ㄱ앞 → 1 : 2ㄷ, 5ㄱ, 9ㄷ절)

대적(2 : 4ㄱ → 1 : 5ㄱㄷ, 7ㄷㄹ, 10ㄱ, 17ㄴ절)

‘아름다운 것’(2 : 4ㄴ절) → **보물**(1 : 10ㄱ, 11ㄴ절)

절기(2 : 6ㄱㄴ → 1 : 4ㄱ절)

제사장(2 : 6ㄷ → 1 : 19ㄴ절)

장로(2 : 10ㄱ → 1 : 19ㄴ절)

예루살렘(2 : 10ㄷ → 1 : 7ㄱ, 8ㄱ절)

여기서 알 수 있는 것은, 예루살렘을 괴롭힌 원수나 적을 자주 언급한 1장과는 달리 2장 1~10절에서는 야훼의 분노와 그 분노의 대상이 시온임을 강조하고 있다는 사실이다.

설교를 위한 묵상

기독교 2000년 역사를 돌이켜 보면 새 언약 백성의 공동체인 교회가 저지른 잘못으로 엄청난 재난을 겪은 경우가 없지 않다. 중세 교회뿐만 아니라 가깝게는 20세기 초 러시아 정교회가 공산주의 정권에 무너진 것도 그런 보기다. 이런 재난은 결국 교회의 주이신 하나님이 당신을 거스른 백성에게 크게 진노하신 데서 비롯된 것이 아니겠는가? 그 노여움은 무엇보다도 하나님이 맡기신 책임을 다하지 못한 교회 지도자들에게 떨어진다. 오늘 한국교회와 세계교회는 어떠한가?

2. "내 눈이 눈물에 상하며"(2 : 11–12)

11 내 눈이 눈물에 상하며
내 창자가 끊어지며
내 간이 땅에 쏟아졌으니
이는 딸 내 백성이 패망하여
어린 자녀와 젖 먹는 아이들이

성읍 길거리에 기절함이로다

12 **그들이 성읍 길거리에서**

상한 자처럼 기절하여

그의 어머니들의 품에서

혼이 떠날 때에

어머니들에게 이르기를

곡식과 포도주가 어디 있느냐 하도다

나는 11절 첫 줄과 둘째 줄 앞부분에서 자신의 전 존재가 슬픔과 아픔에 휩싸여 있음을 밝힌 뒤에 그 까닭이 백성에게 닥친 재난에 있다고 11절 둘째 줄 뒷부분에서 말한 뒤에 특히 아이들이 겪는 어려움을 11절 셋째 줄~12절에서 자세히 묘사한다.

11절 첫 줄에 나오는 **눈물**은 1장 2절에 나왔고, **창자가 끊어지며**로 옮긴 히브리어 표현은 1장 20절 첫 줄에서 볼 수 있었다. 따라서 2장 11절의 **나**를 예루살렘으로 볼 만하다. 그렇지만 여기서 **나**는 히브리어 본문 11절 둘째 줄의 **딸 내 백성**(이에 대해서는 아래 11절 풀이를 보라.)과 일단 구별된다. 이리하여 **나**는 앞서 1~10절에서 야훼께서 당신의 백성과 성읍에 큰 재난을 내리셨다고 강조하여 노래한 시인으로 보는 것이 더 낫다.

이리하여 이 11~12절은 한편으로는 시인이 자신의 고통을 두고 탄식한다는 점에서 개인 탄원시와 비슷하지만, 다른 한편으로는 그 고통의 원인이 공동체에 닥친 고난에 있다는 점에서 공동체 탄원시와 이어진다. 그렇지만 1~10절과 마찬가지로 여기서도 시인이 야훼께 아뢰지 않고 홀로 탄식하고 있는 점에서는 탄원시와 다르다.

[2 : 11] 11절의 첫머리, **내 눈이 눈물에 상하며**에서 '상하다'로 옮긴 히브리 동사 '칼라'(כָּלָה)는 본디 '끝장나다', '끝나다'를 뜻하지만 여기서는 눈이 아주

약해짐을 뜻하는 것으로 이해할 수 있으므로(렘 14 : 6 ; 시 69 : 3[4] ; 욥 11 : 20 ; 17 : 5 ; 시 119 : 82, 123 ; 애 4 : 17 참고)(*HAL* 454b) '짓물러지다' 정도로 옮길 만하다. 이리하여 눈물로 양 눈이 짓물러졌다는 말은 너무 많이 울었음을 뜻한다. 뒤이어 **내 창자가 끊어지며**로 옮긴 히브리어 표현은 '창자들이 부글부글 끓었다'로 직역할 수 있는데, 이는 이미 1장 20절에서 나왔다. 다만 거기서는 주어를 술어동사보다 앞세워 강조했다면 여기서는 술어동사가 주어보다 먼저 나오는 히브리 동사문장의 일반 형식을 따른다는 점만 다를 뿐이다. 아무튼 이는 안타까움과 아픔이 지나쳐 온 존재에 영향을 주고 있음을 뜻한다. 이런 상황은 2장 11절 둘째 줄 앞부분에서는 또 달리 표현한다. **내 간이 땅에 쏟아졌**다는 것인데 이 또한 내면적인 고통이 극심함을 말한다.

이렇게 **나**의 전 존재가 슬픔과 아픔에 사로잡힌 까닭을 시인은 두 가지 방식으로 밝힌다.

먼저 11절 둘째 줄 뒷부분에서는 **이는 딸 내 백성이 패망하여** 그러하다고 한다. 그 히브리어 본문은 '**딸 내 백성**의 상처 때문에'로 직역할 수 있다. **딸 내 백성**(בַּת־עַמִּי, '바트암미')이라는 표현은 **딸**과 시온이나 유다라는 고유명사가 한데 어우러진 **딸 시온**(2 : 8ㄱ, 10ㄱ)이나 **딸 유다**(2 : 5ㄷ)에서 시온이나 유다라는 고유 명사 대신에 '내 백성'을 쓰는 점이 독특하다. '내 백성'은, 말하는 대상과 말하는 주체의 긴밀한 연대감을 나타내는 단수 일인칭 대명접미어 '내'가 '백성'에 붙은 꼴이다. 그런데 더러는 '바트암미'를 '내 백성의 딸'로 번역하면서 이 표현이 예루살렘을 가리킨다고 주장하기도 한다(Berges 56, 60). 이 표현은 예레미야에 주로 나오고(4 : 11 ; 6 : 26 ; 8 : 11, 19, 21, 22 ; 9[8] : 1[23] ; 9 : 7[6] ; 14 : 17), 예레미야애가에 다섯 번(애 2 : 11 ; 3 : 48 ; 4 : 3, 6, 10), 이사야에 한 번 나온다(사 22 : 4). 이 가운데서 적어도 예레미야에 나오는 경우에는 재난을 겪는 하나님 백성을 향한 애틋한 마음을 담아 유다 백성을 한 여성인격체로 부르는 말로 이해하는 것이 더 낫다.

패망하여로 옮긴 명사 '셰베르'(שֶׁבֶר)는 그 뿌리가 되는 동사가 나타내는 행동의 결과로 생긴 상황을 표현하는데, 글의 흐름에 따라 '부서짐', '깨짐', '망가짐', '상처'를 뜻할 수 있다. 특히 예레미야에서 '셰베르'는 하나님과 하나님 백성의 관계가 부서지고 깨짐(렘 8 : 21 등), 하나님 백성에게 닥치는 전쟁의 재난(렘 4 : 20 등), 하나님 백성의 공동체 구성원 사이의 관계가 부서지고 깨짐(렘 8 : 21 등)을 가리킬 수 있다.[2)] 여기서는 둘째 경우를 뜻하는 것으로 이해할 만하다.

'**딸 내 백성**의 상처'('셰베르 바트암미')라는 표현은 예레미야 8장 11절과 21절에 나오고, 특히 21절은 그 앞에 붙은 전치사까지 예레미야애가 2장 11절의 경우와 같다. 예레미야 8장 21절에서는 예언자가 **딸 내 백성이 상하였으므로 나도 상하여**라고 고백함으로써 자신과 백성의 연대감을 강조한다. 그 히브리어 문장은 "딸 내 백성의 상처(부서짐, 깨짐) 때문에 나도 상처받았다(부서졌다, 깨졌다)."로 직역할 수 있다. 거기서 말하는 '내가 상처받음'이 예레미야애가 2장 11절에서는 눈과 창자와 간이라는 신체기관을 통해 느끼는 극심한 아픔으로 구체화되어 있다.

다음으로 시인은 2장 11절 셋째 줄에서 특별히 **어린 자녀와 젖 먹는 아이들**('어린 아이와 젖먹이'로 번역하는 것이 더 낫다.)이 겪는 괴로움이 자신에게 엄청난 괴로움을 주었다고 토로한다. 재난, 특히 전란에서 가장 크게 괴로움을 겪는 사람은 아이들과 여인들인데(렘 44 : 7 참고), 앞서 10절 셋째 줄에서 여인들 가운데서 처녀들이 겪는 고통을 말했다면, 여기서는 아이들을 그저 어린 아이(עוֹלֵל, '올렐')와 젖먹이(יוֹנֵק, '요넥')로 나누어 말하면서, 이 두 낱말이 한데 어우러져 '어린 아이와 젖먹이'라는 고정된 뜻을 지니면서 잔인한 전쟁 가운데서 백성이 겪는 고통이 크다는 점을 두드러지게 나타낸다(*ThWAT* V 1134). 그런데 앞서 1장 5절에서 "그(=시온)의 어린 아이들조차 대적 앞에

2) 졸저, 「예언과 목회 [I]」(서울 : 한국장로교출판사, 1993), 19, 24-25쪽과 *ThWAT* VII 1039를 참고하라.

사로잡혀 갔도다."(사역)라고 할 때 '어린 아이'를 뜻하는 히브리 낱말 '올랄' (עוֹלָל)도 '올렐'과 같은 뿌리에서 비롯된 말인데, 여기서는 아직 적군에 에워싸인 성읍 안에서 어린이들이 겪는 괴로움을 말한다.

이 아이들이 **성읍 길거리에서 기절**했다고 하는데, 여기서 **길거리**로 옮긴 히브리 낱말 '르홉'(רְחֹב)은 성문 안 쪽이나 성문에 붙어 있는 넓은 자리를 가리키므로(*HAL* 1131a) '광장'으로 옮기는 것이 더 낫다(가톨릭성경, *NJPST*, *ZB*, *BJ*; Berges 126; Owens 285 참고). 아이들이 즐겁게 뛰어노는 곳인 광장에서 아이들이 까무러친다는 것은 기가 찰 일이다. 히브리어 본문에서 '르홉'이 복수로 되어 있으므로 광장 한 군데가 아니라 여러 광장에서 이런 비극이 일어나고 있음을 말한다.

[2:12] 어린이와 젖먹이가 **성읍 길거리에서 기절**하는 까닭은 12절에서 드러난다. 아직 이들이 각각 기댈 **어머니**는 살아 계신다. 문제는 먹고 마실 것이 없다는 데 있다. 어린이와 젖먹이들이 엄마 품에 안겨서 **곡식과 포도주가 어디 있느냐**라고 묻는다는 것은 좀 어색하게 들린다. 이 경우에 곡식과 포도주는 한 마디로 먹고 마실 것으로 이해할 수 있다. 엄마 품에서 숨이 넘어가는 아이들은 엄마에게 먹고 마실 것이 없느냐 하고 묻는다는 것이다. 이는 적군에게 에워싸여 굶주림과 목마름이 극심한 성읍 안의 상황을 알려 준다. 이 점은 1장 11절에서도 이미 알아본 바 있는데, 전란 가운데 굶주림과 목마름에 가장 먼저 희생되는 사람들은 어린 아이들이다. 이는 이렇게 어려움을 겪는 아이들을 두고 예레미야애가 2장 12절에서는 **성읍 길거리에서 상한 자처럼 기절**했다고 한 데에서도 잘 드러난다. 여기서 **상한 자**로 옮긴 히브리 낱말 '할랄'(חָלָל)은 나중에 4장 9절 전상반절에 나오는 표현, **칼에 죽은 자**들에서도 알 수 있듯이 보통 전쟁에서 칼에 찔려 죽은 사람을 가리킨다(*HAL* 307b, *ThWAT* II 982–983 참고). 전쟁의 소용돌이 가운데서 어른 남자들은 적군의 칼에 목숨을 잃는다면, 어린이들은 굶주림과 목마름에 시달리다가 목숨을 잃

는 수가 많다. 전란에서 괴로움을 겪는 어린이들의 모습은 19~20절과 22절에서도 묘사된다. 이처럼 2장에서는 어린이들에게 닥친 재난을 중요한 주제 가운데 하나로 다룬다.

11~12절에서 애달프게 탄식하는 **나**는 유다 백성에게 닥친 불행, 특히 유다의 어린이와 젖먹이에게 닥친 재난을 자신의 괴로움으로 느끼고 있다. 이는 11절의 표현에서도 알 수 있었듯이, 예언자 예레미야의 상황과 아주 비슷하다. 이 두 절만 두고 보면, 예레미야애가를 지은이가 예레미야라 할 만하다. 그렇지만 예레미야의 경우에는 엄청난 재난이 코앞에 닥쳤는데도 자신들의 잘못도, 그를 두고 하나님이 얼마나 노여워하시는지도 전혀 깨닫지 못하고 그저 평안과 구원만을 외치는 예언자들을 따라 살던 유다 사람들과는 달리 앞으로 닥칠 재난을 미리 내다보고 울부짖었다면, 예레미야애가에서는 실제로 재난이 닥쳤을 때 이를 자기 눈으로 보고 귀로 들은 사람이 탄식하고 있다는 점에서 차이가 난다. 그 탄식에서 본문의 **나**는 이미 널리 알려진 예레미야의 말과 표현을 빌려 쓴 것으로 볼 수 있다.

이리하여 1~10절에서는 그저 제삼자의 처지에서 하나님이 시온과 유다를 크게 노여워하여 엄청난 재난을 내리셨다고 한탄하던 시인이 이제는 자신도 그렇게 재난을 겪는 공동체에 속한 사람임을 드러낸 셈이다.

설교를 위한 묵상

오늘 나라 안팎의 그리스도인들은 어떠한가? 한국교회와 세계교회를 하나님이 크게 노여워하고 계신다고 생각하는 그리스도인들이 있는가? 그 노여움이 교회 공동체에 재난의 현실로 나타날 때 그 누구보다도 어린 아이들과 젖먹이들이 괴로움을 겪게 되지 않을까? 이런 교회를 두고 눈이 상할 정도로 눈물을 흘리는 그리스도인들이 얼마나 될까?

3. “딸 예루살렘이여 내가 무엇으로 증거하며”(2 : 13–19)

13 딸 예루살렘이여 내가 무엇으로 네게 증거하며
무엇으로 네게 비유할까
처녀 딸 시온이여
내가 무엇으로 네게 비교하여 너를 위로할까
너의 파괴됨이 바다 같이 크니
누가 너를 고쳐 줄소냐
14 네 선지자들이 네게 대하여
헛되고 어리석은 묵시를 보았으므로
네 죄악을 드러내어서
네가 사로잡힌 것을 돌이키지 못하였도다
그들이 거짓 경고와 미혹하게 할 것만 보았도다
15 모든 지나가는 자들이 다 너를 향하여 박수치며
딸 예루살렘을 향하여 비웃고 머리를 흔들며 말하기를
온전한 영광이라, 모든 세상 사람들의 기쁨이라
일컫던 성이 이 성이냐 하며
16 네 모든 원수들은 너를 향하여 그들의 입을 벌리며
비웃고 이를 갈며
말하기를 우리가 그를 삼켰도다
우리가 바라던 날이 과연 이 날이라
우리가 얻기도 하고 보기도 하였다 하도다
17 여호와께서 이미 정하신 일을 행하시고
옛날에 명령하신 말씀을 다 이루셨음이여
긍휼히 여기지 아니하시고 무너뜨리사
원수가 너로 말미암아 즐거워하게 하며

네 대적자들의 뿔로 높이 들리게 하셨도다

18그들의 마음이 주를 향하여 부르짖기를

딸 시온의 성벽아

너는 밤낮으로 눈물을 강처럼 흘릴지어다

스스로 쉬지 말고

네 눈동자를 쉬게 하지 말지어다

19초저녁에 일어나 부르짖을지어다

네 마음을 주의 얼굴 앞에 물 쏟듯 할지어다

각 길 어귀에서 주려 기진한

어린 자녀들의 생명을 위하여

주를 향하여 손을 들지어다 하였도다

앞서 11~12절에서 '**딸 내 백성**의 상처' 때문에, 특히 어린이와 젖먹이가 먹을 것이 없어 어미 품에서 숨져 가는 처참한 상황을 두고 울부짖던 시인은 13절에서 직접 **딸 예루살렘**, **처녀 딸 시온**에게 말을 걸며 시온의 참상을 두고 탄식의 소리를 높인다. 그리고 14절에서는 그렇게 된 책임이 예언자들에게 있음을 밝힌다. 15절에서는 **지나가는 자들**이, 16절에서는 **네 모든 원수들**이 **너 딸 예루살렘**을 두고 비웃음을 말한다. 17절에서는 이 모든 일의 뒤에는 야훼께서 계신다고 한다. 18절에서 시인은 **딸 시온의 성벽**에게 계속 눈물을 흘리라고 하고, 19절에서는 특히 아이들을 위해 눈물로 밤을 지새우며 하나님께 기도하라고 권고한다.

15절에서 고난을 겪는 사람이 비웃음의 대상이 되었다고 한 것과 16절에서 원수들의 행태를 묘사하는 것과 17절에서 야훼께서 시온을 허무셨다고 하는 말은 탄원시에서도 찾아볼 수 있는 요소다(아래 해당 구절의 풀이를 보라). 14절에서 예언자들의 죄를 말하는 것은 탄원시의 범죄 고백과 견주어 볼 만하다. 그렇지만 이 단락에서는 시인이 고난의 당사자에게 말을 걸며 탄식한다는 점에서 고난의 당사자가 탄원의 목소리를 높이는 탄원시와 다르다. 이런 시인의 탄식은 야훼께서 예루살렘에게 탄식의 말을 건네시는 예레미야 15장 5절을 떠올리게 한다(아래 13절 풀이를 보라).

다른 한편으로 예루살렘 곁을 지나가는 사람들이 하는 말로 15절 셋째 줄에서 인용한 말에서, 예루살렘이 누렸던 지난날의 영광을 언급하는 데서 조가의 요소를 찾아볼 수 있다.

[2 : 13] 시인은 자기가 말을 거는 상대를 첫 줄에서는 **딸 예루살렘**이라 부르고, 둘째 줄에서는 **처녀 딸 시온**이라고 부른다. 그리하면서 무엇에 견줄 수도 비길 수도 갖다 댈 수도 없는 그의 참상을 두고 그가 마치 한 여인이나 되듯이 그에게 말을 걸며 한탄의 말을 쏟아낸다.

딸 예루살렘이여라고 상대를 부르는 이름을 맨 앞에 둔 개역개정판과 달리 히브리어 본문에서는 시인이 곧바로 여성 **너**에게 말을 걸기 시작한다. 그리하여 맨 처음에는 **내가 무엇으로 네게 증거**할지 묻는다. 그 히브리어 문장을 어순을 살려 직역해 보면, "무엇을 내가 너를 두고 증언할까?"가 된다. 이 말로써 시인은 이제 시온이 겪는 고난의 증인으로 나서면서(O'Connor 1041) **딸 예루살렘**의 고난이 극심함을 제대로 증언할 수 없는 자신의 안타까운 마음을 수사의문문으로 표현한다. 뒤이어 **무엇으로 네게 비유할까**(직역하면, "무엇을 내가 네게 견줄까?")라는 말로 불행을 당한 **너**를 그 무엇과도 견줄 수 없음을 강하게 드러낸다. 그런 다음에 너를 **딸 예루살렘**이라고 부른다. 그 무엇도 여성 네게 견줄 수 없음을 강조하는 이 둘째 수사의문문은 1장 12절에서 시온이 지나가는 사람들에게 **나의 고통과 같은 고통이 있는가 볼지어다**라고 한 것과 통한다.

2장 13절 둘째 줄에서 시인은 **내가 무엇으로 네게 비교하여 너를 위로할까**라고 계속 너에게 한탄의 말을 건넨다. 그 히브리어 문장도 "무엇으로 내가 네게 비겨 너를 위로할까?"로 직역해 볼 만하다. 여기서는 시인이 어떤 식으로든 너를 위로하려고 애쓰지만 고난의 정도가 너무 지나쳐 어찌해 볼 도리가 없다는 마음을 드러낸다. 히브리어 본문에서는 그리한 다음에 **너**를 부르는 또 다른 이름인 **처녀 딸 시온**을 둘째 줄 맨 뒤에 둔다. 이리하여 2장 13절 전체는 예레미야 15장 5절에서 야훼께서 예루살렘에게 "누가 널 가엾게 여길까? 예루살렘아! 누가 널 위해 슬퍼해 줄까? 누가 네 안부를 물어 줄까?"(사역)라고 한탄한 것을 떠올리게 한다. 이 점에서도 2장의 시인은 예레미야 전통에 익숙한 사람이었던 것으로 보인다.

딸 시온(1 : 6 ; 2 : 1, 4, 8, 10, 13), **딸 유다**(1 : 15 ; 2 : 2), **딸 내 백성**(2 : 11)과 아울러 나오는 **딸 예루살렘**은 예레미야애가에서 여기에 처음 나온다. **딸 예루살렘**이라는 호칭은 예루살렘으로 쳐들어온 산헤립 때문에 기도한 히스기야에게 야훼께서 열왕기하 19장 21절(//사 37 : 22)에서 이사야를 통해 주신 구원 예언에서 산헤립에게 야훼께서 하시는 말씀 가운데 나오고, 스바냐 3장 14절과 스가랴 9장 9절에서는 **딸 시온**과 나란히 나온다. 특히 열왕기하 19장 21절(//사 37 : 22)에는 **처녀 딸 시온**도 들어 있다. 거기서 구원 예언에 들어 있던 두 가지 호칭을 여기서는 고난을 겪고 있는 당사자에게 탄식의 말을 직접 건네는 데 쓰고 있다.

시인은 예레미야애가 2장 13절 둘째 줄에서 어떤 식으로든 시온을 위로하고 싶지만 그리할 수 없음을 고백한다. 이는 1장에서 여러 번 나온 "**위로하는**(또는 **위로할**) **자가 없**도다"(2, 9, 17, 21절)를 생각나게 한다. 여기서는 시온의 참상이 너무 큼을 그런 식으로 표현한다. 이 점은 2장 13절 셋째 줄에서도 확인된다. **너의 파괴됨이 바다 같이 크니 누가 너를 고쳐 줄소냐**에서 **파괴됨**은 앞 11절에서 '패망'으로 번역한 '셰베르'의 번역으로 오히려 '상처'로 옮길 만하다. 이런 식으로 시인은 하나님 백성의 공동체가 겪는 재난을 한 여인의 상처에 견주면서 시온의 상처가 **바다 같이 크**다고 한 뒤에 그렇게 큰 상처를 입은 시온을 치료해 줄 수 있는 사람이 없음을 수사의문문으로 강조하여 말한다.

하나님 백성의 공동체를 가리키는 여성 **너**의 상처가 고칠 수 없을 만큼 크다는 내용은 예레미야 30장 12절에서도 읽을 수 있다. 이처럼 예레미야애가 2장의 시인도 시온이 구제불능의 절망적인 상태에 빠져 있다고 시온에게 대놓고 한탄한다.

[2 : 14] 시온이 이처럼 참담한 상황에 이르게 된 까닭을 시인은 14절에서 잘못된 예언자들에게서 찾는다. 14절 첫 줄에서 시인은 **네 선지자들이 네게 대하여 헛되고 어리석은 묵시를 보았**다고 한탄한다. 그 히브리어 본문은 어순을 살려 "네 예언자들이 너를 두고 보았도다, 헛되고 쓸모없는 것을!"로 직역할 수 있다. 여기서 '보다'로 옮긴 히브리 동사 '하자'(חָזָה)는 앞 9절 셋째 줄의 묵시 곧 '본 것'을 뜻하는 명사 '하존'의 뿌리인데, 예언자가 야훼께 계시 받는 것을 가리킨다. 이는 아모스 1장 1절에서 이 동사를 아모스에게 쓰고 있는 데서도 알 수 있다. 앞서 예레미야애가 2장 9절 셋째 줄에서 시온 **그의 선지자들이 여호와의 묵시**('본 것')**를 받지 못**했다고 한 것과는 달리 여기서는 시온의 예언자들이 무엇을 보기는 보았다고 한다. 문제는 그들이 야훼께로부터 비롯된 참 묵시를 본 것이 아니라, **헛되고 어리석은** 묵시 곧 헛되고 쓸모없는 묵시를 보았다는 데 있다! 여기서 '**헛**된 (것)'으로 옮긴 히브리 낱말 '샤워'(שָׁוְא)는 아무런 값어치도 실체도 없는 것을 뜻한다. '**어리석은** (것)'으로 옮긴 히브리 낱말 '타펠'(תָּפֵל)의 뜻을 정확히 알아내기 힘들다. 욥기 6장 6절에서 이 낱말은 '소금치지 않은 것', '**싱거운 것**', '맛없는 것'을 뜻하는데, 그 뜻을 여기에 받아들여 '쓸모없는 것'으로 번역해 보았다. 그런데 '샤워'는 에스겔 13장 6절과 8절(**허탄한 것**)에서, '타펠'은 에스겔 13장 10절에서 유다의 거짓 예언자들의 잘못을 지적할 때 쓰인다. 다만 에스겔 13장에서 '샤워'가 예레미야애가 2장 13절과 마찬가지의 뜻을 지니는 것과는 달리, '타펠'은 '회(灰)'를 뜻하므로 예레미야애가 2장 13절과는 다르다.

이렇게 **헛되고 어리석은 묵시를** 본 시온의 예언자들은 시온 **네 죄악을 드**

러내어 네가 사로잡힌 것을 돌이키지 못하였다고 시인은 2장 14절 둘째 줄에서 탄식한다. 여기서 **죄악**은 히브리 낱말 '아온'(**עָוֹן**)의 번역인데, 이 낱말은 본디 '구부리다', '비틀다'는 뜻의 동사에서 비롯되었다(*THAT* Ⅱ 244, 493). 예레미야애가에서는 죄를 가리키는 히브리 낱말 가운데 '페샤으'(1 : 5, 14, 22)와 '헷'(1 : 8)에 이어 셋째로 이 구절에 나타난다. '**사로잡힌 것을 돌이키**다'로 옮긴 히브리어 표현 '헤쉽 셔붓'(**הֵשִׁיב שְׁבוּת**)은 예레미야에 여섯 번(렘 32 : 44 ; 33 : 7, 11, 26 ; 49 : 6, 39), 에스겔 39장 25절과 요엘 4장 1절에도 나오는데, 이전에는 '포로생활을 돌이키다'로 이해했지만, 그보다는 더 넓은 뜻으로 운명의 변화를 뜻하는 것으로 보는 것이 더 낫다(예레미야 Ⅱ 87-88). 예언자들은 야훼께서 보여 주시는 바를 제대로 보고 하나님 백성에게 잘 전해야 하고, 그럴 경우에 백성은 자신들의 허물을 깨닫고 잘못된 길에서 돌이키게 된다. 그런데 헛된 것을 본 예언자들은 백성의 허물을 들추어 낼 수도 없고 그리하여 그들의 운명도 되돌릴 수 없다. 결국 시온으로 대표되는 유다 백성이 잘못 갈 때 예언자들이 그 잘못을 바로 잡아 주지 못해서 시온이 고칠 수 없는 상처를 입고 망했다는 것이다. 예언자의 이러한 임무를 두고서는 예레미야 23장 14절, 22절, 이사야 58장 1절, 미가 3장 8절에서도 말한다.

예레미야애가 2장 14절 셋째 줄에서는 **그들이 거짓 경고와 미혹하게 할 것만 보았도다**라는 말로 다시 한 번 예언자들의 잘못을 지적한다. 개역개정판에서는 히브리 동사 '하자'를 앞서 첫째 줄에서는 '묵시를 보다'로 번역했지만, 여기서는 그냥 '보다'로 옮겨 놓았다. **거짓 경고와 미혹하게 할 것**으로 옮긴 히브리어 표현은 '헛된 말들과 그르치는 것들'로 직역할 수 있다. 개역개정판에서는 히브리 낱말 '샤워'를 14절 첫 줄에서는 '헛된 (것)'으로 옮겼지만 여기서는 '거짓'으로 번역해 놓았다. **미혹하게 할 것**으로 옮긴 히브리 복수 명사는 구약에서 여기에만 나오고 그 뜻을 정확히 알기 힘들지만 보통은 문맥을 따라 '잘못 이끄는 것들'이라는 정도로 이해한다.

[2 : 15] 이제 시인은 지나가는 사람들이 다 시온을 비웃는 모습을 묘사하고 비웃는 말을 인용한다. **모든 지나가는 자들** 곧 '길 가는 모든 사람'은 1장 12절 첫 줄에 나온 바 있다. 거기서는 시온이 자기의 곤경 상황을 두고 지나가는 사람들에게 직접 말을 걸었다면, 여기서는 시인이 시온에게 하는 말 가운데 지나가는 사람들을 들먹인다.

모든 지나가는 자들이 다 시온 **너를 향하여 박수치며 딸 예루살렘을 향하여 비웃고 머리를 흔**든다. **모든 지나가는 자들이 다**는 1장 12절에 맞추어 '지나가는 모든 사람들이'로 바꾸어 옮기는 것이 더 낫다. 그들이 시온을 두고 보인 몸짓은 '양 손바닥을 마주치는 것'(직역) 곧 손뼉 치는 것과 머리 흔드는 것의 두 가지다. 이 둘 다 망해 버린 성읍을 두고 **비웃**으며 몹시 좋아하는 몸짓으로 볼 수 있다. 이 점은 특히 2장 15절 둘째 줄에서 '**비웃**다'로 옮긴 히브리 동사 '샤락'(שָׁרַק)에서 잘 드러난다. 이 동사를 흔히 '휘파람 불다'로 번역하는데, 이 휘파람 부는 것을 황폐해진 곳에는 귀신들이 우글거리므로 그 힘을 막기 위해 그리한다고 보기도 하지만(예레미야 I 592), 여기서는 글의 흐름으로 볼 때 전쟁에서 이긴 쪽에서 진 쪽을 놀리고 진 쪽에서 겪는 불행을 고소해 하는 마음으로 드러내는 방식으로 이해하는 것이 더 나아 보인다(*HAL* 1527-1528과 견주어 볼 것, 겔 27 : 36과 욥 27 : 23도 참고). 또 '**머리를 흔**들다'라는 표현이 열왕기하 19장 21절(//사 37 : 22)과 시편 22편 7[8]절에서는 '비웃다'라는 뜻의 다른 동사와 나란히 쓰인다.

예레미야애가 2장 15절 셋째 줄에서 시인은 길 가는 사람들이 예루살렘을 비웃으며 하는 말을 인용하는데, 그 속에서 다시 사람들이 이전에 예루살렘을 부러워하며 높이던 말을 이끌어 쓴다. 곧 **온전한 영광이라, 모든 세상 사람들의 기쁨이라**(직역하면, "완전한 아름다움! 온 땅의 기쁨!")라는 말이 그것인데, 이는 예루살렘이 매우 아름답고 유다 왕국이 다른 나라 사람들에게도 기쁨을 주었다는 점을 암시하는 것처럼 보인다. **온전한 영광**('완전한 아름다움')이라는 히브리어 표현은 구약 성경에서는 에스겔 27장 3절에 한 번 더 나오는데, 개역개정판에서는 거기서 이 표현을 **온전히 아름답다**로 번역해 놓았다. 거기서는 이방 도시국가인 두로가 스스로 자기를 두고 오만하게 하는 말에 들어 있지만, 여기서는 남들이 예루살렘을 두고 칭찬하는 말로 나온다. 그런데 예루살렘을 아름답다고 하는 것은 실제의 모습보다 야훼 신앙의 관점에서 야훼께서 계시는 성전이 자리 잡은 곳이 예루살렘이라는 사실에서 비롯된 것으로 이해할 수 있다. 예루살렘을 **모든 세상 사람들의 기쁨**('온 땅의 기쁨')이라고 부르는 것도 마찬가지다. 예루살렘에 온 땅의 주이신 야훼께서 계시므로, 예루살렘은 온 땅의 기쁨이다. 시편 48편 2[3]절에는 **시온 산**을 두고 그렇게 부르는데, 히브리어 본문에서는 예레미야애가 2장 15절의 경우와 거의 같은 표현을 개역개정판에서는 **온 세계가 즐거워함**이라고 번역해 놓았다.

이런 예루살렘이 지금은 말할 수 없이 비참한 곳이 되었다. 따라서 이전에 그렇게 칭송받던 성읍이 **이 성읍이냐**라고 길 가는 사람들은 놀라워하며 비웃는다. 이처럼 화려했던 지난날에 견주어 오늘의 참담한 현실을 한탄하는 것은 조가의 한 요소이기도 하다. 그런데 여기서는 고난을 겪는 시온 곁으로 지나가는 사람들이 그 예루살렘을 비웃을 때 그런 말을 한다고 함으로써, 예루살렘 공동체가 실제로는 죽음을 맞이했다는 사실을 암시한다.

[2 : 16] 예루살렘을 비웃는 것은 지나가는 사람들뿐만이 아니다. 16절 첫머리에서 시인은 예루살렘 **네 모든 원수들**도 시온을 비웃는다고 한탄한다.

첫째 줄에서 그들이 예루살렘 **너를 향하여 그들의 입을 벌**린다고 하는데, 입을 벌림이 시편 22편 13[14]절에서는 해치려는 뜻을 드러내는 몸짓을 가리키지만, 여기서는 전쟁에서 자기들에게 져서 엄청난 고통을 겪고 있는 사람들을 놀리고 더욱 위협하는 몸짓으로 이해할 수 있다. 둘째 줄 첫머리에서는 그들이 **비웃**었다고 하는데, 이 동사는 바로 앞 절에 나온 바 있다. 뒤이어 그들이 **이를 갈**았다고 하는데, '**이를 갈**다'가 시편 35편 16절에서는 '비웃다'를 뜻하는 다른 동사와 나란히 나오고, 37편 12절에서는 해치려는 뜻을 드러내고, 112편 10절에서는 의인이 잘되는 것을 본 악인의 분해 하는 마음을 표현한다. 여기서는 입을 벌림과 마찬가지로 이미 망한 백성을 놀리고 겁주는 몸짓의 하나로 볼 수 있다.

예레미야애가 2장 16절 셋째 줄에서는, 15절 셋째 줄에서 지나가는 사람들의 말을 인용했듯이, 예루살렘의 원수들이 하는 말을 그대로 이끌어 쓴다. 우선 자신들이 전쟁에서 이겼음을 **우리가 그를 삼켰도다**라는 식으로 말하는데, 여기에 쓰인 동사 '삼키다'는 앞서 2절과 5절과 8절에서 주 야훼를 주어로 쓰인 바 있다. 그런 구절들을 염두에 두고 16절을 읽으면 원수들이 마치 주 야훼의 뜻을 수행한 것처럼 보인다. 그다음 말(**우리가 바라던 날이 과연 이 날이라**)은 이들이 마침내 바라던 바를 이루고 좋아하는 마음의 표현으로 이해할 수 있다. **우리가 얻기도 하고 보기도 하였다**(직역하면, "우리가 만났군. 보았군.")는 그렇게 기다리던 날이 마침내 닥쳤음을 말한다. 이처럼 하나님의 백성을 공격하려는 적들이 하는 말은 이사야 7장 6절과 예레미야 6장 4절에서도 인용한다. "우리가 보았군."은 시편 35편 21절에서 박해자들이 시인에게 입을 벌리고 **우리가 목격하였다**라고 한 말과 비슷하다.

[2 : 17] 시인은 이 모든 일을 야훼께서 이루신 것임을 17절에서 말한다. 2장에서 야훼께서 문장의 주어로 나오는 것은 6절 둘째 줄과 8절 첫 줄에 이어 세 번째고, 이 단락에서는 처음이다.

여호와께서 이미 정하신 일을 행하셨다고 하는 17절 첫 문장은 무엇보다도 앞 8절 첫 줄에서 **여호와께서 딸 시온의 성벽을 헐기로 결심하시고**라고 한 부분과 잘 통한다. 17절에서 '정하다'로 옮긴 히브리 동사 '자맘'(זָמַם)과 8절에서 '결심하다'로 옮긴 히브리 동사 '하샵'(חָשַׁב)은 둘 다 '계획하다'라는 뜻을 지닌다.

글의 흐름으로 보면 17절에서 **여호와께서 이미 정하신 일**은 야훼께서 당신 백성의 나라가 멸망하게 하시는 일이다. 여기서는 그렇게 계획하신 바를 행하셨다고 한다.

이를 17절 둘째 줄(히브리어 본문에서는 첫 줄 뒷부분과 둘째 줄 앞부분), **옛날에 명령하신 말씀을 다 이루셨음이여**에서는 조금 달리 표현한다. 야훼의 **말씀**, 야훼께서 **옛날에 명령하신** 바를 이루셨다는 것이다. 이는 야훼께서 당신을 거스르는 백성에게 계속 그렇게 하면 재난이 닥칠 것을 예언자들을 통해 거듭거듭 말씀해 오셨는데 마침내 그렇게 하셨음을 뜻하는 것으로 이해할 수 있다(렘 25 : 1-11 참고).

동사 '**명령하**다'가 삼인칭이나 이인칭 야훼를 주어로 하는 문장은 각각 앞서 1장 17절 둘째 줄과 10절 셋째 줄에 나온 바 있다. 명령의 내용을 두고 보면 1장 17절이 10절보다 2장 17절에 더 가깝다. 10절에서는 이방 백성들이 야훼의 공동체에 들어오지 못한다는 것이 명령의 내용이고, 17절에서는 야훼께서 야곱 둘레에 있는 자들이 야곱에게 적이 되라는 것이 명령의 내용이기 때문이다.

이제 2장 17절 둘째 줄 뒷부분에서 시인은 야훼께서 그렇게 행하시고 이루신 것이 무엇인지를 말하는데, 그저 간단히 **긍휼히 여기지 아니하시고 무너뜨리사** 곧 사정없이 허무셨다고만 한다. '**무너뜨리**다'라는 동사는 앞서 2절 둘째 줄에서 **주께서 노하사 딸 유다의 견고한 성채들을 허**무셨다고 할 때 나왔다. 여기에는 목적어가 없지만 시온 자체를 대상으로 함을 짐작할 수 있다. **긍휼히 여기지 아니하**셨다 함도 2절 첫 줄에서 **주께서 야곱의 모든 거처들을 삼키셨**다고 할 때 나왔다.

야훼께서 그렇게 사정없이 허무신 결과를 두고 17절 셋째 줄 앞부분에서는 **원수가 너로 말미암아 즐거워하게 하**셨다고 한다. 야훼께서는 아픈 마음으로 당신의 성읍을 허무셨는데, 그 일을 맡아서 한 원수는 이를 즐거워한다. 원수의 즐거움은 곧 예루살렘의 괴로움이요 야훼의 괴로움이다.

그뿐만이 아니다. 17절 셋째 줄 뒷부분에서는 야훼께서 예루살렘 **네 대적자들의 뿔로 높이 들리게 하셨**다고 한다. 야훼께서 들어 올리셔야 할 뿔은 적들의 뿔이 아니라 예루살렘의 뿔이었다. 그런데 그것이 지금 뒤바뀌었다. 아니 이스라엘의 뿔은 야훼께서 다 잘라 버리셨다고 앞서 3절 첫 줄에서 말한 바 있다. 힘, 능력을 뜻하는 '뿔'을 들어 올린다 함은 지닌 힘을 맘껏 쓸 수 있게 하여 널리 인정받게 함을 뜻한다. 이는 시편 89편 42[43]절과 견주어 볼 만하다. 거기서 시인은 야훼께서 당신께 기름 부음 받은 자의 "대적들의 오른손을 들어 올리셨도다. 그의 모든 원수들이 즐거워하게 하셨도다."(사역)라고 불평을 쏟아낸다.

[2 : 18] 앞서 1, 2, 5, 7절에 나왔던 **주**('아도나이')가 18절 첫 줄 앞부분에 다시 나온다. 그런데 이번에는 주어가 아니고 **그들의 마음이 주를 향하여 부르짖기를**에서 '……을 **향하여**'를 뜻하는 전치사의 목적어로 쓰인다. 그런데 그 내용이 글의 흐름에 잘 맞지 않는다. 여기서 '**부르짖**다'로 옮긴 히브리 동사 '차악'(צָעַק)은 보통 어려움 가운데 있는 사람이 도움을 요청함을 뜻하는데, 이 술어동사의 주어인 **그들의 마음**에서 **그들**이 17절에 나온 시온의 대적자들이라면 앞서 이들의 뿔을 들어 올려 주신 야훼께 이들이 따로 부르짖을 까닭이 없기 때문이다. 그리하여 여러 번역본(공동번역, 표준새번역, 가톨릭성경, *NRSV*, *LB*, *ZB* 등)에서는 이를 시인이 **딸 시온의 성벽**에게 하는 명령문으로 고쳐 읽기도 하지만, 이를 뒷받침할 사본이 아직은 하나도 없다. 어색하더라도 그냥 그대로 두는 것이 더 낫다. 그럴 경우에 18절 첫 줄 앞부분은 7절 셋째 줄 앞부분과 비슷하게, 대적들이 이스라엘의 하나님 앞에서 오만방자하게 마음껏 소리 지르는 모습을 묘사하는 것으로 이해할 수 있다.

또 개역성경에서는 18절 나머지 부분과 19절을 이 대적들이 주께 아뢴 말로 읽게 번역해 놓아, 마치 적들이 시온 사람들을 놀리는 말처럼 읽게 한다. 그렇지만 내용을 두고 보면 18절 첫 줄 뒷부분부터 셋째 줄 끝까지에 적힌 말은 오히려 시인이 **딸 시온의 성벽**에게 거는 말로 읽는 것이 더 자연스럽다. 그리하여 18절 첫 줄 뒷부분의 **딸 시온의 성벽아**도 시인이 하는 말로 이해할 수 있다(*Buber, NZB* 참고). 이처럼 시인이 **딸 시온의 성벽**에게 하는 말은 **딸 시온**에게 하는 말과 다를 바 없어 보인다. 이는 결국 예루살렘 주민, 더 나아가서는 유다 사람들에게 하는 말이다.

앞서 시온을 여성 **너**로 부르던 시인이 18절 둘째 셋째 줄에서는 **딸 시온의 성벽**을 그렇게 부른다. **딸 시온의 성벽**은 앞서 8절 첫 줄에서 야훼께서 헐기로 결심하신 대상으로 나왔다. 또 7절 둘째 줄에서는 주께서 시온의 궁전 성벽들을 원수의 손에 넘겨주셨다고 했다. 이제 그 시온의 성벽이 마치 한 여성 인격체나 되는 듯이 시인은 그에게 **너는 밤낮으로 눈물을 강처럼 흘릴지어다 스스로 쉬지 말고 네 눈동자를 쉬게 하지 말지어다**라고 한다. 이는 더할 나위 없이 슬픈 현실이 지속되고 있음을 뜻한다. 이 **딸 시온의 성벽**의 눈물은 결국 1장 2절 첫 줄에서 '그 성읍'이 흘린다고 했던 눈물과 통한다. 그렇지만 2장 11절 첫 줄에 나오는 시인의 눈물과는 다르다.

[2 : 19] 19절에서 시인은 계속 **딸 시온의 성벽**에게 말하는데, 첫 줄에서 **초저녁에 일어나 부르짖을지어다**라고 하며 흐느껴 울라고 한 것은 슬픔이 극심하여 도무지 잠들 수 없는 상황을 암시한다. 여기서 '부르짖다'로 옮긴 히브리 동사는 18절 첫머리에 나온 '부르짖다'와 다르다. 글의 흐름으로 보면, 이 경우에는 오히려 '흐느껴 울다'로 번역하는 것이 더 낫다.

둘째 줄에서는 **네 마음을 주의 얼굴 앞에 물 쏟듯 할지어다**라고 하는데, 여기서 **마음**을 뜻하는 히브리 명사는 '염통', '심장'을 뜻할 수도 있다. 결국 속에 있는 모든 것을 쏟아내라는 말인데, 그렇게 쏟아낼 곳을 야훼 앞이라 하지 않고 **주**('아도나이')**의 얼굴 앞**이라고 하는 점이 눈에 띈다. **주**와 **마음**은 18절 첫 줄에서도 함께 나온 바 있다. 몸과 마음을 무겁게 짓누르고 있는 모든 아픔과 슬픔과 걱정거리를 다 주님 앞에 아뢰라는 것이다.

셋째 넷째 줄에서는 특히 어린이들의 목숨을 건지기 위해서 주께 매달리라고 말한다. **각 길 어귀에서 주려 기진한 네 어린 자녀들**이라는 표현은 앞서

11~12절에서 말한 것과 이어진다. 11절 셋째 줄과 12절 셋째 줄에서는 **성읍 길거리에서**(직역하면, '성읍 광장들에서') 어린 아이('올렐')와 젖먹이('요넥')가 굶주림과 목마름으로 기절한다고 했다면, 여기서는 **각 길 어귀**에서 어린 아이들이 주려 기진한다고 한다. 여기서 **어린 자녀**(사역 : '어린 아이')로 옮긴 히브리 낱말은 1장 5절에 나왔던 '올랄'이다.

어린 아이들이 까무러치는 장소가 성읍의 광장들에서 **각 길 어귀**로 달라져 있는데, 이는 상황이 훨씬 더 나빠져 있음을 느끼게 한다. 여기서 **주려 기진한**으로 옮긴 히브리어 표현은 '굶주림으로 까무러친' 상황을 뜻한다. 이처럼 아예 '굶주림'이란 낱말을 써서 아이들이 겪는 어려움이 무엇인지를 똑똑히 말한다. 이들의 **생명을 위하여 주를 향하여 손을 들**라고 함은 이들이 목숨을 잃지 않도록 주님께 기도하라는 뜻이다. 히브리어 본문에서는 **주를 향하여**가 그저 '그를 향하여', '그에게'로만 되어 있고, **손**으로 옮긴 히브리 명사는 본디 손바닥을 뜻한다. '손바닥을 들다'는 나중에 3장 41절에도 나오는데, 이와 마찬가지로 기도하다는 뜻으로 출애굽기 9장 29절에서는 '손바닥을 펼치다'라고 한다.

예레미야애가 2장 13~19절에서 '나' 시인은 **너 예루살렘**에게 닥친 엄청난 불행을 두고 아파하는 자신의 마음을 당사자인 예루살렘에게 쏟아놓는다. 그리하면서 예루살렘이 고칠 수 없는 큰 상처로 고통을 겪게 된 책임을 그 누구보다도 예언자들에게 돌리고, 지나가는 사람들과 원수들이 예루살렘을 비웃는 것을 두고 괴로워한다. 그리하면서 예루살렘 사람들에게 대적들을 시켜 예루살렘에 재난을 내리신 하나님께 부르짖으며 특히 아이들을 살리기 위해 간구할 것을 권고한다. 이처럼 시인은 위로할 길 없이 큰 재난을 겪는 예루살렘에게 직접 탄식과 권고의 말을 건넴으로써 예루살렘 사람들의 고난에 동참한다. 이러한 탄식의 밑바닥에는 자신들의 잘못으로 말할 수 없이 엄청난 괴로움을 겪고 있는 하나님 백성과 자신이 하나라는 의식이 깊이 자리 잡고 있다.

13~19절에 나오는 여러 가지 표현 가운데 11~12절, 1~10절, 더 나아가서 1장과 관련되는 것들은 다음과 같다.

2 : 13-19	2 : 11-12	2 : 1-10	1 : 1-22
위로하다(13ㄴ)			2, 9, 17, 21
딸 시온(13ㄴ)		2, 4, 8, 10	6
상처(13ㄷ)	11ㄴ		
선지자(14ㄱ)		9	
묵시를 보다(14ㄱㄷ)		9	
죄악(14ㄴ)			5, 22
지나가는 자들(15ㄱ)			12
이 성(15ㄷ)			1
원수(16ㄱ, 17ㄷ)		4, 5, 7	2, 5, 16, 21
삼키다(16ㄴ)		2, 5ㄱㄴ, 8	
계획하다(17ㄱ)		8	
여호와(17ㄱ)		6, 7, 8, 9	17, 18, 20 등
명령하다(17ㄴ)			10ㄷ, 17ㄴ
허물다(17ㄴ)		2	
긍휼 없음(17ㄴ)		2	
대적(17ㄷ)		4	5ㄱㄷ, 7ㄷㄹ, 10
뿔(17ㄷ)		3	
마음(18ㄱ, 19ㄴ)			20, 22
주(18ㄱ, 19ㄴ)		1, 2, 5, 7	14, 15
성벽(18ㄱ)		7, 8ㄱㄷ	
눈물(18ㄴ)	11ㄱ		2
밤(18ㄴ)			2
눈(18ㄷ)	11ㄱ		
어린 자녀(19ㄷㄹ)	11ㄷ-12		

위 도표에서는 13~19절이 한편으로 시인의 안타까움을 표현하는 낱말들

을 통해 11~12절과 이어지고, 다른 한편으로는 야훼께서 시온에게 재난 내리심을 표현하는 낱말들을 통해 1~10절과 이어짐을 잘 보여 준다.

설교를 위한 묵상

오늘 우리 그리스도인들 특히 교역자들도, 헛것을 보고 하나님의 백성을 잘못 이끈 지도자들 때문에 하나님 백성의 공동체가 세상 사람들과 적들에게 여러 모로 비웃음을 당하고 하나님이 내리시는 재난에 시달리며 공동체를 메고 갈 다음 세대조차 잃어버릴 위기에 처했을 때, 잘못을 지적하고 비난하기만 할 것이 아니라 그 아픔을 나의 아픔으로 알고 탄식의 소리를 높이며 하나님께 매달릴 것을 권고함으로써 그 고난에 동참할 수 있다.

4. "주께서 누구에게 이처럼 행하셨는지요"(2 : 20-22)

20 여호와여 보시옵소서
　　주께서 누구에게 이같이 행하셨는지요
여인들이 어찌 자기 열매
　　곧 그들이 낳은 아이들을 먹으오며
제사장들과 선지자들이
　　어찌 주의 성소에서 죽임을 당하오리이까
21 늙은이와 젊은이가 다
　　길바닥에 엎드러졌사오며
내 처녀들과 내 청년들이

칼에 쓰러졌나이다
주께서 주의 진노의 날에 죽이시되
긍휼히 여기지 아니하시고 도륙하셨나이다
22 **주께서 내 두려운 일들을 사방에서 부르시기를**
절기 때 무리를 부름 같이 하셨나이다
여호와께서 진노하시는 날에는
피하거나 남은 자가 없나이다
내가 낳아 기르는 아이들을
내 원수가 다 멸하였나이다

여기서 기도하는 주체가 시온이라는 사실은 21절에 나오는 **내 처녀들과 내 청년들**이라는 표현에서 확실해진다. 이리하여 이 단락은 1장 9절 셋째 줄, 11절 셋째 줄, 20~22절과 같은 성격의 기도로 이해할 수 있다.

2장의 흐름으로 보면, 울며 특히 어린 아이들의 목숨을 놓고서 야훼께 마음을 쏟아 놓으라는 권고를 18~19절에서 시인으로부터 받은 시온이 그 권고에 응답이라도 하듯이 20~22절에서 야훼께 기도하는 것으로 읽을 수 있다. 이는 포로기 공동체의 어떤 모임이나 예배에서 한 사람이 적어도 13~19절을 회중을 향해 말하고 회중이 20~22절로 응답하는 상황을 생각해 보게 한다.

2장 20절에서 '나' 시온은 자식을 잡아먹는 여인들과 성전에서 목숨을 잃는 제사장과 예언자를 두고 하나님께 울부짖는다. 21절에 첫 두 줄에서는 시온의 남녀노소가 처한 곤경을 묘사하고, 셋째 줄에서 이 모두 야훼께서 하신 일이라고 한탄한다. 22절 첫 줄에서는 야훼께서 적들을 불러들이셨음을 말하고, 둘째 셋째 줄에서는 '나' 시온의 자녀들을 적이 다 끝장냈다고 탄식한다.

공동체의 각 구성원들에게 닥친 곤경을 묘사하고 이 모든 일을 야훼께서 분노 가운데 일어나게 하셨으며 그 가운데 원수도 관여하였음을 한탄하는 데서 공동체 탄원시의 요소를 어렵지 않게 알아차릴 수 있다. 다만 자신들을 살려달라고 호소하는 기도와 적을 벌해 달라는 기도는 두드러지게 나타나 있지 않다.

[2 : 20] 여호와여 보시옵소서로 옮긴 20절 첫부분을 히브리어 본문으로 보면 1장 9절 셋째 줄, 11절 셋째 줄, 20절 첫 줄에 나온 "보십시오, 야훼여!"와 같다. 바로 그다음에 "그리고 살피십시오!"가 덧붙은 점에서는 1장 11절 셋째 줄과 같다. 그런데 개역개정판의 번역자는 같은 표현을 거기서는 **여호와여 나를 돌보시옵소서**로 옮기고, 여기서는 **여호와여 보시옵소서**로만 번역했다. 이 둘을 "**여호와여** 돌**보시옵소서**"로 통일할 필요가 있다.

뒤이어 나오는 **주께서 누구에게 이같이 행하셨는지요**라는 물음은 야훼께서 심하게 다루셔서 고난을 겪고 있는 당사자가 다른 이 아닌 자신임을 두고 불평하는 말이다. 이는 1장 12절에서 '나' 시온이 지나가는 모든 사람들에게 "내게 행해진 고통 같은 고통이 있는지 살펴보라"(사역)고 요구한 것과 통한다. 거기서 '행해지다'로 옮긴 히브리 동사는 2장 20절 첫 줄 뒷부분에서 '행하다'로 옮긴 동사 '알랄'의 수동형이다. 이 동사는 1장 22절 둘째 줄에서도 야훼께서 **나** 시온을 상대로 하신 조치를 표현하는 말로 두 번 쓰였다.

2장 20절 둘째 줄에서 **나** 시온은 자기가 **낳은 아이**('올렐')**들**을 잡아먹게 된 **여인들**의 **비참한** 상황을 입에 올린다. 남이 해치려 하면 제 목숨을 던져서라도 어린 자식을 지켜야 할 어미가 제 아이를 잡아먹는 일이 벌어졌다면, 이는 적에게 에워싸인 성읍 안에 굶주림이 극심했기 때문일 것이다. 열왕기하 6장 26~29절에서는 아람 군대가 사마리아를 에워쌌을 때 성 안에 실제로 이와 비슷한 일이 있었음을 알려 준다. 다른 한편으로 이스라엘이 야훼께 순종하지 않을 때에 닥칠 재난의 한 가지로 사람들이 자식을 잡아먹는 일이 있으리라 경고하는 말씀도 있다(레 26 : 29 ; 신 28 : 53 ; 렘 19 : 9 ; 겔 5 : 10). 그런데 예루살렘이 바벨론 군대에게 함락되기 직전에 예루살렘 성읍 안에서 이런 일이 벌어졌다는 기록은 예레미야애가 2장 20절을 빼고는 다른 데서 찾아볼 수 없다. 열왕기하 25장 3절(//렘 52 : 6)에서는 성읍 안에 양식이 떨어져서 굶주림이 심했다고만 한다.

다음으로 예레미야애가 2장 20절 셋째 줄에서는 성전에서 **제사장들과 선지자들이** 목숨을 잃은 참혹한 현실을 말한다. 여기서 성전을 앞서 7절 셋째 줄에서 했듯이 **여호와의 전**(직역하면 '야훼의 집')이라 하지 않고 **주**('아도나이') **의 성소**라고 한 점이 독특하다.

제사장은 1장 4절과 19절과 2장 6절에 나온 적이 있다. 1장 4절에서는 절기로 나아오는 자들이 시온에 없고 시온의 성문들이 다 조용하다고 한 다음에 시온의 제사장들이 한숨짓는다고 했고, 19절에서는 **나** 시온의 제사장들과 장로들이 성읍 안에서 먹을 것을 구했으나 구하지 못하고 숨졌다고 했다. 2장 6절 셋째 줄에서는 야훼께서 임금과 제사장을 진노 가운데서 얕잡아(1 : 19 해설을 보라.) 보셨다고 한다. 열왕기하 25장 18절(//렘 52 : 26)에서는 바벨론 장수가 대제사장과 부제사장을 사로잡아 갔다고 할 뿐, 제사장들을 성전에서 죽였다고 하지는 않는다. 이와는 달리 역대하 36장 17절에서는 갈대아 임금이 성전에서 칼로 청년들을 죽이고 청년 남녀와 노인과 병약자를 불쌍히 여기지 않았다고 한다.

선지자를 두고서는 앞서 예레미야애가 2장 9절 셋째 줄에서 시온의 **선지자들**조차 **여호와의 묵시를 받지 못**한다고 한탄했다. 그런데 바벨론 군대가 예루살렘을 함락한 뒤에 예언자들을 성소에서 죽였다는 기록도 예레미야애가 2장 20절을 빼고는 다른 데서 찾아볼 수 없다.

아무튼 다른 데서는 몰라도 성전에서만큼은 **제사장들과 선지자들**이 안전해야 할 텐데, 바로 그 곳에서 이들이 목숨을 잃었다 함은 야훼께서 더는 성전을 지키시지 않음을 뜻한다. **제사장들과 선지자들**을 나란히 언급한 것은 예레미야애가에서 여기가 처음이다.

이처럼 20절에서는 어미가 갓 낳은 자식을 먹고 성전에서 종교지도자들이 목숨을 잃은 어처구니없는 일들이 시온에 일어나도록 하시다니 야훼께서 어찌 그럴 수 있느냐 하는 식으로 **나** 시온이 야훼 앞에서 탄식한다.

[2 : 21] 뒤이어 21절에서 **나** 시온은 일반 백성이 겪는 참상을 두고 야훼께 울부짖는다. 첫 줄에서는 **늙은이와 젊은이가 다 길바닥에 엎드러졌**다고 한다. 곧 나이에 상관없이 남자들이 길바닥에 나둥그러져 있는 상황을 묘사한다. 여기서 늙은이와 젊은이는 각각 히브리 낱말 '자켄'(נָקֵן)과 '나아르'(נַעַר)의 번역으로 오히려 '노인'과 '아이'로 옮기는 것이 더 나아 보인다(가톨릭성경, *BJ*, *LB*, *Buber* 참고). 왜냐하면 '나아르'가 구약에서는 태어난 지 석 달 된 젖먹이부터 청년기에 이른 사내에 이르기까지 나이를 두고 말한다면 매우 넓은 범위의 남자를 가리키는 말로 쓰일 수 있지만(*ThWAT* V 513-515), 바로 다음 줄에서 **처녀들**과 **청년들**을 말하고 있어서 여기서는 그저 나이 많은 남자와 나이 어린 남자를 뜻하는 것으로 이해할 수 있기 때문이다.

둘째 줄에서는 남녀의 성에 관계없이 시온의 젊은이들이 모조리 적군의 칼에 맞아 죽은 것을 말한다. 그 히브리어 문장에서는 주어인 **내 처녀들과 내 청년들이**를 술어동사보다 앞세워 강조한다. 1장 18절에서는 시온이 모든 백성들에게 **나의 처녀들과 나의 청년들이 사로잡혀 갔도다**라고 말한 바 있는데, 여기서는 그들이 적군에게 살해되었다고 야훼께 아뢴다. 이와는 달리 2장 10절 끝에서는 **예루살렘 처녀들**이 **땅**쪽으로 머리를 떨구었다고 하고, 1장 15절 둘째 줄에서는 주께서 시온 **나**를 거슬러 절기를 선포하여 부수시려 한 대상으로 시온 **나**의 청년들을 언급한다.

2장 21절 셋째 줄에서는 이런 식으로 야훼께서 **주의** 곧 당신의 **진노의 날에 긍휼히 여기지 아니하시고** 마치 짐승을 잡아 죽이듯이 당신의 백성을 죽이셨다고 한탄한다. **주의 진노의 날**은 앞 1절 셋째 줄 뒷부분에 나오는 **그의 진노의 날**을 거쳐 1장 12절의 **그의 진노하신 날**과 통한다. 당신의 백성에게 진노하신 야훼께서는 그를 벌하실 때에 시온 백성을 **긍휼히 여기지 아니하시고** 곧 사정없이 죽이셨다. **긍휼히 여기지 아니하**심은 앞서 2절 첫 줄과

17절 둘째 줄에서 야훼께서 당신의 백성에게 내리신 조치를 말할 때에 이미 나온 표현이다. 야훼를 주어로 한 문장의 술어동사가 '죽이다'인 경우는 앞서 4절에서 찾아볼 수 있었다.

[2 : 22] 실제로는 야훼께서 적들을 불러들이셨음을 22절 첫 줄에서 말한다. **주께서 내 두려운 일들을 사방에서 부르**셨다는 것인데, 여기서 **내 두려운 일들**로 옮긴 히브리 낱말 '므구라이'(מְגוּרַי) 자체는 '내가 머무는 곳들'을 뜻하는데, 글의 흐름과 시리아어 역본을 고려하고 라틴어 역본을 따라 이를 '므고르라이'(מְגוֹרְרַי)로 고쳐 읽으면 '제가 두려워하는 자들'을 뜻하게 된다. 아무튼 마소라 본문의 '므구라이'와 그다음 낱말 '밋사빕'(**מִסָּבִיב**, 사방에서)을 한데 묶어 그 자음만 두고 보면, 이는 예레미야 6장 25절에서 예언자가 유다에 곧 닥칠 재난을 묘사할 때 쓴 표현이면서, 예레미야 20장 3절에서 예레미야가 자기를 박해하던 제사장 바스훌에게 야훼의 이름으로 붙인 별명인 '마고르 밋사빕'(**מָגוֹר מִסָּבִיב**, "사방에 두려움이 있다.")과 비슷해진다(예레미야 I 615–616).

예레미야애가 2장 22절 첫 줄에서 **나** 시온은 자신이 겁내던 이방 군대를 야훼께서 **사방에서** 불러들이셨음을 말하는 것으로 보인다. 그것도 야훼께서 **절기 때 무리를 부름 같이 하셨**다고 한다. 그 히브리어 표현은 "**절기**의 날처럼 불러들이셨습니다"로 직역할 수 있다(공동번역, *NRSV*, *LB*, *Buber* 참고). 이는 1장 4절에서 암시하듯이, 시온으로 절기를 지키러 오는 사람들이 없게 하신 야훼께서 절기를 지키는 날에 많은 사람들이 몰려들게 하시던 것처럼 대적들을 불러들이셨음을 뜻한다. 이는 야훼께서 야곱의 둘레 곧 사방에 있는 자들을 그의 대적이 되게 명령하셨다고 하는 1장 17절 둘째 줄과 통한다. '**절기**의 날'은 2장 7절 셋째 줄에 나온 적이 있고, **절기**는 그밖에도 6절 둘째 줄과 1장 4절 첫 줄에서도 언급했다.

이처럼 **여호와께서 진노하**여 적들을 불러들이신 **날에는 피하거나** 살아남

은 자가 없다고 **나** 시온이 22절 둘째 줄에서 탄식한다. 이는 시온 백성 모두에게 재난이 닥쳤음을 말한다.

셋째 줄 히브리어 본문에서는 관계문으로 된 목적어, **내가 낳아 기르는 아이들을**(직역하면, '제가 낳아서 키운 것을')을 맨 앞에 세워 가장 강조하고, 주어 **내 원수가**를 술어동사보다 앞세워 그다음으로 강조한다. 앞서 20절 둘째 줄에서는 시온의 여인들이 자기들이 갓 낳은 아이를 먹는 끔찍한 일이 벌어졌다고 한탄했다면, 또 12절에서는 어린이와 젖먹이가 먹고 마실 것이 없어 어미 품에서 숨 거두는 모습을 묘사했다면, 여기서는 **나** 시온이 낳아서 키운 것 곧 시온 주민들을 시온의 원수가 다 끝장냈다고 한탄한다. 이런 식으로 여기서는 시온을 주민들의 어머니로 여기면서, 시온 여인들이 겪은 참상이 곧 시온이 겪은 참상임을 한층 더 실감나게 그린다.

2장의 마지막 단락인 20~22절에서 **나** 시온은 앞서 시인이 13~19절에서 시온에게 건넨 탄식의 말에 나타난 재난 상황을 직접 자신의 입에 올린다. 종교 지도자들을 비롯하여 남녀노소 모두에게 닥친 재난의 참혹한 모습은 그 누구보다도 아이들에게 잘 드러난다. 한편으로 굶주린 여인들이 갓난아이들을 먹는 끔찍한 일이 일어났고 다른 한편으로는 적들이 애써 키운 아이들을 끝장내는 상황이 벌어졌다. 이런 엄청난 불행 앞에서 **나** 시온은 이 모든 일이 진노하신 야훼께서 하신 일임을 말한다. 이런 상황에서는 아직 **나**의 죄를 고백하고 구원을 호소할 정신이 없어 보인다.

2장 20~22절을 2장 1~19절이나 1장과 이어주는 낱말들은 다음과 같다.

2：20-22	2：1-19	1장
보십시오, 야훼여!(20ㄱ)		9, 11, 20
살피십시오!(20ㄱ)		11
행하다(20ㄱ)		12, 22ㄱㄴ
어린이(20ㄴ)	11, 19	5
제사장(20ㄷ)	6	4, 19
선지자(20ㄷ)	9	

내 처녀들과 내 청년들(21ㄴ)		18
처녀들(21ㄴ)	10	
청년들(21ㄴ)		15
죽이다(21ㄷ)	4	
진노의 날(21ㄷ)	1	12
진노(22ㄴ)	1, 3, 6	
긍휼히 여기지 아니하심(21ㄷ)	2, 17	
절기의 날(22ㄱ)	7	
절기(22ㄱ)	6	4
원수(22ㄷ)	4, 5, 16	2, 5, 9, 16, 21

이 도표를 보면, 2장을 마무리하는 시온의 기도에서 그 도입부분은 1장의 기도와 비슷하지만, 그 기도의 내용은 2장 1~19절의 중심 주제와 관련되어 있음을 알 수 있다. 곧 1~10절에서 두드러지게 나타난 야훼의 분노와 재난을 내리시는 행위, 11~12절과 13~19절에서 거듭 언급한 어린이들의 딱한 상황, 예언자들을 비롯한 종교지도자들의 잘못과 그들에게 닥친 재난이 기도에서도 중요한 자리를 차지한다.

설교를 위한 묵상

오늘도 하나님이 내리시는 재난이 그리스도인들의 공동체에 닥칠 때 공동체는 그 엄청난 불행에 어찌할 바를 모르게 된다. 무엇보다도 공동체를 제대로 이끌지 못한 지도자들 때문에 특히 어린이들이 겪는 고난에 직면하여 공동체는 하나님께 도움을 구하지 않을 수 없다.

B. 2장의 특징

글의 흐름과 짜임새를 두고 1장과 2장을 비교해 보면 아래와 같다.

<table>
<tr><th>1장</th><th>2장</th></tr>
<tr><td>1-9ㄴ ‘그’ 시인의 혼잣말 탄식</td><td>1-10 ‘그’ 시인의 혼잣말 탄식</td></tr>
<tr><td>9ㄷ ‘나’ 시온의 기도</td><td rowspan="3">11-12 ‘나’ 시인의 혼잣말 탄식</td></tr>
<tr><td>10-11ㄴ ‘그’ 시인의 기도</td></tr>
<tr><td>11ㄷ ‘나’ 시온의 기도</td></tr>
<tr><td>12-16 ‘나’ 시온이 지나가는 사람들에게 늘어놓는 탄식</td><td rowspan="3">13-19 ‘나’ 시인이 ‘너’ 시온에게 늘어놓는 탄식</td></tr>
<tr><td>17 ‘그’ 시인의 혼잣말 탄식</td></tr>
<tr><td>18-19 ‘나’ 시온이 모든 백성들에게 늘어놓는 탄식</td></tr>
<tr><td>20-22 ‘나’ 시온의 기도</td><td>20-22 ‘나’ 시온의 기도</td></tr>
</table>

1장에서는 앞부분을 주도하는 ‘그’ 시인의 말이 중간 부분을 넘어서면서 **나** 시온의 말로 바뀌는 것과는 달리, 2장에서는 시인의 말이 중심을 이룬다. 2장 끝에 나오는 **나** 시온의 기도조차 시인이 시온에게 권유한 바를 따라 하는 기도처럼 읽을 수 있다.

내용을 두고 보면, 1장에서는 그런 대로 시온이 저지른 잘못이나 시온을 괴롭히는 적들을 언급하는 부분이 있는데, 2장에서는 이 두 부분이 크게 줄어든다. 그 대신에 야훼께서 시온과 유다 공동체를 노여워하셔서 큰 재난을 내림으로 공동체 구성원 가운데 특히 힘없는 아이들이 처참한 상황에 처하게 된다는 점을 강하게 노래한다.

제Ⅲ부

3장

예레미야애가 3 : 1–3 : 66

A. 3장의 짜임새와 단락 나누기

1. "여호와의 분노의 매로"(3 : 1–18)
2. "내 고초와 재난을 기억하소서"(3 : 19–39)
3. "우리가 여호와께로 돌아가자"(3 : 40–41)
4. "우리의 범죄함과 반역함을"(3 : 42–47)
5. "딸 내 백성의 파멸로 말미암아"(3 : 48–54)
6. "내가 심히 깊은 구덩이에서"(3 : 55–66)

B. 3장의 특징

3장

A. 3장의 짜임새와 단락 나누기

비평판 히브리어 성경에서 3장은 같은 히브리어 자모를 시작하는 한 줄짜리 절을 셋씩 한데 묶어 모두 22연(聯), 66절로 되어 있다. 이런 식으로 3장에서는 1장과 2장보다 알파벳 시의 형식이 강화되어 있다. 다만 2장과 마찬가지로 자모의 열여섯째 자모인 '아인'(ע)과 '페'(פ)의 차례가 뒤바뀌어 있다.

그렇다고 해서 3장을 22개의 단락으로 나누는 것은 아주 기계적인 구분임은 연의 경계를 넘나들며 내용이 연결되는 수가 적지 않다는 데서 알 수 있다. 이를테면, 넷째 연의 마지막 절인 12절과 다섯째 연의 첫 절인 13절은 사냥의 비유로 이어지고, 일곱째 연의 마지막 절인 21절은 여덟째 연의 첫 두 절인 22~23절 없이는 이해할 수 없다. 또 아홉째 연의 마지막 절인 27절에 나온 멍에의 비유는 열째 연의 첫 절인 28절에도 나온다. 그뿐만 아니라 3장의 열여섯째 연의 첫 두 줄인 46~47절은 40절에서 시작된 **우리**의 말을 마무리 짓는 부분이고, 마지막 줄인 48절은 54절까지 이어지는 **나**의 탄식이 시작되는 줄이어서 한 연 안에서 큰 단락이 바뀐다. 또 48절에 나오는 눈물의 주제는 새 연이 시작되는 49절로 이어진다. 또 60절에서 야훼께서 원수들의 행태를 보셨다고 한 말은 연의 경계를 넘어가 61절에서 야훼께서 원수들이 하는 말을 들으셨다고 하는 것과 이어진다.

이리하여 3장은 17절 첫 히브리 낱말의 모음을 고쳐 읽을 경우에(아래 절 풀이를 보라.) 남성 **내**가 자신이 야훼께 받는 고난을 여러 가지로 묘사하는 1~18절, 누군가가 야훼께 아뢰는 말인 19~39절, **우리**끼리 하는 말인 40~41절, **우리**가 야훼께 아뢰는 말인 42~47절, **나**의 탄식인 48~54절, **나**의 기도인 55~66절의 여섯 부분으로 나눌 수 있다.

나의 말		**우리**의 말	
혼잣말 탄식	기도	**우리**끼리 하는 말	기도
1-18			
	19-39		
		40-41	
			42-47
48-54			
	55-66		

여성 **그**를 두고 시인이 탄식하는 말과 여성 **나**의 탄식이나 기도로 이루어진 1~2장과는 달리, 3장에서는 여성 **그**나 여성 **나**가 전혀 나타나지 않는다. 그 대신 남성 **나**의 말(1-19, 48-66절)이 우리의 말(40-49절)을 둘러쌈으로써 가운데 들어 있는 **우리**의 말에 독자의 관심을 끌어들인다. 다른 한편으로는 양쪽 가에 있는 **나**의 말이든 가운데 있는 **우리**의 말이든 혼잣말 또는 **우리**끼리 하는 말에, 야훼께 아뢰는 기도가 이어짐으로써, 탄식에서 기원으로 나아

가는 흐름이 두드러지게 나타난다.

1. "여호와의 분노의 매로"(3 : 1–18)

1 여호와의 분노의 매로 말미암아
고난 당한 자는 나로다
2 나를 이끌어 어둠 안에서 걸어가게 하시고
빛 안에서 걸어가지 못하게 하셨으며
3 종일토록 손을 들어 자주자주 나를 치시는도다
4 나의 살과 가죽을 쇠하게 하시며
나의 뼈들을 꺾으셨고
5 고통과 수고를 쌓아 나를 에우셨으며
6 나를 어둠 속에 살게 하시기를
죽은 지 오랜 자 같게 하셨도다
7 나를 둘러싸서 나가지 못하게 하시고
내 사슬을 무겁게 하셨으며
8 내가 부르짖어 도움을 구하나
내 기도를 물리치시며
9 다듬은 돌을 쌓아 내 길들을 막으사
내 길들을 굽게 하셨도다
10 그는 내게 대하여 엎드려 기다리는 곰과
은밀한 곳에 있는 사자 같으사
11 나의 길들로 치우치게 하시며 내 몸을 찢으시며
나를 적막하게 하셨도다
12 활을 당겨 나를 화살의 과녁으로 삼으심이여
13 화살통의 화살들로 내 허리를 맞추셨도다

[14]나는 내 모든 백성에게 조롱거리
곧 종일토록 그들의 노랫거리가 되었도다
[15]나를 쓴 것들로 배불리시고
쑥으로 취하게 하셨으며
[16]조약돌로 내 이들을 꺾으시고
재로 나를 덮으셨도다
[17]주께서 내 심령이 평강에서 멀리 떠나게 하시니
내가 복을 내어버렸음이여
[18]스스로 이르기를 나의 힘과
여호와께 대한 내 소망이 끊어졌다 하였도다

3장 첫 절에서는 말하는 자신이 누구인지를 **여호와의 분노의 매로 말미암아 고난 당한 자는 나로다**라는 말로 밝힌다. 그 히브리어 문장은 "나야말로 그의 노여움의 회초리로 고난을 본 사나이로다!"로 직역할 수 있다. 이처럼 **나**는 처음부터 자신을 '사나이'(גֶּבֶר, '게베르')라고 밝힌다. 이 점에서 이 **나**는 1장 9절 셋째 줄과 11절 셋째 줄과 18~22절과 2장 20~22절의 여성 **나** 시온과 다르고, 1장 12~16절과 2장 11~19절의 **나** 시인과 비슷해 보인다. 3장 17절 첫 낱말의 모음을 달리 읽는다면(아래 풀이를 보라.), 3장 1~18절에서 야훼께서는 한결같이 3인칭으로 불리고, 그밖의 어떠한 단수 2인칭도 이 단락에 나오지 않는다. 따라서 이 단락은 **나**의 혼잣말 탄식으로 읽을 수 있다.

1절에서 **나는 여호와의 분노의 매로 말미암아 고난**을 겪고 있는 사나이가 자신임을 밝힌다. 그런 다음에 야훼께서 자신에게 경험하게 하신 **고난**의 내용을 여러 가지로 표현한다. 2절에서는 나쁜 목자처럼 야훼께서 **나**를 어둠으로 이끄셨다 하고, 3절에서는 전사(戰士)가 전차(戰車)의 말고삐를 쥐고 온 종일 말을 몰아대듯이 야훼께서 혹독하게 **나**를 다루셨다고 한다.

4절에서는 야훼께서 **나**의 몸을 망가뜨리셨다고 하고, 5절에서는 엄청난 고통으로 **나**를 에워싸셨다고 한 뒤에, 6절에서는 그 어둔 곳에 **내**가 죽은 것처럼 갇혀 있게 하셨다고 한다.

7절에서는 야훼께서 길을 막아 자기가 나갈 수 없고 야훼께서는 사슬만 더 무겁게 하셨다고 하고, 8절에서는 기도마저 허락하시지 않았다고 한 다음에, 9절에서는 야훼께서 길을 막으셨음을 다시 한 번 말한다.

10~11절에서는 야훼를 숨어서 먹잇감을 노리다가 잡아 찢는 곰이나 사자에 비기고, 12절에서는 **나**를 과녁으로 삼은 사냥꾼에 견준다.

13절에서는 야훼의 화살이 **내** 몸에 정통으로 맞았음을 말하고, 14절에서는 **내**가 비웃음거리가 되었다고 한탄한 다음에, 15절에서는 야훼께서 내게 쓰라림을 실컷 맛보게 하셨다고 한다.

16절에서는 야훼께서 **나**를 잔인한 정복자처럼 다루셨음을 말하고, 17절에서는 그 때문에 **내**게 평화가 없음을 한탄하며, 18절에서는 낙심하여 내뱉는 자신의 말을 인용한다.

이처럼 이 단락의 대부분은 야훼께서 주어인 문장으로 이루어져 있다(2-7전상, 7후, 8후-13, 15-16). **나** 또는 **나**의 무엇이 주어인 경우는 7절 전하반절과 8절 전반절과 14절과 17~18절에서만 찾아볼 수 있을 따름이다. 그 가운데서 7절 전하반절은 7절 전상반절에서 야훼께서 **내**게 행하신 결과로 내게 닥친 상황을 묘사하는 문장이고, 8절 전반절은 8절 후반절에 종속되는 부문장이다. 이처럼 야훼께서 **나**로 하여금 고난을 겪게 하심을 두고 주로 탄식한다는 점에서, 이 단락은 2장 1~10절에서 시인이 야훼께서 시온과 유다 공동체에 재난을 내리셨다는 점을 두고 탄식한 것과 비슷하다. 그렇지만 이번에는 탄식하는 **내**가 고난을 겪고 있는 당사자라는 점에서 탄식하는 **나**와 고난의 당사자가 구별되던 2장 1~10절과 다르다. 이 점은 4, 13, 16절에서 한 사람의 신체 여러 부분을 두고 말하는 것으로도 뒷받침된다.

그런데 3장 1~18절의 **나**는 그가 14절에서 탄식하는 말을 놓고 보면, 일단 **내 백성**과 구별되는 한 개인 남성임이 분명하다. 이 **나**는 **내 백성**에게 억울하게 어려움을 겪는 사람이며, 야훼께서 왜 자기에게 어려움을 겪게 하시는지, 왜 자기를 노여워하시는지 그 까닭을 알 수 없어서 탄식하는 사람이다.

다른 한편으로 앞서 1~2장에서 시온이 겪는 어려움을 두고 탄식할 때 쓰던 낱말이나 표현을 이 **나**도 때때로 쓰고 있어서, **나**의 괴로움과 시온 공동체의 괴로움이 깊이 관련되어 있음을 짐작할 수 있다(아래 1, 5, 10-12, 18절 풀이를 보라). 이리하여 **나**는 비록 **내 백성**이 **나**를 괴롭히며 비웃더라도 그들이 어려움을 겪을 때 그들 가운데 한 사람으로 함께 괴로움을 겪으며 탄식하는 사람이라는 사실을 알 수 있다.

[3 : 1] **슬프다**('에카')로 1장과 2장이 시작하는 것과는 달리 3장은 **나는**(אֲנִי, '아니')이라는 1인칭대명사 주어로 시작함으로써 말하는 **나**가 처음부터 두드러지게 나타난다. 글의 흐름으로 볼 때 이 히브리어 문장에서 **나**는 주어라기보다는 술어로 보는 것이 더 낫다. 그러니까 여기서 시인은 **그의 분노의 매로 말미암아 고난 당한** 사람은 다른 사람 아닌 바로 **나**라는 사실을 말하려고 한다. 이 점이 개역성경에서는 잘 드러나고, 공동번역에도 어느 정도 암시되어 있다.

이 **나**는 1절에서 자기를 가리켜 **그의 분노의 매로 말미암아 고난**을 본 사나이'라고 한다. '사나이'로 옮긴 히브리 명사 '게베르'를 더러 강한 남자, 더 나아가서는 부녀자와 비전투원들을 지키는 군인으로 이해하기도 하는데(O'Connor 1046), 35절과 39절의 경우에는 그런 뜻으로 보기 힘들다.

첫머리부터 **그의 분노**에서 대명사로 나오는 '그'가 야훼를 가리킴은 **분노**('에브라')라는 낱말이 야훼와 관련하여 쓰이는 2장 2절 둘째 줄에 비추어 보더라도 어렵지 않게 짐작할 수 있다. 또 내용을 두고 보면, 이는 2장의 마지막 절인 22절 둘째 줄 앞부분에 나오는 **여호와께서 진노하시는 날**과 잘 이어진다. 그런데도 개역개정판에서는 '그'라는 대명사를 **여호와**라는 실명사로 바꾸어 옮겨 놓았다. 히브리어 본문 3장에서는 **여호와**라는 이름이 18절에 이르러서야 처음으로 나온다.

그런데 2장 2절에서 야훼께서 당신의 노여움('에브라')으로 허무신 것이 **딸 유다의 견고한 성채들**이고, 22절에서 **여호와께서 진노하시는 날에는** 살아남는 자가 없다고 한 데서 잘 드러나듯이, 2장에서 야훼의 진노를 가리키는 표현으로 쓰인 다른 여러 낱말에서도 그 진노가 한결같이 예루살렘이나 유다 공동체를 향한 것이었던 것과 달리, 여기서 야훼께서 노여움으로 치신 회초리 맛을 본 사람은 개인인 남성 **나**이다.

나를 향한 야훼의 **분노**는 내가 **고난**('오니')을 '보는 것'으로 나타났다. 이 '오니'가 2장에는 한 번도 쓰이지 않았지만, 1장에서 세 번 나왔다. 3절에서는 유다 사회 안의 불의를 표현하는 말로 '오니'가 쓰였다면, 7절과 9절에서는 시온에 미친 재난을 표현하는 말로 나온다. 7절에서는 예루살렘이 망한 상황을 '오니'로 표현한 것으로 보인다. 시온이 하는 기도의 첫 부분인 9절 셋째 줄에서는 야훼께 **나** 시온의 '오니'를 '보십시오!'라고 매달린다. 글의 앞뒤 흐름으로 보면 3장 1절의 '오니'는 1장 7절의 경우에 가장 가깝다. 그렇지만 **나**가 시온 공동체가 아니라 한 개인 남성인 점에서 다르다. 그렇다면 본문의 **나**는 예루살렘 공동체에 속한 한 사람으로 이해함직 하다. 공동체에 닥친 재난을 **나**도 그 공동체의 한 남성 구성원으로서 겪었다고 할 수 있다.

개역성경에서 **매**로 옮긴 '셰벳'(שֵׁבֶט)은 본디 막대기를 뜻하지만, 때로는 교육자의 회초리를 가리키기도 한다(잠 13 : 24 ; 26 : 3 ; 29 : 15). 이 낱말이 야훼께 쓰일 수도 있다. 잠언 22장 8절에 '그의 **분노**('에브라')의 회초리'(사역)라는 표현이 있지만, 그 회초리를 쓰는 주체가 **악을 뿌리는 자**인 점에서 여기와 다르다. 그런데 사무엘하 7장 14절에서는 다윗의 후계자가 잘못하면 야훼께서 그를 징계하실 때 사람들을 회초리('셰벳')로 쓰시겠다고 한다. 이것이 시편 89편 32[33]절에서는 다윗의 후손들 전체에게 확장 적용된다.

이리하여 3장 첫 절에서 **나**는 사람이 저지른 잘못 때문에 자신이 고난을 받고 있는 것으로 생각하고 있음을 드러낸다. 그런데 뒤이어 자신의 잘못을 인정하거나 고백하는 말이 전혀 나오지 않고 그저 야훼께서 자신을 힘들게 하셨음을 여러모로 말하고 있고 고난의 내용이 시온 공동체에 닥친 고난의 내용과 거의 같은 것으로 보아, **나**는 이 징계의 원인이 자신의 잘못에 있다기보다는 공동체의 잘못에 있고, 그런 만큼 자신에게 닥친 고난을 이해할 수 없다고 탄식하는 듯하다. 그렇다면 여기서 말하는 **분노**는 시온 공동체가 야훼를 거스른 것에 대한 것으로 이해할 수 있다.

[3 : 2] 이제 야훼께서 **분노**하여 치신 **매**로 **내**가 겪는 **고난**이 무엇인지 하나씩 밝힌다. 맨 먼저 2절에서는 야훼께서 **나를 이끌어 어둠 안에서 걸어가게 하시고 빛 안에서 걸어가지 못하게 하셨**다고 한다. 목적어 **나를**(אוֹתִי, '오티')을 술어동사보다 앞세워 강조하는 히브리어 문장은 "나를 그가 이끌어 어둠 곧 빛 아닌 데로 걷게 하셨다."로도 옮길 수 있다. 그리함으로써 1~3절 각 절의 첫 낱말이 히브리어의 첫 자모 '알렙'(א)으로 시작하는 형식이 유지된다. 다른 한편으로는 1절에서 문장의 술어로 **나**를 앞세운 것과도 잘 맞아 떨어진다. 이런 식으로 **나**는 자신이 야훼께로부터 어려움을 겪고 있다고 거듭 탄식한다.

'이끌다'로 옮긴 히브리 동사 '나학'(נָהַג)은 본디 짐승을 몰아가는 것을 뜻하므로(창 31 : 18 ; 출 3 : 1 등), 야훼께서 목자처럼 **나**를 좋은 데로 이끌어 가심을 예상하게 한다. 이런 예상을 뒤엎고 그가 이끄신 곳은 '어둠 곧 빛 아닌 데'다. 동사 '나학'과 비슷한 뜻의 동사 둘을 써서 야훼께서 **나**를 쉴 만한 물가로 인도하시고(נִהַל, '니할') 올바른 길로 이끄신다(הִנְחָה, '힌하')고 노래하는 시편 23편 2~3절과 정반대의 상황이 벌어진 것이다. 또 동사 '나학'이 민족 탄원시인 시편 80편의 1[2]절에서 **요셉을 양 떼 같이 인도하시는**('나학') **이스라엘의 목자여**라고 야훼를 부르는 데에도 쓰이고 있는 사실에 비추어 보면, 예레미야애가 3장 2절의 탄식도 개인의 운명을 넘어서서 야훼께서 당신의 백성을 재난 가운데로 몰아넣으셨다는 뜻으로 이해할 만하다.

[3 : 3] 그뿐만이 아니다. 3절에서 **나**는 야훼께서 **종일토록 손을 들어 자주자주 나를 치시는도다**라고 한다. 그 히브리어 본문은 "참으로 내게 거듭하여 그의 손을 온 종일 돌리시도다."로 직역할 수 있다. 그 첫 낱말 '참으로'(אַךְ, '악')는 문장 전체를 강조하고, 2절과 비슷하게 전치사구 '내게'를 술어동사보다 앞세워 강조한다. 히브리어 본문에서 이런 식으로 3장의 첫 연에서는 야훼께로부터 어려움을 겪고 있는 것이 바로 **나**라는 사실을 세 번이나 거듭하여 똑똑히 말한다.

여기 쓰인 '손을 돌리다'라는 표현을 거부의 몸짓으로 이해할 수도 있다(*HAL* 243a). 그렇지만 이 표현이 열왕기상 22장 34절(//대하 18 : 33)과 열왕기하 9장 23절에서는 말고삐를 잡은 손을 돌려서 전차의 방향을 바꾸는 것을 뜻한다. 이런 배경에서 보면, 여기서 **나**는 전쟁터에 나간 마차를 끄는 말에 자신을 견준 셈이다. 군인이 말고삐로 전차를 모는 말을 이리저리 몰듯이, 야훼께서 **나**를 여기저기로 몰아대시는데, **종일토록** 그리하신다는 것이다. 이런 상태가 지속되고 있음을 히브리 미완료동사를 거듭 써서 강하게 표현한다.

[3 : 4] 히브리어의 둘째 자모 '벳'(ב)으로 첫 낱말이 시작하는 첫 줄인 4절에서는 야훼께서 **나**의 몸을 상하게 하셨음을 말한다. **나의 살과 가죽을 쇠하게 하**셨다(직역하면 "내 살과 살갗이 줄어들게 하셨다.") 함은 몸이 야위게 된 것을 야훼의 탓으로 돌리는 말로 이해할 수 있다. 뒤이어 **나의 뼈들을 꺾으셨**다고 하는데, 여기서 '꺾다'로 옮긴 히브리 동사는 본디 '부서뜨리다'를 뜻한다. 따라서 이 말은 **내**가 큰 사고를 당하거나 큰 병에 걸린 것을 생각해 보게 한다. 야훼께서 사람의 뼈들을 부서뜨리셨다는 표현은 히스기야의 기도에 들어 있는 이사야 38장 13절과 히브리 동사가 다르기는 하지만 시편 51편 8[10]절에도 나온다.

살, **가죽** 곧 살갗, **뼈**는 욥이 야훼께 아뢰는 말 가운데서 한 번 함께 나온다. 욥기 10장 11절에서 욥은 "당신이 살갗과 살로 나를 입히셨고 뼈와 힘줄로 저를 엮으셨습니다."(사역)라고 고백한다. 이는 곧 야훼께서 사람 몸을 창조하셨음을 말한다. 이런 욥의 말과는 반대로 예레미야애가 3장 4절에서 **나**는 야훼께서 **나**의 몸을 망가뜨리셨다고 한탄한 셈이다.

[3 : 5] 뒤이어 5절에서는 야훼께서 **나**의 둘레에 괴로운 것들을 잔뜩 쌓아올리고 그것들로 나를 에워싸셨다고 한다. **고통과 수고를 쌓아 나를 에우셨으며**에서 **나를**로 옮긴 히브리 전치사구 '알라이'(עָלַי)는 '나를 거슬러', '나에게 좋지 않도록', '나를 공격하려고' 등의 뜻으로 이해할 수 있다. '**쌓**다'로 옮긴 히브리 동사 '바나'(בָּנָה)는 본디 '집을 짓다', '건축물을 만들다'를 뜻한다. 그리하여 이는 마치 성읍을 점령하기 위해 성읍 둘레에 높은 둔덕을 만드는 전쟁 장면을 생각하게 한다. 이는 바벨론 군대가 예루살렘을 에워싼 상황을 떠올리게 한다. 이런 표현에서는 **나**의 고난 상황과 **내**가 속한 공동체의 어려운 상황이 겹쳐 드러난다. **고통**으로 옮긴 히브리 낱말 '로쉬'(רֹאשׁ)는 본디 독초를 뜻하는데(*HAL* 1089b) 더러는 19절에서 그러하듯이 '쑥'과 나란히 쓰이면서 엄청난 고통을 표현하는데 한편으로는 이스라엘의 불의한 현실을 비유로 표현할 때 쓰고(신 29 : 18[17] ; 암 6 : 12), 다른 한편으로는 야훼께서 이스라엘(렘 9 : 15[14])이나 이스라엘의 예언자들(렘 23 : 15)을 벌하시겠다고 말씀하실 때에 나온다. 뒤이어 **수고**로 옮긴 히브리 낱말 '틀라아'(תְּלָאָה)는 출애굽기 18장 8절에서 모세가 장인 이드로에게 이스라엘 백성이 애굽을 빠져 나와 시내산 기슭까지 오는 동안 겪었던 어려움을 표현하는 말로 쓰인다. 민수기 20장 14절과 느헤미야 9장 32절에서도 이스라엘 백성이 지난날 겪은 고난을 이 낱말로 표현한다. 이리하여 **내**게 닥친 괴로움을 표현하는 두 낱말인 **고통과 수고**도 이스라엘의 괴로움을 생각하게 한다.

[3 : 6] 이러한 야훼의 조치는 결국 **나를 어둠 속에 살게 하시**는 것이다. 여기

서 '어둠'으로 옮긴 히브리 낱말은 앞서 2절에서 '어둠'이라 한 낱말과 뿌리가 같지만 그 말과는 달리 어두운 곳들을 가리킨다. 또 '**살게 하다**'로 옮긴 히브리 동사는 본디 '앉게 하다'를 뜻하는데, 그 단순능동형('앉다')은 앞서 1장 1절과 3절, 2장 10절에서 각각 **시온**과 **유다**와 **딸 시온의 장로들**을 주어로 하여 쓰인 적이 있다. 그런 흐름 가운데서 3장 6절을 읽으면, 시온이나 유다나 시온의 장로들이 어려운 가운데 앉아 있었듯이, **나**도 어둔 곳들에 앉아 있게 야훼께서 만드셨다는 식으로 이해할 수 있다. 여기서도 3장 1절과 마찬가지로 공동체에 닥친 불행이 공동체 구성원의 불행 가운데서 구체화되고 있음을 생각해 볼 수 있다.

고통과 수고의 둔덕을 **내** 둘레에 높이 쌓고 그것들로 **나**를 에워싸셨으니 **나**는 그 한가운데 어둔 곳들에 야위고 으스러진 몸으로 갇혀 살 수밖에 없게 된 것이다. 이런 식으로 야훼께서는 **나**를 **죽은 지 오랜 자 같게 하셨**다. 이리하여 **나**는 살아 있으나 이미 산목숨이라 하기 힘들다. 이 점에서는 다시 고난을 아주 개인적인 경험으로 표현하고 있다.

"**죽은 지 오랜 자 같이 나를** 어둔 곳들에 앉게 하셨도다."(사역)라는 표현은 시편 143편 3절에도 나온다. 다만 거기서 술어동사 다음에 나오던 '어둔 곳들에'를 여기서는 술어동사보다 앞세워 강조하는 점이 다른데, 그리함으로써 히브리어의 둘째 자모로 6절도 시작하게 되어 4~5절과 더불어 6절이 3장의 둘째 연을 이루게 된다. 또한 주어가 거기서는 **원수**인데, 여기서는 야훼이신 점이 다르다. 이리하여 시편 143편 3절을 염두에 두고 예레미야애가 3장 6절을 읽으면, 여기서는 야훼께서 **내**게 원수처럼 되셨다는 식으로 말하고 있는 것처럼 들린다(2 : 4ㄱ 참고).

[3 : 7] 이제 **나는** 이 고통의 도가니에서 빠져나갈 수 없음을 7절 전반절에서 말한다. **나를 둘러싸서 나가지 못하게 하시고**로 옮긴 히브리어 본문은 "그가 내 둘레를 막으셔서 내가 나갈 수 없도다."로 직역할 수 있다. 개역개정판에

서 '둘러싸다'로 옮긴 히브리 동사 '가다르'(גָּדַר)는 본디 '돌로 담을 쌓다'를 뜻하는데(겔 13 : 5 ; 22 : 30), 여기서는 호세아 2장 6[8]절에서 북 이스라엘을 두고 말하는 것처럼 돌담을 쌓아 길을 막음을 가리킨다(욥 19 : 8도 참고). 그리하여 **나**는 도저히 밖으로 나갈 수 없다. 여기서 밖으로 나간다 함은 야훼께서 **나**를 에워싸게 하신 온갖 괴로움과 장애물에서 벗어남을 뜻한다. 시편 88편에서도 이와 비슷하게 야훼께서 자기에게 재난을 주셨다고 호소하던 시인이 8[9]절에서는 아예 **나는 갇혀서 나갈 수 없게 되었나이다**라고 야훼께 아뢴다. 이리하여 예레미야애가 3장 7절 전반절에서 말하는 곤경 상황은 공동체의 불행일 수도 있고 개인에게 닥친 어려움일 수도 있다.

7절 후반절에서는 상황이 한층 더 나빠짐을 말한다. 도저히 빠져 나갈 수 없어 어둔 곳에 갇혀 앉아 있는데 **나**를 묶고 있는 청동**사슬을** 야훼께서 더 **무겁게 하셨**다는 것이다.

[3 : 8] 이런 상황에서 할 수 있는 일은 살려 달라고 부르짖는 것밖에 없었음을 8절 전반절(**내가 부르짖어 도움을 구하나**)에서 알 수 있다. 그런데 야훼께서는 그런 **내 기도**마저 **물리치**셨다고 8절 후반절에서 말한다. 여기서 '물리치다'로 옮긴 히브리 동사는 본디 '잠그다'를 뜻한다. 그리하여 야훼께서 내 기도를 잠그셨다 함이 실제로 무엇을 뜻하는지 확실히 알 수 없다. 결국은 기도를 들으시지 않았다는 뜻으로 이해할 수 있는데 이는 야훼께서 **나**를 완전히 외면하고 계심을 뜻한다. 사람이 기도해도 하나님이 들으시지 않는다는 내용은 욥기 19장 7절, 30장 20절, 시편 22편 2[3]절, 예레미야 7장 13절, 하박국 1장 2절 등에서도 찾아볼 수 있다.

[3 : 9] 9절 전반절에서는 다시 한 번 야훼께서 길을 막으셨음을 말하는데, 7절과는 달리 드러나게, **다듬은 돌을 쌓아 내 길들을 막으**셨다고 한다. 여기서 **다듬은 돌**로 옮긴 히브리 낱말은 집 짓는 데 잘 쓸 수 있도록 네모나게 잘라

둔 '모돌'을 가리킨다. 역대상 22장 2절에서는 다윗이 성전 건축에 쓸 '모돌'을 다듬게 했고, 열왕기상 5장 17[31]절에서는 솔로몬이 성전 기초를 놓는 데 쓸 '모돌'을 레바논에서 만들어 오게 했고, 열왕기상 7장 9절, 11절, 12절에서는 왕궁을 지을 때도 '모돌'을 썼다고 한다. 그런데 예레미야애가 3장 9절 전반절에서는 이 '모돌'을 야훼께서 **내 길들을** 막는 데 쓰셨다고 한탄한다. 뒤이어 9절 후반절에서는 야훼께서 **내 길들을 굽게 하셨**다고 한다. 여기서 **길**로 옮긴 히브리 낱말 '느티바'(נְתִיבָה)는 전반절에서 **길**로 옮긴 '데렉'(דֶּרֶךְ)과는 달리 작은 길을 뜻한다. 이리하여 9절에서는 **나**는 큰 길로 갈 수 없으면 작은 길을 찾아서라도 나가려 하는데 그마저 갈 수 없게 야훼께서 길을 구부려 자기가 어려움에서 벗어날 길을 모조리 막아 버리셨다고 탄식한 셈이다.

7절에 이어 9절에서 다시 야훼께서 막으시는 이야기가 나오는 것은 3장의 셋째 연을 이루는 석 줄이 다 히브리어의 셋째 자모로 시작되도록 하려 했기 때문으로 볼 수 있는데, 그 결과 야훼께서 길을 막으셨다는 점을 처음과 마지막에 두어 강조하면서 그 가운데 8절에서 말하는 절망 상황도 돋보이게 되었다.

[3 : 10] 넷째 연의 첫 줄인 10절에서 **나**는 야훼께서 **내게 대하여 엎드려 기다리는 곰과 은밀한 곳에 있는 사자 같으**시다고 대담하게 불평한다. 그 히브리어 문장은 "그는 **엎드려** 나를 노리는 **곰**, 숨어 있는 사자"라는 식으로 좀 더 실감나게 번역할 수 있다. 먹잇감을 낚아채기 위해 매복한 곰과 사자 같은 존재로 야훼를 비긴다는 것은 그만큼 자신이 야훼께 시달림을 받았음을 뜻한다. 그런데 일찍이 호세아 13장 8절에서 야훼께서는 당신이 **새끼 잃은 곰 같이** 이스라엘 사람들을 만나 그들의 **염통 꺼풀을 찢고 암사자 같이 그들을 삼키**겠다고 말씀하셨다. 이 점에서도 예레미야애가 3장 10절의 **나**는 자신을 야훼께서 노여워하셔서 재난을 내리신 백성에 속한 사람으로 여기고 있는 것으로 보인다.

[3 : 11] 숨어서 먹잇감을 기다리는 야수의 비유는 11절에도 이어진다. 전반절에서 야훼께서 **나의 길들을 치우치게 하시며 내 몸을 찢으**셨다고 함으로써 앞에 나타난 약한 짐승을 덮쳐 더는 갈 길을 가지 못하게 하고 그 짐승을 잡아 찢어 먹는 사나운 짐승들의 모습을 그려 보게 한다. 여기서 '치우치게 하다'로 옮긴 히브리 동사는 '어그러지게 하다'로 번역하는 것이 더 낫다.

11절 후반절에서 야훼께서 **나를 적막하게 하셨다**고 하면서 그렇게 잡아 찢겨 목숨을 잃은 짐승처럼 처참해진 자신의 상황을 묘사하는 듯하다. 여기서 **적막하게**는 오히려 '황폐하게'로 바꾸는 것이 좋다. 무엇이나 아무개를 황폐하게 하다, 또는 무엇이나 아무개가 황폐해지다라는 표현은 앞서 여러 번 나온 적이 있다. 1장 13절 셋째 줄에서 시온이 지나가는 사람들에게, 야훼께서 **나를 피곤하게 하여 황폐하게 하셨도다**라고 탄식했고, 16절 셋째 줄에서는 **내 자녀들이 외롭도다**(직역하면 '황폐해졌도다')라고 한탄했으며, 1장 4절 둘째 줄에서는 시온의 **모든 성문들이 적막하며**(직역하면 '황폐해졌고')라고 시인이 말했다. 이런 흐름에서 볼 때 3장 11절에서 **나**는 시온 공동체가 겪는 곤경을 함께 겪고 있음을 알 수 있다.

[3 : 12] 10~11절에서 야훼를 사나운 짐승에 빗대어 말하던 **나**는 12절에서 **나를 과녁으로 삼아 활을 당겨** 화살을 쏘시는 사냥꾼에 야훼를 견준다. 앞서 2장 4절에서 시인은 주('아도나이')를 두고 **원수 같이 그의 활을 당기**셨다고 노래한 적이 있다. 거기서는 주께서 시온의 귀한 것들을 다 죽이셨다고 했다. 그와 관련시켜 보면, 3장 12절의 **나**도 결국 시온처럼 야훼의 화살에 맞아 고통을 겪는 사람이다. 다른 한편으로 욥도 자신을 하나님이 과녁으로 삼아 세우셨다고 말한다(욥 16 : 12). 아무개를 과녁으로 삼는다 함은 결국 그를 적으로 여김을 뜻한다. 이는 앞서 6절에서도 암시된 바이다.

[3 : 13] 사냥꾼의 비유는 연의 경계를 넘어 다음 다섯째 연의 첫 줄로 이어진

다. 나를 과녁으로 삼으신 야훼께서는 13절에서 **화살통의 화살들로 내 허리를 맞추셨**다고 한다. 그 히브리어 문장은 "그가 자기의 화살들을 내 양 콩팥으로 들어오게 하셨다."로 직역할 수 있다. 이 경우에 '콩팥'은 몸의 가장 깊숙하고도 은밀한 부분을 가리킨다(*HAL* 456b). 따라서 그리로 야훼의 화살들이 들어오게 하셨다 함은 야훼께서 **내** 몸의 핵심 부분을 화살로 맞추어 **나**를 완전히 망가뜨리셨음을 뜻한다.

[3 : 14] 앞의 1절(사역 : "나야말로…… 사나이로다.")과 7절 전반절(사역 : "그가 내 둘레를 막으셔서 내가 나갈 수 없도다.")과 8절 전반절(**내가 부르짖어 도움을 구하나**)에 이어 14절에서 다시 '내'가 주어로 나타난다. 그 뒤로 이 단락이 끝날 때까지 한결같이 '그' 야훼가 주어가 되어 야훼께서 **나**를 어떻게 다루셨는지를 알려 준다.

이제 14절에서 **나**는 야훼께서 **나**를 엄청나게 괴롭히신 결과로 자신이 조롱당하는 아픔을 말한다. **나는 내 모든 백성에게 조롱거리 곧 종일토록 그들의 노랫거리가 되었도다**로 옮긴 히브리어 본문은 "나는 내 백성 모두에게 비웃음거리, 온 종일 그들의 놀림노래가 되었다."로 직역할 수 있다. **나**를 놀리는 사람들은 **내 모든 백성**이다. **나**는 **내 백성** 모두에게 따돌림 받고 놀림 받는 존재다. **내 백성**은 앞서 2장 11절에서 나오는 표현 **딸 내 백성**에 들어 있었던 표현이다. **백성** 앞에 **내**를 붙인 데서 드러나는 것은, 그들이 **나**를 놀리지만 그들과 **나**는 여전히 한 공동체에 속한다는 강한 연대감과 결속감이다. 다른 한편으로는 그런 만큼 놀림으로 **내**가 겪는 아픔이 큼도 느낄 수 있다. **노랫거리**로 옮긴 히브리 낱말은 놀리는 뜻으로 부르는 노래를 뜻하는데, 이를 개역개정판 욥기 30장 9절에서는 **놀림거리**로 번역해 놓았다. **종일토록** 그렇게 되었다 함은 비웃음이 지속되고 있음을 뜻한다. 이 **종일토록**은 예레미야 20장 7절에도 나온다.

이리하여 여기서 탄식하는 **나**는 시온이나 유다 공동체와 분명히 구별될

뿐만 아니라 그 공동체 안에서 억울하게 따돌리는 사람으로 드러난다. 곧 예레미야나 욥이나 시편 탄원시의 주인공들처럼 자신이 속한 공동체가 겪는 불행을 두고 마음 아파하면서도 정작 자신은 까닭 없이 괴로움을 겪는 의인의 반열에 들 만하다.

'**조롱거리**가 되다'는 예레미야 20장 7절에서는 예언자를, 48장 26절과 39절에서는 모압을 주어로 하여 쓴 표현이다. 이 두 경우는 다 예레미야애가 3장 14절과 다르다. 사람들의 **조롱거리**가 되는 까닭이 예레미야 20장 7절의 경우에는 야훼께서 예언자를 이기셨다는 사실에 있고, 48장 39절에서는 모압이 건방지게 야훼께 맞서다가 망하리라는 사실에 있기 때문이다.

[3 : 15] 14절에서 자기에게 닥친 어려운 상황을 말한 **나**는 15절에서 야훼께서 **나를 쓴 것들로 배불리시고 쑥으로 취하게 하셨으며**라고 하면서 다시 야훼께서 자기에게 하신 일을 말한다. 그 히브리어 본문은 "그가 나를 쓴 것들로 배불리셨도다. 쑥으로 실컷 마시게 하셨도다."로 직역할 수 있다. 야훼께서 **나**에게 먹고 마실 것을 넉넉히 주셨는데, 그렇게 주신 것이 좋은 것이 아니라 **쓴 것들**과 **쑥**이다. 이 둘은 **내**가 겪고 있는 고통을 상징한다. 이는 앞서 5절에서 야훼께서 **고통**(사역 : '독초')**과 수고**로 **나를** 에워싸셨다고 한 것을 생각나게 한다.

[3 : 16] 3장의 여섯째 연은 각 줄이 한결같이 '와우'(ו) 미완료연속법으로 시작한다. 이리하여 내용을 두고 보면 이 연의 첫 줄인 16절은 앞 연의 마지막 줄인 15절과 이어진다. 16절 전반절에서는 야훼께서 **조약돌로 내 이들을 꺾으셨**다고 한다. 그 히브리어 문장은 "또 그가 자갈로 내 이들을 갈아 으깨셨도다."로 직역할 수 있는데, 이는 아주 잔인한 느낌을 준다. 뒤이어 후반절에서는 야훼께서 **재로 나를 덮으셨**다고 하는데, 그 히브리어 본문은 "그가 먼지 가운데 나를 짓밟으셨도다."로 번역할 수 있다. 여기서 **재** 곧 먼지는 히브리

낱말 '에페르'(אֵפֶר)의 번역으로, 이는 잘게 부서져 푸석푸석해진 흙을 가리킨다(*HAL* 78a). 그 '에페르' 가운데 사람을 짓밟는다 함은 사람을 땅바닥에 눕혀 놓고 아주 험하게 다룸을 뜻한다. 16절 전후절의 표현은 다 전쟁에서 정복자들이 피정복자들을 함부로 다루는 장면을 생각나게 한다.

[3 : 17] **주께서 내 심령이 평강에서 멀리 떠나게 하시니 내가 복을 내어버렸음이며**로 옮긴 17절의 히브리어 본문은 "그리하여 당신이 제 존재를 평화에서 배제하셨습니다. 제가 좋은 것을 잊어버렸습니다."로 직역할 수 있다. 개역개정판에서 **내 심령**(사역 : '제 존재')으로 옮긴 히브리 낱말 '납쉬'(נַפְשִׁי)는 구약 시문에서 흔히 '나'를 에둘러 표현하는 말이다. 아무튼 이처럼 히브리어 본문 17절 첫 낱말에서는 갑자기 '당신'이 주어로 나타난다. 그리하여 이제까지 **내**가 혼잣말 형식으로 한탄하던 바와는 달리 17절부터 **내**가 야훼께 아뢰는 말씀이 시작된다(개역, 개역개정, 공동번역개정, 가톨릭성경, *Buber*, *NZB* ; Berges 170 참고). 그리하여 이 여섯째 연의 첫 줄인 16절과 둘째 줄인 17절 사이에서 큰 단락이 나누어진다. 또 18절에서는 지난날 자신이 한 말을 인용하면서 야훼께 아뢴다고 볼 수 있다.

그런데 17절 첫 히브리 낱말의 모음을 조금 다르게 붙여 수동태로 읽으면 '납쉬'('내 존재')가 주어가 되어 "그리하여 내 존재가 평화에서 배제되었도다. 내가 좋은 것을 잊어버렸도다."라는 식으로 17절을 번역할 수 있다. 그리하여 16~18절도 이전의 다섯 연과 마찬가지로 **내**가 혼잣말이나 제3자 앞에서 늘어놓는 탄식의 마지막 부분으로 볼 수 있다. **내**가 야훼께 아뢰는 말투는 19절에서 분명해진다. 그리하여 17절 첫 히브리 낱말은 그렇게 고쳐 읽는 것이 좋다(공동번역, 표준새번역, 표준새번역개정, *NJPST*, *NIV*, *NRSV*, *BJ*, *LB* ; Renkema 332 ; House 400 참고). 앞 다섯째 연의 첫 줄인 13절에서 야훼께서 화살로 **내 허리** 곧 내 몸의 중심을 맞추신 결과로 **내**가 조롱거리가 되었음을 14절에서 **나**를 주어로 하는 문장으로 표현했듯이, 여섯째 연에서도 16절에서 야훼께서 **나**를 잔인하게 다루신 결과를 17절에서 '내 존재'를 주어로 하는 문장으로 나타낸다. 그런데 이번에는 아주 포괄적으로 표현한다. "내 존재는 평화에서 배제되었도다."

평강으로 옮긴 '샬롬'(שָׁלוֹם)이 구약성서에 237번 나오는데, 예레미야애가에는 여기에만 한 번 나온다(*THAT* Ⅱ 921). 그런데 그것도 부정문에서 쓰인다. 이는 예레미야애가의 분위기를 상징적으로 알려 주는 사실이다. 예레미야애가에서 노래하는 사람들에게는 '샬롬'이 없다! 그 큰 틀 안에 3장에서 노래하는 **나**도 있다. "나는 좋은 것을 잊어버렸도다."라는 17절 후반절이 이런 사실을 다시 한 번 똑똑히 드러낸다.

[3 : 18] 3장 첫 단락 마지막절인 18절에서 **나**는 이전에 자신이 했던 말을 기억한다. **스스로 이르기를**로 옮긴 히브리어 표현이 실제로 뜻하는 바는 혼자 생각했다는 것이기 때문이다. **나의 힘과 여호와께 대한 내 소망이 끊어졌다**가 그 말인데, 여기서 **힘**으로 옮긴 히브리 낱말 '네차흐'(נֵצַח)가 무엇을 뜻하는지 알아내기가 쉽지 않다. 이 낱말이 하나님께 쓰일 때는 '광채', '명성(名聲)'의 뜻을 지닌다(*HAL* 676b). 그리하여 역대상 29장 11절에서는 다윗이 야훼를 기리면서 **위대하심과 권능과 영광과 승리와 위엄이 다 주께 속하였사오니**라고 고백하는데, 거기서 **승리**로 옮긴 히브리 낱말이 바로 이 '네차흐'다. 사무엘상 15장 29절에서는 야훼를 가리켜 **이스라엘의 지존자**라고 하는데, 거기서 **지존자**가 바로 '네차흐'의 번역이다. 이런 흐름에서 보면 예레미야애가 3장 18절에 나오는 **나의** '네차흐'도 야훼를 가리키는 것으로 이해할 수 있다. 그렇지만 그럴 경우에는 야훼께서 끊어지셨다는 말이 되어 이상하다. 나의 '네차흐'를 '내가 그동안 지니고 있던 광채', '내게 있는 광채'라는 뜻으로 이해한다면(표준새번역, Renkema 332 참고) 글의 흐름에는 잘 맞아 들어간다. 다만, 구약 다른 곳에서 그런 보기를 더 찾을 수 없는 점이 문제로 남는다. '네차흐'가 지속됨을 뜻한다면, "나의 '네차흐'가 끊어졌다" 함은 내가 더는 견뎌 낼 수

없게 되었음을 말하는 것으로 이해할 수 있다(*BJ*, *Buber*, Berges 170 ; House 400 참고). 이는 뒤이어 **여호와께 대한 내 소망이 끊어졌**다고 하는 말과 잘 어울린다. 그 소망이 무엇인지는 확실히 알 수 없다. 적어도 앞 8절에서 말한 바와 관련시켜 보면, 어려운 가운데서 부르짖으면 야훼께서는 들으시리라는 희망을 가리키는 것으로 보인다. 이러한 탄식에서 **나**는 야훼께 벌 받는 야훼 백성의 한 구성원인 것을 알아차릴 수 있다.

1장에서 다섯 번(5, 9, 11, 17, 18절), 2장에 네 번(6, 8, 17, 20절) 나온 야훼의 이름이 3장에서는 여기 18절에 처음으로 나온다.

3장의 첫 단락인 1~18절에서 홀로 처절하게 탄식하는 남성 **나**는 야훼께 엄청나게 시달리고 있는 존재로 나타난다. 그가 자신에게 닥친 불행을 묘사하는 표현 가운데는 하나님 백성의 공동체의 상황을 묘사할 때 쓰이는 것들이 주로 나타난다(1, 2, 5, 10, 11, 18절). 이 점에서 **나**의 고난은 하나님 백성의 고난과 통하며 그 고난을 한 인격체 안에서 드러내 보여 준다. 다른 한편으로 이 단락에서 **나**는 고난의 공동체와 분명히 구별되는 존재임을 알려 주는 부분도 있다(4, 12-17절).

이처럼 1~18절은 한 남성이 자신에게 닥친 불행을 주로 하나님이 내리신 것으로 쓰라리게 한탄하는 형식을 띠지만, 그 내용을 두고 보면 그가 겪은 불행은 그가 속한 공동체에 닥친 불행의 구체화된 모습으로 이해할 수 있다.

야훼는 **나**를 노여워하여 매로 치셨고, 어둠으로 이끄셨다. **나**의 몸을 다 망가뜨리셨고, 그 고통에서 벗어나지 못하게 여러모로 **나**를 막으셨다. **나**의 부르짖음도 듣지 아니하시고 오히려 **나**를 적처럼 다루셨다. 이제 **나**에게는 평화도 그 어떤 희망도 없다. **내**가 **내 모든 백성**의 조롱거리가 되는 것은 바로 이 때문인지 모른다. **내 모든 백성**은 **내**가 죄 때문에 야훼께 재난을 받고 있다고 생각할 수 있다! 이 점에서 이 **나**는 이사야 53장 4절 후반절에서 야훼의 종을 두고 **우리는 생각하기를 그는 징벌을 받아 하나님께 맞으며 고난을 당한다 하였노라**고 말한 것을 떠올리게 한다. 그렇지만 공동체가 당할 고난을 **내**가 대신 당하고 있는 것이 아니므로, 그 야훼의 종과는 구별된다. 오히려 이 **나**는 야훼를 거스른 백성을 향한 야훼의 분노를 자신이 지고 괴로워하며 그 백성에게 박해받는 예레미야에게 더 가깝다(렘 6 : 11 ; 15 : 17 참고). 그렇다면 3장의 **나**는 예루살렘 멸망의 불행을 그 누구보다도 깊이 자신의 온 존재로 겪으면서도 오히려 동포들에게 조롱받는 의로운 사람으로 볼 만하다.

설교를 위한 묵상

믿음의 공동체가 하나님을 노여우시게 한 까닭에 하나님이 내리신 재난에 크게 시달리고 있을 때, 그 공동체 구성원들에게 박해를 받고 놀림 받던 의인이라고 해서 그 재난에서 벗어날 수는 없다. 그리하여 공동체 안의 다른 구성원들과 함께 고난을 겪으면서 그 괴로움 가운데서 혼잣말로라도 절망의 소리를 드높일 수 있다.

2. "내 고초와 재난을 기억하소서"(3 : 19–39)

19 내 고초와 재난
곧 쑥과 담즙을 기억하소서
20 내 마음이 그것을 기억하고
내가 낙심이 되오나
21 이것을 내가 내 마음에 담아 두었더니
그것이 오히려 나의 소망이 되었사옴은
22 여호와의 인자와 긍휼이 무궁하시므로

우리가 진멸되지 아니함이니이다
23 이것들이 아침마다 새로우니
주의 성실하심이 크시도소이다
24 내 심령에 이르기를 여호와는 나의 기업이시니
그러므로 내가 그를 바라리라 하도다
25 기다리는 자들에게나
구하는 영혼들에게 여호와는 선하시도다
26 사람이 여호와의 구원을 바라고
잠잠히 기다림이 좋도다
27 사람은 젊었을 때에 멍에를 메는 것이 좋으니
28 혼자 앉아서 잠잠할 것은
주께서 그것을 그에게 메우셨음이라
29 그대의 입을 땅의 티끌에 댈지어다
혹시 소망이 있을지로다
30 자기를 치는 자에게 뺨을 돌려대어
치욕으로 배불릴지어다
31 이는 주께서 영원하도록 버리지 아니하실 것임이며
32 그가 비록 근심하게 하시나
그의 풍부한 인자하심에 따라 긍휼히 여기실 것임이라
33 주께서 인생으로 고생하게 하시며 근심하게 하심은
본심이 아니시로다
34 세상에 있는 모든 갇힌 자들을
발로 밟는 것과
35 지존자의 얼굴 앞에서
사람의 재판을 굽게 하는 것과
36 사람의 송사를 억울하게 하는 것은

다 주께서 기쁘게 보시는 것이 아니로다

37주의 명령이 아니면

누가 이것을 능히 말하여 이루게 할 수 있으랴

38화와 복이

지존자의 입으로부터 나오지 아니하느냐

39살아 있는 사람은 자기 죄들 때문에 벌을 받나니

어찌 원망하랴

19절에서 기억해 달라는 말로 기도하기 시작한 **나**는 자신의 곤경 상황을 아뢰는 20절을 거쳐 21~24절에서는 야훼를 향해 신뢰를 고백하고 스스로 어떻게 할지 다짐한다. 첫 신뢰의 고백은 도입부인 21절에 이어 22~23절에 나온다. 두 번째 신뢰의 고백과 다짐은 24절에 있는데, 그 도입부(**내 심령에 이르기를**)는 첫 고백 문장 다음에서야 나타난다.

그런데 야훼를 가리키는 **주** 곧 '당신'은 23절 후반절에만 나타나고, 25~39절에서는 하나님을 그저 **여호와**나 삼인칭대명사('그')나 **주**('아도나이')로 부른다. 이리하여 그 자체만 두고 보면 25~29절은 다시 **나**의 혼잣말로 볼 수 있다. 그렇지만 25절의 **여호와**가 24절의 **여호와**와 이어지면서 25~39절에서도 **내**가 24절에서 인용하기 시작한 자신의 말이 계속된다고 보는 것이 더 낫다.

다만 내용과 표현 형식을 두고 보면, **여호와는 선하시도다**라고 하는 25절이 여전히 신뢰를 고백하는 성격을 띠는 것과는 달리, **여호와의 구원**을 **잠잠히 기다림**과 **젊었을 때에 멍에를 메는 것이 좋**다고 하는 26~27절은 일반인을 향한 권고의 성격을 띤다. 이런 권고는 철저한 침묵을 말하는 28절 전반절과 29절 전반절, 또 박해와 수치를 감수하라고 하는 30절 히브리어 본문에 거듭 나오는 히브리 청원법(jussive) 동사형에서 더 두드러진다. 28절 후반절과 29절 후반절은 각각 그 앞에 나오는 권고의 근거를 알려 준다면, 30절에서 하는 권고의 근거는 31~33절에 나오는 것으로 이해할 수 있다. 내용으로 보면, 31절에서는 **주께서 영원하도록 버리지 아니하실 것**임을, 32절에서는 **풍부한 인자**로 **긍휼히 여기실 것**임을, 33절에서는 마지못해 재난 내리심을 말하고 있어서 31~33절은 야훼를 향한 또 다른 신뢰의 고백으로 볼 수 있다. 인간 사회의 약자를 억누르는 보기 세 가지를 들면서 이를 야훼께서 보셨음을 강조하여 말하는 34~36절도 이런 흐름을 이어간다.

이 모든 것이 야훼께서 말씀하신 데서 비롯된 것이고 사람의 죄 때문에 벌어진 상황이므로 불평하지 말고 받아들이라고 하는 37~39절에서 37~38절은 신뢰의 고백으로, 39절은 28절 전반절, 29절 전반절, 30절에 견줄 만한, 또 다른 권고의 말로 읽을 수 있다. 이리하여 24~39절에서 **내**가 인용한 자신의 말은 야훼를 향한 깊은 신뢰로써 고난 상황을 이겨 나가자고 자신뿐만 아니라 자기와 마찬가지로 어려운 형편에 있는 사람들도 격려하는 말로 이해할 수 있다.

이처럼 자신이 야훼를 깊이 신뢰하고 있음을 고백하는 말과 남들에게 야훼를 신뢰하라고 권고하는 말이 엇갈려 나오고 여러 가지 방식으로 서로 얽혀 있는 19~39절의 흐름과 짜임새는 아래와 같이 정리할 수 있다.

19	기원
20	자기의 곤경 묘사
21-25	야훼에 대한 신뢰 고백
26-30	일반 사람들에게 하는 권고
31-38	야훼에 대한 신뢰 고백
39	일반 사람들에게 하는 권고

표현형식만 두고 보면, 19~39절에서 하나님을 2인칭으로 부르는 구절은 19절과 23절 후반절밖에 없다. 그렇지만 글의 흐름으로 보면, 20~21절

과 24절 전반절의 **내 심령에 이르기를**도 하나님께 아뢰는 말로 볼 수 있다. 그 나머지인 22~23절 전반절과 24절 남은 부분부터 39절까지는 **내**가 야훼께 아뢰다가 홀로 생각하는 부분으로 읽을 수 있다. 그러니까 22~23절 전반절은 21절 히브리어 본문 첫 낱말인 지시대명사 **이것**의 내용이고, 24절 남은 부분부터 38절까지는 24절 전반절 앞부분 둘째 문장에서 자기가 말했다고 한 내용을 가리키는 것으로 이해할 수 있다.

이처럼 19~39절은 한 개인이 야훼께 아뢰는 말씀 형식으로 시작했지만, 실제로는 기도 자체보다는 기도하다가 스스로 생각하는 바를 드러내는 부분이 훨씬 더 큰 비중을 차지한다. 그렇다 하더라도 그런 생각조차도 하나님 앞에 드러내고 있으므로, 19~39절이 기도의 성격을 띤다는 사실에는 달라질 것이 없다. **내**가 생각하는 내용은 한편으로 탄원시나 역사를 가르치는 지혜시에서 야훼께서 지난날 베푸신 구원의 일들을 회상하는 것(시 77 : 5[6]-11[12]전 ; 74 : 2 ; 80 : 8-11 ; 78편 등)과 비슷하다. 다른 한편으로 25~39절에는 잠언에 들어 있어도 알맞을 만한 내용이 적지 않게 들어 있다.

[3 : 19] 야훼께 아뢰는 말의 첫 마디는 **기억하소서**인데, 이는 히브리어 본문 19절의 첫 낱말을 명령형으로 이해한 결과이다. 더러는 그 낱말을 부정사로 읽어, 19절을 "내 고초와 재난을 기억하는 것이(또는 내 고초와 재난을 기억해 보니) 쑥과 담즙이로다(또는 담즙이었도다)."라는 식으로 번역하기도 한다(공동번역, 가톨릭성경, *NRSV*, *NJPST* ; Berges 170 참고). 그렇지만 명령형으로 읽어 야훼께 바라는 바를 아뢰는 말로 보는 것이 더 낫다.

야훼께서 기억하셔야 할 것은 **내 고초와 재난**이다. 여기에 쓰인 두 히브리 명사인 '오니'와 '마룻'은 이미 1장 7절에 나온 바 있다. 거기서는 **예루살렘이 환난과 유리하는 고통을 당하는 날**이라고 하면서 두 히브리 낱말을 각각 **환난**과 **유리하는 고통**으로 옮겼다. 실제로는 예루살렘에 닥친 고난('오니')이 고향 잃고 헤매는 것('마룻')에 있음을 뜻했다. 이리하여 19~39절만 따로 떼

내어 놓고 본다면, 여기서 기도하는 **나**는 예루살렘으로 볼 만하다. 그럴 경우에는 1~18절에서 말하는 주인공인 남성 **나**와 일단 구별할 수 있다. 그렇지만 3장의 흐름을 따라 19~39절의 **나**를 1~18절의 **나**와 같다고 보면, 19절에서 **내**가 하는 기도는 1~2장에서 여성 **나** 시온의 이름으로 시온 공동체가 하는 기도가 개별화되고 구체화된 것으로 이해할 수 있다.

19절의 **나**는 야훼께서 기억해 주시도록 바라는 자기의 **고초**('오니')**와 재난**('마룻')을 곧바로 **쑥과 담즙**이라는 말로 달리 표현한다. **쑥**은 앞서 15절에 나왔다. 담즙으로 옮긴 히브리 낱말은 5절에서 **고통**으로 옮긴 히브리 명사 '로쉬'로 본디는 독초를 뜻한다. 이 둘은 앞 5절 풀이에서 이미 알아보았듯이 엄청난 고통을 상징한다.

[3 : 20] 야훼께 **내 고초와 재난 곧 쑥과 담즙을 기억하소서**라고 부르짖은 **나**는 20절 전반절에서 스스로 분명히 **기억하고** 있음을 말한다. 히브리어 본문 20절 전반절은 '**기억하다**'의 뜻을 강조하기 위한 방식으로 그 동사의 절대형 부정사와 미완료동사 둘로만 이루어져 있다. 그리하여 이 두 동사의 형태만 두고 보면, 전반절의 주어를 야훼 '당신'으로 볼 수도 있다. 이럴 경우에는 20절 전반절은 "당신이 분명히 기억해 주시면 좋겠습니다!"라는 뜻이 되어(공동번역 ; Owens 357 ; House 400 참고) 19절의 기원이 20절 전반절에도 계속될 뿐만 아니라 한층 더 강화된다. 그렇지만 보통은 그 주어를 후반절에 나오는 **내 마음**('납시')으로 이해한다. 그리하여 개역개정판에서도 **내 마음이 그것을 기억하고**로 옮겨 놓았다. 여기서 **내 마음**으로 옮긴 히브리 낱말 '납시'는 앞 17절에서 이미 알아보았듯이 내 존재 자체를 가리키는데, 나중에 24절 전반절에 한 번 더 나온다.

20절 후반절에서는 그렇게 나 스스로 분명히 기억하고 있자니 **내가 낙심이** 된다고 한다. 그 히브리어 문장은 제대로 우리말로 옮기기 힘들다. 대체로 보아 기가 죽어 몸을 굽혀 웅크리고 있는 모습을 묘사하는 듯하다.

[3 : 21] 다음으로 21절 전반절에서 **이것을 내가 내 마음에 담아 두었**다고 한다. 여기서 **이것을**은 앞에 나온 무엇을 가리키는 것으로 생각하기 쉽지만, 히브리 지시대명사의 쓰임새에 따르면, **이것**이 때로는 그다음에 나오는 것을 가리킬 수 있는데(*HAL* 253b), 이럴 경우에 우리말로는 '다음의 것'으로 번역할 만하다. 글의 흐름으로 볼 때 21절의 **이것**도 앞 20절에서 말한 자신의 어려운 상황을 가리킨다기보다는 다음 연의 첫 두 절인 22~23절에서 야훼를 두고 고백하는 내용을 가리키는 것으로 보는 것이 더 낫다. 이런 식으로 3장의 일곱째 연은 자연스럽게 다음 연으로 이어진다. '**마음에 담아 두**다'로 옮긴 히브리어 표현은 '마음 쪽으로 돌리다'로 직역할 수 있는데, 이를 신명기 4장 39절에서는 '명심하다'로 옮겼다. 여기서도 그런 뜻으로 이해할 수 있다.

그런데 그렇게 **이것**을 명심하는 것만으로도 21절 후반절에서는 **그것이 오히려 나의 소망이 되었**다고 한다. 그 히브리어 문장은 "그러므로 저는 기다립니다."로 직역할 수 있다. 여기서 '**소망이 되**다'로 옮긴 히브리 동사 '호힐'(הוֹחִיל)은 무엇을 바라면서 기다리는 것, 곧 희망을 품고 기다리는 것을 뜻한다. 동사 '호힐'은 시편에서 탄원의 문맥에서 '야훼'(시 37 : 7 ; 38 : 15[16]), '하나님'(시 42 : 5[6], 11[12] ; 43 : 5), '야훼의 말씀'(시 130 : 5)을 직접 또는 간접 목적어로 하여 신뢰를 고백하는 말로 여러 번 쓰인다(*THAT* I 728-729 참고). 이 동사 '호힐'에서 나온 명사가 앞서 18절 후반절에 나온 **소망**이다.

[3 : 22] 21절에서 말한 **이것**의 내용을 22~23절에서 알 수 있다. 22절을 개역개정판에서는 **여호와의 인자와 긍휼이 무궁하시므로 우리가 진멸되지 아니함이니이다**라고 매끄럽게 번역해 놓았지만 그 히브리어 본문은 이해하기도 번역하기도 쉽지 않다. 히브리어 본문 그대로 읽으면, "야훼의 사랑의 증거들, 참으로(또는 왜냐하면) 우리가 끝장나지 않도다(또는 않음이라). 참으로(또는 왜냐하면) 그의 자비 다하지 않도다."로 직역할 수 있다. '야훼의 사랑의

증거들'에서 '사랑의 증거들'로 사역한 히브리 낱말은 '헤셋'(חֶסֶד)의 복수형이다. '헤셋'은 일반적으로 친척 사이나 친구 사이나 주인과 손님 사이나 주인과 종 사이 등 이러저러한 관계에서 공동체를 유지하기 위해 수행해야 할 의무, 연대성, 결속성, 신실성을 표현하는 낱말이다(*HAL* 323a). 이 낱말의 주체가 하나님일 때는 사람은 비록 제 도리를 다하지 못하더라도 하나님이 그에게 한결같이 베푸시는 사랑, 은혜, 자비를 뜻하고, 이 낱말이 복수로 쓰일 때는 창세기 32장 10[11]절, 이사야 63장 7절, 시편 89편 1[2]절에서도 알 수 있듯이 그런 '헤셋'의 증거가 되는 개별 행위들을 가리킨다(*HAL* 323b). 이리하여 예레미야애가 3장 22절에서 "야훼의 '헤셋'들"이라고 할 때, 이는 결국 **내**가 이미 야훼의 사랑을 구체적인 증거를 통해 여러 번 겪어 본 적이 있음을 전제한다.

그런데 **우리가 진멸되지 아니함이니이다**(사역 : "저희가 끝장나지 않습니다.")로 옮긴 히브리어 본문 22절 전반절의 둘째 문장에서 동사를 조금 고쳐 읽으면 "그것들(=야훼의 사랑의 증거들)이 끝장나지 않습니다."라는 뜻으로 이해할 수 있다. 실제로 시리아어 역본과 아람어 역본은 그런 뜻으로 되어 있다. 글의 흐름으로 보면 갑자기 **우리**가 나타나는 것보다는 이렇게 읽는 것이 더 나아 보인다. 그렇지만 히브리어 사본으로는 이를 뒷받침하는 근거가 거의 없다. 따라서 히브리어 마소라 본문 그대로 둘 수밖에 없다. 이리하여 이 단락의 **내**가 자신이 결국 **우리** 이스라엘 백성에 속하는 사람임을 여기서 언뜻 내비친 것으로 이해할 수 있다.

히브리어 본문 22절 후반절에서는 야훼의 자비가 다하지 않았다고 말한다. 야훼의 사랑의 증거들은 결국 야훼의 자비가 표현된 것이라 할 수 있다. 야훼의 자비를 구체적으로 보여 주는 사랑의 증거들은 다하는 법이 없다. 이것을 명심할 때 **나**는 극심한 고난 가운데서도 기다릴 수 있다.

19절부터 야훼께 아뢰는 기도의 형식을 취하고 있는데 22절에서는 야훼께서 3인칭으로 불리기 때문에 22절은 **내**가 이미 잘 알고 있는 사실을 다시 한 번 생각해 보는 것으로 볼 수 있다. 그리하여 번역에서도 이 점을 고려하는 것이 좋다.

[3 : 23] **나**의 이런 속말은 23절 전반절, **이것들이 아침마다 새로우니**까지 이어진다. **나**는 야훼의 사랑의 증거들과 자비를 날마다 새롭게 경험한다고 말한 것이다. 이는 시편 73편의 시인이 14절에서 아침마다 징계를 받는다고 한 것과는 다르다. 예레미야애가 3장 23절 후반절에서 **나**는 다시 야훼께로 향하여 **주**(이인칭 '당신')**의 성실하심**('에무나')**이 크시도소이다**라는 말로써 야훼를 믿는 마음을 고백한다. 이런 고백은 시편의 탄원시에서 볼 수 있는 신뢰의 고백과 비슷하다. 시편 36편 5[6]절 후반절에서 시인은 **주의 진실하심**('에무나')**이 공중에 사무쳤으며**라고 고백하는데, 이 **주의 진실하심**과 나란히 그 전반절에는 **주의 인자하심**('헤셋')을 두고 말한다.

[3 : 24] 이런 믿음으로 **나**는 24절에서 속으로 다시 한 번 야훼와 자신의 관계를 확인하고 자신의 각오를 다짐한다. 이는 22~23절 전반절과 마찬가지로 묵상의 성격을 띤다. 개역개정판에서는 **내 심령에 이르기를**을 24절 첫머리에 두었지만, 히브리어 본문에서는 **여호와는 나의 기업이시니**로 옮긴 문장이 그보다 먼저 나온다. 또 **내 심령**은 앞 20절 후반절에서 **내 마음**으로 옮긴 히브리 낱말 '납시'의 번역이다. 실제로 이 문장은 자신이 지난날에 혼잣말 한 것을 뜻하는 것으로 이해할 수 있다.

먼저 **나**는 24절 **여호와**께서 **나의 기업이**심을 확인한다. 그 히브리어 문장에서는 **나의 기업**을 주어로, **여호와**를 술어로 이해할 수 있다. **기업**으로 옮긴 히브리 낱말 '헬렉'(חֵלֶק)은 구약에서 주로 풍습과 법에 따라 한 사람에게 돌아갈 몫을 뜻한다(*ThWAT* Ⅱ 1015). 예레미야애가 3장 24절의 경우에는 '내 몫'은 무엇인가 하는 물음에 대한 답으로 야훼를 생각하게 된다. '헬렉'은 전쟁에서 이긴 뒤에 전리품 가운데서 나누어 받는 것(창 14 : 24 등)이나 가나안 땅에 들어와 살게 된 이스라엘 사람이 나누어 받은 땅(민 18 : 20 등) 등을 가리키는데, 흔히 하나님과 사람의 관계를 표현하는 말로도 쓰인다. 개역성경에서는 이 낱말을 '분깃'이나 '기업'(基業)으로 번역했는데, '기업'은 '나할라'(נַחֲלָה)에 더 어울리는 낱말이므로 '분깃'이 더 나아 보인다. 민수기 18장 20절에서는 야훼를 아론의 '헬렉'이라 하고, 시편 73편 26절과 119편 57절과 142편 5[6]절에서는 각 시인이 야훼나 하나님을 자기의 '헬렉'이라고 고백한다. 이런 고백은 결국 야훼 하나님이 당신 백성의 삶을 책임지신다는 확신을 드러낸다. 그 확신을 예레미야애가 3장 24절의 **나**도 공유하고 있다.

24절 후반절에서 **나**는 자기가 확신하는 사실이 **그러**하**므로 내가 그** 곧 야훼를 **바라리라**고 다짐한다. 여기서 '**바라**다'로 옮긴 동사 '호힐'을 앞서 21절 후반절에서 '**소망이 되**다'로 번역했다. 다만 여기서는 누구를 바라며 기다리는지 분명히 밝힌다. '내 몫'인 야훼를 기다리겠다고 한 것이다. 이리하여 21절 후반절에서 **내**가 바라고 기다리겠다고 다짐한 것은 처음이 아니라 이미 이전에 야훼를 기다리겠다고 마음먹고 기다려 본 경험을 밑바탕으로 삼고 있음을 알 수 있다.

[3 : 25] 나의 묵상은 계속된다. 25~27절은 3장의 아홉째 연으로 각 절이 다, 술어로 쓰이는 형용사 '좋다'(טוֹב, '톱')로 시작한다. 개역개정판에서는 이 낱말을 25절에서만 '선하다'로 번역해 놓아 이러한 점을 제대로 살리지 못한다. 먼저 25절에서는 **여호와**의 **선하**심 곧 좋으심을 말한다. 그런데 그 좋으심이 해당되는 대상은 **여호와를 기다리는 자들**이나 **구하는 영혼들**이다. 히브리어 본문 25절은 "여호와는 그를 바라는 자들에게, 그를 찾는 사람에게 좋으시도다." 정도로 새롭게 번역해 볼 수 있다. 여기서 '기다리다'로 옮긴 히브리 낱말은 '카와'(קָוָה)다. 이 '카와'가 나오는 구절들을 살펴보면, 이사야 40장 31절에서 **여호와를 앙망하는**('카와') **자**가 새 힘을 얻으리라 하고, 49장 23절에서는 **나**(=야훼)**를 바라는**('카와') **자는 수치를 당하지 아니하리라** 한다. 시편 25편

3절에서는 **주**(=야훼 당신)**를 바라는 자들**이 수치를 당하지 아니한다고 고백하고, 시편 69편 6[7]절에서는 **주**(=야훼 당신)**를 바라는 자들**이 수치를 당하지 않게 해 달라고 기도한다. 시편 37편 9절에서는 **여호와를 소망하는**('카와') **자들**이 땅을 차지하리라 한다. 결국 야훼께서는 당신에게 희망을 거는 사람들을 실망시키시지 않는다는 확신을 예레미야애가 3장 25절에서는 **기다리는 자들에게 여호와는 선하시도다**라는 말로 표현한 것이다. 여기 쓰인 '카와'는 앞서 21절과 24절에 나온 '호힐'과 거의 같은 뜻을 지니며 '호힐'과 마찬가지로 탄원의 문맥에서 신뢰를 고백하는 말로 자주 나타난다(*THAT* Ⅱ 624-629 참고). 그리하여 앞서 21절과 24절에서 **내**가 기다린다('호힐')고 하던 것이 25절에서는 다른 그 누구에게나 적용될 수 있는 고백으로 바뀐다. 이는 다음 26절에서 더 똑똑히 드러난다. 다른 한편으로는 21절과 24절에서 말한 바와 같이 **내**가 야훼를 기다린 것이 결코 헛되지 않고 좋다는 사실이 마침내 25절에서 드러난다.

'**여호와를 구**하다, 곧 찾다'(**דָּרַשׁ**, '다라쉬')라고 함은 어려운 가운데서 야훼께 무엇을 여쭙고 도움을 요청함을 뜻한다(*HAL* 224a 참고). 자기 뱃속에서 두 아이가 서로 다투는 것을 알게 된 리브가는 어찌할 바를 몰라 야훼를 찾았고(창 25 : 22), 애굽을 빠져 나와 가나안 땅으로 가던 이스라엘 백성은 그들 사이에 문제가 생겼을 때 하나님을 찾으려고 모세에게 왔다(출 18 : 15). 예언자 아모스는 북왕국 사람들에게 벧엘을 찾지 말고 야훼를 찾으라고 권고했고(암 5 : 5-6), 시편 77편의 시인은 자기의 환난 날에 주님을 찾았다(시 77 : 2[3]). 시편 34편의 시인은 야훼를 찾는 자들은 모든 좋은 것에 모자람이 없다고 한다(시 34 : 10[11]).

여호와는 선하시도다 곧 좋으시도다라고 할 때 '좋다'는 호의를 품고 친절하고 너그럽고 관대하고 따뜻하고 자비롭게 대하심을 뜻한다. 예레미야 33장 11절에서는 황폐해진 예루살렘의 운명을 야훼께서 되돌리실 때가 되면 **만군의 여호와께 감사하라, 여호와는 선하시니 그 인자하심이 영원하다** 하는 소리가 다시 들리리라고 하고, 나훔 1장 7절 전반절에서는 **여호와는 선하시며 환난 날에 산성이시라**고 한다. 시편 100편 5절과 135편 3절에서도 **여호와는 선하시며**라는 말을 찾아볼 수 있고, 시편 145편 9절에서는 아예 **여호와께서는 모든 것을 선대하시며**(직역하면, '야훼는 모든 것에 좋으시고')라고 노래한다. 또 유다 왕 히스기야는 유월절 규례를 어긴 백성을 위해 역대하 30장 18절에서 기도하면서 하나님을 **선하신 여호와여**라고 불렀다.

[3 : 26] 야훼께서 그렇게 좋으시므로, **사람이 여호와의 구원을 바라고 잠잠히 기다림이 좋도다**라고 26절에서 **나**는 말한다. 그 히브리어 본문은 그 어순이 주는 분위기를 살려 "야훼의 도움을 기다림이, 그것도 침묵함으로 그리함이 좋다." 정도로 직역할 수 있다. 뒤 28절과는 달리 **사람이**라는 주어에 해당하는 낱말이 히브리어 본문에는 따로 없다. 개역개정판에서 '바라고 기다리다'로 옮긴 히브리 동사는 앞 21절과 24절에 나왔던 동사 '호일'이다. 다른 한편으로 **잠잠**함은 앞서 2장 10절에서 **땅에 앉아 잠잠**했다고 한 시온의 장로들처럼 닥친 재난이 엄청나서 할 말을 잃은 결과일 수 있다. 또 3장 8절에서 한탄한 것처럼 울부짖어도 야훼께서 듣지 않으심을 안 사람의 반응일 수도 있다. 아니면 이사야 30장 15절의 권고처럼 기다림에 온통 마음을 쏟아 집중하면서, 도우실 야훼를 절대적으로 신뢰하고 있다는 표일 수 있다. 그런데 시편 39편 9[10]절에서는 자신이 잘못한 것을 두고 하나님이 재난을 주신 것이므로 침묵으로 이를 달게 받아들이는 사람의 모습을 엿볼 수 있다. 여기서도 그런 뜻으로 이해할 만하다. 시편 37편에서는 악인이 번영하는 이해할 수 없는 현실에 직면하더라도 7절에서 야훼를 의지하고 야훼 앞에 침묵하고 야훼를 기다리라고 권고한다. 다른 한편으로 미가 7장 7절에서는 절망적인 사회 상황 가운데서 예언자가 **나를 구원하시는 하나님**(직역하면 '내 도움의 하나님')을 바라보겠다('호일')고 다짐한다.

예레미야애가 3장의 흐름을 볼 때 25~26절은 결국 **나** 자신이 이렇게 하고 있음을 일반화시켜 말하고 있는 것으로 이해할 수 있다.

[3 : 27] 야훼께서 좋으시고, 그 야훼의 도움을 조용히 기다림이 좋다고 한 **내**가 이번에는 27절에서 **사람은 젊었을 때에 멍에를 메는 것이 좋도다**라고 한다. 그런데 그렇게 멍에 메는 주체를 그냥 '사람'이라고 함으로써 그 내용이 앞에서 말한 바와 쉽게 이어지지 않을 것처럼 보인다. 여기서 쓰인 히브리 명사 '게베르'는 1절처럼 '사나이'로 옮기기보다는 그냥 일반 '사람'을 가리키는 말로 보아 그렇게 옮기는 것이 더 낫다.

멍에는 1장 14절에 한 번 나온 적이 있다. 거기서 시온은 자기가 저지른 반역죄들의 멍에가 단단하다고 한탄했는데, 이는 곧 죄들이 자신을 구속하고 있음을 뜻했다. 그런데 **멍에**가 비유로 쓰일 때는 강제로 남을 섬겨야 함을 뜻하는 수가 많다. 레위기 26장 13절과 에스겔 30장 18절에서는 이스라엘 백성이 애굽에서 종살이한 것을, 열왕기상 12장 4~14절(//대하 10 : 4-14)에서는 통치자가 백성에게 강요하는 노동을, 이사야 9장 4[3]절과 10장 27절과 14장 25절과 나훔 1장 13절에서는 하나님의 백성이 앗수르에게 억압당하는 것을, 예레미야 27~28장에서는 바벨론을 섬겨야 하는 것을, 예레미야 2장 20절과 5장 5절에서는 하나님 백성이 억지로 하나님 섬기는 것을 하나님 백성의 멍에로 본다.

예레미야애가 3장 19~39절에서 기도하는 **나**의 음성에서 **내**가 속한 이스라엘 공동체의 고통을 생각할 수 있다면, 27절에서 말하는 **젊었을 때**라는 말에서는 이스라엘 역사의 초기를 떠올릴 수 있다(렘 3 : 24-25 참고). 또 여기서 말하는 **멍에**는 이스라엘이 애굽 종살이하는 것을 가리키는 것으로 볼 수 있다. 그렇지 않고 **젊었을 때**를 말 그대로 그저 한 개인의 삶의 기간을 가리키는 표현으로 본다면, 이는 아직 어려움을 견뎌낼 힘이 있는 동안이라는 뜻으로 이해할 수 있다.

아무튼 27절을 26절과 관련시켜 읽으면, 26절에서 좋다고 하는, 침묵 속의 기다림이 27절에서 말하는 젊었을 때 질 멍에라고 이해할 만하다. 자기에게 닥친 괴로움을 두고 8절에서 말했듯이 울부짖지 말고 26절에서 말했듯이 묵묵히 잘 견뎌 내는 것이 좋다는 것이다.

19~27절은 탄원시에서 흔히 볼 수 있는 급격한 전환을 생각나게 한다(O'Connor 1051과 견주어 보라). 또한 이런 신뢰의 고백은 무엇보다도 지난날 하나님 백성이 야훼를 어떻게 경험했는가 하는 사실에서 비롯됨을 알아차릴 수 있다.

[3 : 28] 3장의 열째 연을 이루는 석 줄의 히브리어 본문은 한결같이 남성 단수 삼인칭 청원형(jussive) 동사로 시작한다. 그리하여 **내**가 제3자에게 바라는 바를 은근히 표현한다. 이런 식으로 **나**는 앞 연 25~27절에서 했듯이 자신의 경험을 일반화한다.

앞 연 마지막 절인 27절에 나왔던 **멍에**의 비유는 열째 연의 첫 절에서도 이어진다. 28절 전반절에서는 멍에를 진 사람이 **혼자 앉아서 잠잠**해야 한다고 말한다. **혼자 앉아서 잠잠할 것은**으로 옮긴 히브리어 본문 자체는 "그는 **혼자 앉아 잠잠**할지라!"로 직역할 수 있다. 여기서 '그'는 앞 26절의 **사람** 곧 젊었을 때 멍에를 질 사람을 가리킨다. 그렇지만 "**혼자 앉아 잠잠**할지라!"는 것 또한 나 자신에게 바라는 바를 제3자에게 권고하듯이 말한 것으로 이해할 수 있다. 그렇다면, 1장 1절에서 자신이 저지른 잘못 때문에 재난을 겪어 외롭게 된 성읍 시온을 두고 **적막하게**(사역 : '홀로') **앉았는고**라고 한 것을 그대로 여기서 **나** 자신의 곤경을 드러내는 표현으로 쓴 셈이다. 이는 앞서 3장 19절 전반절이 1장 7절 첫 줄에서 예루살렘 공동체의 경험을 개별화하고 구체화한 것과 통한다. 다만 3장 28절 전반절에서는 '**잠잠**할지라!'가 덧붙어 있다. 이는 앞서 26절에서 야훼의 도움을 **잠잠히 기다림**이 좋다고 한 말과 잘 맞아 떨어진다.

그리하면서 28절 후반절에서는 **주께서 그것을 그에게 메우셨음이라**고 말하면서 멍에를 질 때 홀로 앉아 침묵해야 할 까닭을 분명히 알려 준다. 그 멍에는 야훼께서 지워 주신 것이기 때문이다! 곧 닥친 재난은 야훼로부터 온 것으로 거기서 벗어나게 해 주실 이도 야훼뿐이시므로 오로지 야훼만 기다리며(24절) 고통을 그저 달게 받아 견뎌야 할 따름이라는 것이다. 이 자체는 야훼를 깊이 신뢰하고 있는 마음의 표현이다. 다만 히브리어 본문에서는 **주께서**라는 말이 없고 그저 정동사 안에 주어가 포함되어 있을 따름이므로, 직역하면 '그가'가 된다.

[3 : 29] 홀로 앉아 침묵으로 멍에를 질 사람에게 권고할 말이 더 남아 있다. 29절 전반절에서 **그대의 입을 땅의 티끌에 댈지어다**라고 함이 그것이다. **그대의 입**이 히브리어 본문에서는 '그의 입'으로 되어 있는데, 이 '그'는 앞 28절에서 야훼께서 그것 곧 멍에를 메워 주신 그 사람을 가리킨다. 티끌에 입을 대려면 적어도 얼굴을 땅바닥에 붙여야 하므로, 이는 자신을 최대한 낮추는 몸짓으로 볼 수 있다. 그리하여 이는 2장 10절에서 시온의 장로들이 **티끌을 머리에 덮어**썼다 한 것과 비슷한 흐름에서 읽을 수 있다. 다른 한편으로 29절 전반절을 읽으면 앞서 16절에서 야훼께서 **재로 나를 덮으셨**다(사역 : '나를 먼지 가운데 짓밟으셨다')고 한탄한 말이 생각난다. 여기서는 스스로 **티끌에 입을 대**라고 한다. 그런데 **재**와 **티끌**은 2장 10절과 3장 16절에서 알아보았듯이 각각 히브리 낱말 '에페르'와 '아파르'의 번역이다. 창세기 18장 27절과 욥기 30장 19절과 43장 6절에서는 발음이 비슷한 '아파르'와 '에페르'를 나란히 써서 자신을 낮춤을 강조하는 표현으로 쓰기도 한다. 그런데 앞에서 침묵할 것을 권고한 것과 관련시켜 생각해 보면, **티끌에 입을** 댄다 함은 결국 그 어떤 경우에도 침묵을 지키겠다는 표로 이해할 수도 있다. 그렇다면 이는 철저하게 침묵에 힘쓸 것을 권고하는 말이 된다.

이토록 철저하게 침묵하며 자신을 낮추어야 하는 까닭을 29절 후반절에서는 **혹시 소망이 있을지로다**라는 말로 밝힌다. **혹시**는 26절에서 바라던 바와 같이 야훼께서 도와주실 것이냐 그리하시지 않을 것이냐 하는 것은 오로지 야훼께 달렸음을 일깨워 준다. 침묵 가운데 달게 멍에를 진다고 해서 곧바로 야훼께로부터 도움이 오는 것이 아니라는 것이다. 이런 표현 가운데에 드러나는 것은 극도로 자신을 삼가는 사람의 마음가짐이다. 여기서 **소망**으로 옮긴 히브리 명사 '티크와'(תִּקְוָה)는 앞서 25절에서 '바라며 기다리다'로 옮긴 동사 '카와'에서 비롯된 말이다. 이처럼 여러모로 이 열째 연은 아홉째 연과 관련된다.

[3 : 30] 야훼의 도움을 바라고 기다리는 자에게 권고하는 말은 아직 끝나지 않았다. **자기를 치는 자에게 뺨을 돌려대**라는 30절 전반절은 내가 이미 다른 사람에게서 어려움을 겪고 있음을 알려 준다. 3장에 들어 있는 **나**의 말 가운데 14절에서 **나**를 조롱한 **내 모든 백성** 말고는 이제까지 하나님 이외에 다른 주체가 등장한 적이 없었는데, 여기서 처음으로 **나**를 괴롭히는 적을 암시하고 있다. 이리하여 1절에서 '그의 노여움의 회초리로 고난을 본 사나이'(사역)라고 자신을 소개한 **나**는 힘센 자에게 얻어맞고 있는 사람이다. 그런데 덜 맞으려고 피하기보다는 뺨을 내주라는 말은 굳이 고난을 피하려 하지 말고 오히려 고난에 용감히 맞서라는 뜻으로 이해할 수 있다. 그냥 얻어맞는 것도 수치스럽지만, 뺨에 얻어맞는다는 것은 더 큰 모욕이 되기 때문이다. 이 권고는 이사야 50장 6절에서 야훼의 종은 그를 때리는 자들에게 등을 내주고 수염 뽑는 자들에게 뺨을 맡긴다고 한 것을 떠올리게 한다.

마침내 예레미야애가 3장 30절 후반절에서는 야훼의 도움을 조용히 기다리는 자에게 **치욕으로 배불릴지어다**라는 말까지 한다. 실컷 부끄러움을 당해 보라는 것이다. 여기서 **치욕**으로 옮긴 히브리 명사 '헤르파'(חֶרְפָּה)는 탄원의 문맥에서 탄원자가 주변 사람들에게서 겪는 어려운 상황을 표현할 때 자주 쓰는 낱말(시 22 : 6[7] ; 31 : 11[12] ; 39 : 8[9] ; 44 : 13[14] ; 69 : 10[11] ; 79 : 4 ; 89 : 41[42] ; 109 : 25 ; 렘 6 : 10 ; 20 : 8 ; 15 : 15 등)로 나중에 61절에 다시 나온다.

[3 : 31] 3장 열한째 연의 각 줄은 원인절을 이끌어 들이는 히브리 접속사 '키'(כִּי)로 시작함으로써 앞 두 연에서 여러모로 권고한 까닭을 집중해서 말한다.

첫째로는 31절에서 **주께서 영원하도록 버리지 아니하실 것**이기 때문이라 한다. 1장에서 세 번(14, 15, 15절), 2장에서 일곱 번(1, 2, 5, 7, 18, 19, 20절) 나왔던 **주**('아도나이')가 3장에서는 여기에 처음으로 나온다. 또 여기서 '버리다'로 옮긴 히브리 동사 '자나흐'(זָנַח)는 오히려 '내쫓다'로 옮기는 것이 좋은데, 2장 7절 첫 문장에서 "주께서 자기 제단을 버리셨도다."(사역)라고 할 때와 3장 17절에서 "그리하여 내 존재는 평화에서 배제되었다."(사역)라고 할 때 이미 쓰인 바 있다. 다른 한편으로 시편 77편 7[8]절에서는 **주께서 영원히 버리실까**('자나흐')라고 생각하며, 44편 23[24]절에서는 **우리를 영원히 버리지**('자나흐') **마소서**라고 기도한다. 마치 이런 물음에 답이라도 하듯이, 예레미야애가 3장 31절에서 **주께서 영원하도록 버리지 아니하실 것**이라 한다. 또한 이 말을 증명이라도 하듯이, 스가랴 10장 6절에서는 야훼께서 유다 집과 요셉 집을 불쌍히 여겨, 그들을 야훼께서 내쫓지('자나흐') 않았던 것처럼, 그들이 돌아오게 하시겠다고 한다. 예레미야애가 3장 31절에서 **나**는, 앞 8절에서 **내가 부르짖**어도 야훼께서 대답하시지 않는다고 해서 야훼께서 곤경에 처한 사람을 영원히 내쫓지는 아니하실 것을 확신한다. 그래서 멍에를 지더라도 철저히 침묵하면서 야훼의 도움을 바라며 온갖 모욕도 꿋꿋이 견디라고 앞에서 권고한 것이다.

[3 : 32] 그렇게 권고할 수 있었던 둘째 까닭으로 32절에서는 **그가 비록 근심하게 하시나 그의 풍부한 인자하심에 따라 긍휼히 여기실 것임이라**고 한다. 야훼께서 괴롭히시더라도 야훼의 사랑('헤셋')이 많아서 불쌍히 여기실 것이

기 때문이라는 것이다. 여기서 **인자하심**으로 옮긴 히브리 낱말을 히브리어 자음 본문에 적힌 대로 읽으면 '헤셋'의 단수형이지만, 히브리 모음 부호를 만들어 붙인 학자들의 제안을 따르면 복수형으로 읽을 수 있다. 그럴 경우에는 앞 22절에서 말한 **여호와의 인자**(사역 : '야훼의 사랑의 증거들')를 여기서 다시 말하고 있는 셈이 된다. 그렇지만 '헤셋'을 단수로 읽어도 큰 문제는 없다. 그와 아울러 **긍휼히 여기실 것임이라**는 22절에서 **긍휼이 무궁하시므로**라고 함과 통한다. 다른 한편으로 '**근심하게 하**다'로 옮긴 히브리 동사 '호가'는 본디 '괴롭히다'를 뜻한다. 이 동사를 1장 5절과 12절에서는 각각 '**곤고하게 하**다'와 '**괴롭게 하**다'로 번역했는데, 두 경우 다 그 주체는 야훼이시고 대상은 시온이다. 이리하여 여기서도 시온 공동체의 야훼 경험이 전제되어 있다.

[3 : 33] 가깝고 좁게는 30절의 내용으로, 멀고 넓게는 26~29절의 내용으로 일반인을 염두에 두고 권고하는 방식으로 말할 수 있었던 또 다른 근거가 무엇인지를 이제 33절에서 **나는, 주께서 인생으로 고생하게 하시며 근심하게 하심은 본심이 아니시**라는 점을 말한다. 그 히브리어 문장은 "그는 그의 마음에서부터 억누르지 아니하고 사람들을 슬프게 아니 하심이로다."로 직역할 수 있다. '**고생하게 하**다'(사역 : '억누르다')와 '**근심하게 하**다'(사역 : '슬프게 하다')는 실제로 같은 뜻을 지니는데, 야훼께서는 사람에게 즐겨 그리하시지 않고 야훼께서도 어쩔 수 없이 재난을 내리실 뿐임을 이렇게 비슷한 뜻의 두 동사를 써서 강하게 표현한 것이다. 여기에는 3장에서는 아직까지 한 번도 분명하게 언급한 적이 없지만 사람이 저지른 잘못 때문에 마지못해 하나님이 그 사람을 벌하신다는 뜻이 들어 있다. '**근심하게 하**다'로 옮긴 히브리 동사는 앞서 32절에서 '**근심하게 하**다'로 옮긴 동사와 뿌리는 같고 줄기만 다를 따름이다.

[3 : 34] 3장의 열두째 연인 34~36절은 각 절이 히브리어의 열두째 자모인 '라멧'(ל)으로 시작하는데, 이 '라멧'이 이끌어 들이는 세 가지 부정사 연계형은 36절 후반절에서야 비로소 나오는 술어동사의 목적어가 된다. 그리하여 그 부분을 먼저 살펴볼 필요가 있다. 개역개정판에서 **다 주께서 기쁘게 보시는 것이 아니로다**라고 옮긴 36절 후반절 히브리어 본문은 대부분의 번역본에서 하듯이(공동번역, 표준새번역, *NIV*, *NRSV*, *LB*, *ZB*, *BJ*, *Buber*) "주께서 보시지 않았으랴?"라는 수사의문문으로 이해하는 것이 글의 흐름에 들어맞는다. 여기서 31절에 나왔던 **주**('아도나이')가 다시 주어로 나왔는데, 그 주어를 술어동사보다 앞세워 강조한다. 그러니까 주님만은 반드시 보셨다는 것이다. 이렇게 주께서 보신 것이 34~36절 전반절에서 말한 세 가지다.

그 첫째가 34절에서 말하는 **세상에 있는 모든 갇힌 자들을 발로 밟는 것**(직역하면, '땅의 갇힌 자를 다 자신의 두 발 아래에서 부서뜨리는 것')이다. 구약성경에서 나오는 **갇힌 자**로는 요셉(창 39 : 20)과 삼손(삿 16 : 21, 25)이 있는데, 흔히 정복전쟁에서 이긴 쪽에서 사로잡아 온 사람들을 가두어 놓고 온갖 일을 시키기도 했다(사 14 : 17 ; 시 79 : 11 ; 102 : 20[21]). 시편 68편 5[6]~6[7]절에서는 하나님이 돌보고 도우시는 약한 자로서 **고아**, **과부**, **고독한 자**와 나란히 **갇힌 자**를 든다. 시편 69편 33[34]절의 **갇힌 자**들은 야훼를 진실히 섬기다가 어려움을 겪는 사람들로 야훼께서 특별한 관심을 두시는 대상이다. 예레미야애가 3장 34절에서 말하는 **갇힌 자**들은 정복자에게 사로잡힌 사람들을 가리키는 것으로 보인다. 이런 약자들을 **발로 밟는**다 함은 아주 잔인하게 다룸을 뜻하는데, 이는 참으로 사람답지 못한 처사다. 이 구절을 읽으면, 전쟁 포로들을 다른 나라 사람들에게 넘기는 것을 문제 삼는 아모스 1장 6절이 생각난다. 이처럼 예레미야애가 3장 34절의 밑바닥에도 공동체의 경험이 깔려 있다.

[3 : 35] 둘째로 주께서 틀림없이 보셨을 것으로 35절에서는 **지존자의 얼굴 앞**

에서 사람의 재판을 굽게 하는 것을 말한다. 여기서 **지존자** 곧 '가장 높으신 이'로 옮긴 히브리 낱말 '엘룐'(עֶלְיוֹן)은 구약성경에서 야훼 하나님의 별명 가운데 하나로 쓰인다(창 14 : 22 ; 삼하 22 : 14//시 18 : 13[14] ; 시 21 : 7[8] 등).[1] **사람**은 히브리 낱말 '게베르'의 번역인데, 이 경우 '게베르'는 앞 1절처럼 사나이를 뜻한다기보다는 앞 27절처럼 그냥 사람 일반을 가리킨다. **사람의 재판**으로 옮긴 히브리어 표현 '미쉬팟 게베르'(מִשְׁפַּט־גָּבֶר)에서 '미쉬팟'(מִשְׁפָּט) 그 자체는 재판이나 법이나 정의를 뜻할 수 있다. 또 여기서 '**구부리다**'로 사역한 히브리 동사 '힛타'(הַטָּה)가 '미쉬팟'만을 목적어로 할 때는 '재판을 구부리다'(신 16 : 19)나 '정의를 구부리다'(출 23 : 6)를 뜻할 수 있다. 그러나 '미쉬팟'의 주체를 가리키는 낱말이 뒤에 붙을 때에는 조금 달리 볼 수 있다. 이를테면 신명기 24장 17절에서는 "나그네와 고아의 '미쉬팟'"이라 하고, 27장 19절에서 "나그네와 고아와 과부의 '미쉬팟'"이라고 하는데, 이런 경우에 '미쉬팟'은 권리로 이해하는 것이 더 낫다(*HAL* 616a, 655a). 이를 일반화하여 "사람의 '미쉬팟'"이라고 한 예레미야애가 3장 35장의 경우에도 '미쉬팟'을 권리로 이해할 수 있다(*NJPST*, *NIV*, *NRSV*, *LB*, *ZB* ; Berges 171 ; Renkema 333). 이는 재판의 문제는 바로 다음 절인 36절에서 따로 다룬다는 사실로도 뒷받침할 수 있다. 공동번역과 표준새번역에서 '미쉬팟 게베르'를 인권(人權)으로 옮긴 것도 이를 따른 것으로 보인다.

사람의 권리를 구부린다 함은 사람이 제 권리를 제대로 쓸 수 없게 만든다, 이른바 인권을 짓밟는다는 뜻으로 이해할 수 있다. 이는 특히 한 사회에서 힘이 없는 사람들에게 흔히 일어날 수 있는 상황이다. 그런데 그런 짓을 '가장 높으신 이의 얼굴 맞은쪽에서' 곧 창조주 하나님이 보시는 데서 한다는 것은 몹시 뻔뻔스런 짓이다.

---

1) 이에 대해서는 졸고, "다니엘서의 하나님 이름," 「장신논단」 30 (2007. 12) 3.3.(1)을 참고하라.

[3 : 36] 셋째로 주께서 반드시 보셨을 것으로 36절 전반절에서는 **사람의 송사를 억울하게 하는 것**을 든다. 그 히브리어 표현은 '사람을 그의 소송에서 억누르는 것'으로 직역할 수 있다. 여기서 '억누르다'를 뜻하는 히브리 동사 '이웻'(עִוֵּת)이 욥기 8장 3절에서는 **정의**('미쉬팟')와 **공의**('체덱')를 목적어로 하여 두 번 쓰이고, 34장 12절에서는 **공의**('미쉬팟')를 목적어로 하여 쓰이면서 '구부리다'를 뜻한다. 더 나아가서 욥기 19장 6절에서 욥이 **하나님이 나를 억울하게 하시고**('이웻')라고 말하는데, 이 경우에 '이웻'은 사람을 억누른다는 뜻으로 이해할 수 있다(*HAL* 760b). 소송에서 사람을 억누른다 함은 소송에서 사람을 부당하게 대함을 뜻한다. 곧 소송을 정의롭게 하지 않는다는 뜻이다. '**억울하게 하다**' 곧 '억누르다'라는 동사에서 비롯된 낱말인 **억울함**은 나중에 59절에 나온다.

이처럼 갇힌 자를 괴롭히고, 사람의 권리를 짓밟으며, 소송에서 사람을 억누르는 것은 결국 사회적 약자에 특별한 관심을 두시는 야훼의 뜻에 어긋나는 일이다. 이는 우선 유다 공동체 안의 불의한 현실을 염두에 둔 말로 이해할 수 있다. 그렇다면 **나**는 지금 자신에게 닥친 고난이 유다 공동체의 이런 상황에서 빚어진 것으로 이해하고 있는 듯하다. 1~2장과는 달리 3장에서는 **나**를 괴롭힌 사람 원수들이 아직까지는 앞서 30절에서 암시되었을 따름이다. 그렇지만 예레미야애가 전체의 흐름에서 본다면, 34~36절에서는 유다 사람들이 정복자들에게 겪는 괴로움을 말하는 것으로 볼 수도 있다.

[3 : 37] 3장의 열셋째 연은 각각 히브리어의 열셋째 자모인 '멤'(מ)으로 시작하는 낱말로 시작하는 세 줄로 이루어지는데, 그 첫 줄과 마지막 줄의 첫 낱말은 각각 의문사 '미'(מִי, '누가')와 '마'(מָה, '무엇이', '어찌')이다.

나는 37절에서 모든 것이 하나님의 명령으로 이루어졌다는 점을 **주의 명령이 아니면 누가 이것을 능히 말하여 이루게 할 수 있으랴**는 격정적인 수사의문문으로 강하게 표현한다. 그 히브리어 본문은 "도대체 누가 말하자 그것이 이루어졌는가? 주께서 명령하시지 않았는가?"로 직역할 수 있다. 여기서도 36절에 뒤이어 야훼 대신 주('아도나이')가 주어로 쓰일 뿐만 아니라 주어를 술어동사보다 앞세워 강조한다. 이런 식으로 말씀하신 대로 이루어지게 하시는 이는 오직 **주**이심을 똑똑히 표현한다. 이 37절은 2장 17절 첫 두 줄을 생각나게 한다. 그런데 2장 17절 셋째 줄에서 언급한 원수들이 3장 37절에는 나타나지 않는다. 이런 식으로 3장의 **나**는 모든 고난을 주 야훼께서 주셨음을 2장보다 더 강하게 드러낸다. 그렇지만 이 경우에는 야훼를 원망한다기보다는 야훼께서 이 세상 모든 일을 홀로 이끌어 가심을 확실히 알고 있다는 고백을 하는 것으로 이해할 수 있다. 더 나아가서 이 구절은 시편 33편 9절과 비슷하다. 그 찬양시에서 시인은 야훼 **그가 말씀하시매 이루어졌으며 명령하시매 견고히 섰도다**라고 고백한다.

[3 : 38] 그렇게 이루어지는 것이 언제나 좋은 일만은 아님을 38절에서 **화와 복이 지존자의 입으로부터 나오지 아니하느냐**라는 수사의문문으로 밝힌다. 여기서 **화와 복**으로 옮긴 히브리어 표현은 '나쁜 것들과 좋은 것'으로 직역할 수 있다. **지존자** 곧 '가장 높으신 이'라는 낱말은 앞서 35절에 나온 바 있다. 그 **지존자의 입으로부터 나**온다 함으로써, 앞서 37절에서 야훼께서 말씀하신 대로 이루어진다는 것을 조금 달리 표현한다. '좋은 것'이라는 단수형 앞에 '나쁜 것들'이라는 복수형을 앞세움이 또한 눈에 띈다. **내**가 겪는 곤경이 극심함이 이런 식으로 반영된 것으로 보인다. 이는 욥이 **우리가 하나님께 복**(사역 : '좋은 것')**을 받았은즉 화**(사역 : '나쁜 것')**도 받지 아니하겠느냐**라고 욥기 2장 10절에서 말한 것과 견주어 보더라도 차이가 난다. 그렇더라도 이 말 또한 예레미야애가 3장의 흐름에 비추어 보면, 야훼에 대한 신뢰의 고백으로 이해할 수 있다. 이 점에서는 욥기 2장 10절과 잘 통한다.

[3 : 39] 그렇게 '나쁜 것들'도 야훼께로부터 온 것이라면 이는 결국 사람이 저

지른 잘못 때문에 그리 된 것이니 불평할 수 없다는 점을 39절에서 말한다. **살아 있는 사람은 자기 죄들 때문에 벌을 받나니 어찌 원망하랴**라고 옮긴 히브리어 본문은 어순을 살려 "어찌 산 사람이 불평하랴? 사람은 자기 죄 탓인걸."로 바꾸어 번역해 볼 만하다. 여기서 **죄**는 1장 8절에서 **예루살렘이 크게 범죄**했다고 할 때 동사 '핫타'와 함께 썼던 명사 '헷'의 번역이다. '**원망하**다'(사역 : '불평하다')로 옮긴 히브리 동사는 구약성서에서 이곳 말고는 딱 한 번 더 민수기 11장 1절에 나온다. 거기서는 광야 길을 가던 이스라엘 백성이 야훼께 원망하다가 야훼께서 진노하여 보내신 불 때문에 고생하게 된다. 이리하여 예레미야애가 3장 39절에서도 이스라엘 공동체의 역사 경험이 그 배경을 이룸을 알아차릴 수 있다.
다만 여기서는 그냥 "어찌 사람이 불평하랴?"라고 하지 않고 "어찌 산 사람이 불평하랴?"라고 함으로써 고통스럽기는 하지만 살아 있다는 자체만 해도 아직은 감사하다는 생각을 엿볼 수 있게 한다. 이런 말에서는 공동체에 닥친 큰 재난에서 아직 살아남은 사람들의 상황을 생각해 볼 수 있다. 이는 곧바로 "사람은 자기 죄 탓인걸."이라고 한 바와 잘 이어진다. 그 히브리어 문장은 "사람이 자기 죄 위에 있다."로 직역할 수 있다. 이리하여 **나**는 "사람이 어리석도다. 자기 길을 그르치도다. 그러고서도 마음으로는 야훼께 화를 내도다."(사역)라는 잠언 19장 3절에서 경고하는 어리석음을 저지르지 않는다. 이처럼 **나**는 고난을 겪더라도 그것을 자기가 저지른 죄 탓인 줄 알아 야훼께 불평하지 말고 달게 받아 견디며 야훼의 도움을 기다릴 것을 권고한다. 예레미야애가 3장의 흐름으로 보면 39절 후반절에서 말하는 죄는 무엇보다도 앞서 34~36절에서 세 가지 보기를 들면서 하나님이 기쁘게 보시지 않는다고 말한 것, 곧 사회적 약자를 괴롭히는 잘못을 가리키는 것으로 이해할 수 있다.

자신이 겪는 고난과 고향을 잃고 헤맴을 기억해 주십사 하고 19절에서 야훼께 기도하기 시작한 **나**는 자신이 야훼를 신뢰하며 기다린다는 뜻을 밝힌다고 몇 마디 한 다음에는 자신이 한 말을 길게 24~39절에서 인용한다. 그런데 바로 이 긴 인용에서 자신의 잘못을 드러나게 인정하고 고백하는 말은 찾아볼 수 없다. 다만 39절 끝에서 자신의 경험을 일반화하여 다른 사람들에게 말하는 가운데 죄를 언급할 따름이다. 이처럼 여기서 시인은 무엇보다도 고난 가운데 있는 사람이 야훼 앞에서 어떻게 처신해야 하는지를 말한다. 이리하여 19~39절이 큰 틀에서 보면 야훼께 하는 기도이지만, 실제로는 자신을 비롯하여 고난에 처한 사람들이 어떻게 처신해야 하는지를 생각해 본 결과를 알려 준다.

이는 1~18절에서 엿볼 수 있었던 **나**의 모습과도 잘 어울린다. **나**는 한편으로는 자기가 속한 공동체의 고난을 온몸과 온 마음으로 겪고 다른 한편으로는 공동체의 다른 구성원들로부터 억울하게 큰 어려움을 겪고 있지만, 고난 공동체에 속한 다른 사람들에게, 이 고난을 야훼에 대한 절대적인 신뢰와 기대 가운데서 견뎌 내는 법을 은근하게 알려 주는 사람이다.

설교를 위한 묵상

이러한 나의 기도에서 오늘 우리 그리스도인들도 여러 가지 가르침을 깨닫는다. 첫째, 자신이 속한 공동체에 닥친 어려움을 함께 겪을 뿐만 아니라 그에 덧붙여 억울하게 같은 믿음의 공동체에 속한 다른 사람들에게 어려움을 겪는다 하더라도 참된 믿음의 사람은 하나님께 나아갈 수 있다. 둘째, 하나님의 끝없는 사랑과 자비만이 자신의 희망임을 새롭게 확인할 수 있다. 셋째, 자신을 괴롭히는 사람들에게조차 이처럼 고난 가운데서, 사람에게 고난 주시기를 결코 즐겨하시지 않는 하나님만 바라보고 담담히 견뎌 낼 것을 여러모로 권고할 수 있다. 넷째, 약자를 괴롭힌 잘못 때문에 믿음의 공동체에 어려움이 닥친 것을 깨우칠 수 있다.

3. "우리가 여호와께로 돌아가자"(3 : 40-41)

40 우리가 스스로 우리의 행위들을 조사하고
여호와께로 돌아가자
41 우리의 마음과 손을 아울러
하늘에 계신 하나님께 들자

앞서 24~39절에서 **내**가 은근히 권고하는 말을 고난 공동체의 다른 구성원들이 듣고 반응하듯이 40절 이하에서는 **우리**의 말이 나온다. 바로 이런 점에서 24~41절에서도 3장 13~22절과 마찬가지로 옛 유다 공동체의 모임이나 예배에서 인도자와 회중이 서로 번갈아 노래하는 모습을 그려 보게 한다.

40~41절에서 이들은 무엇보다도 **여호와께로 돌아가자**고 서로 이야기한다. 이처럼 40~41절은 어려움을 겪는 사람들이 야훼께 아뢰는 말이 아니고 자기들끼리 나누는 말이다. 이 점에서 호세아 6장 1절과 비슷하다.

[3 : 40] 우리끼리 하는 말의 첫 마디는 **스스로 우리의 행위들을 조사하**자는 40절 전반절이다. 그 히브리어 문장은 "우리의 길들을 살피고 따져 보자!"로 직역할 수 있다. 여기서 '길들'은 살아온 방식을 뜻한다. **조사**한다 곧 살피고 따져 본다 함은 자세히 돌이켜 봄을 말한다. 뒤이어 40절 후반절에서 **여호와께로 돌아가자**고 할 때, '께로'를 뜻하는 히브리 전치사가 다르기는 하지만, 같은 내용의 말을 호세아 6장 1절에서 찾아볼 수 있다. 본디 이런 말은 **내게로 돌아오라**고 하신 야훼의 말씀(욜 2 : 12 ; 슥 1 : 3 ; 말 3 : 7)이나 **여호와께로 돌아올지어다** 또는 **돌아오라**고 예언자(욜 2 : 13)나 왕(대하 30 : 6)이 권유하는 말에 대한 응답처럼 들린다.

예레미야애가 3장 40절의 말은 특히 바로 앞 39절 끝에서 **내**가 "사람은 자기 죄 탓인걸."(사역)이라고 한 말과 잘 이어진다. 이런 흐름에서 40절을 읽으면서, 39절 끝에서 **내**가 하는 말을 들은 **우리**로서는 자기들에게 어떤 죄가 있는지 살피고 따져 볼 생각을 하게 된 것으로 보인다.

[3 : 41] **우리**는 자기들이 하나님께 돌아가는 구체적인 모습으로 41절에서 **우리의 마음과 손을 아울러 하늘에 계신 하나님께 들자**고 한다. **우리의 마음과 손을 아울러**로 옮긴 히브리어 표현은 "양 손바닥에다 우리의 마음도"로 직역할 수 있다. 예레미야애가에서 '**손**바닥'이라는 낱말은 2장 15절에 맨 처음 나왔다. 거기서는 재난을 당한 예루살렘을 비웃고 놀리느라 지나가는 사람들이 **박수**쳤다(사역 : '양 손바닥을 마주쳤다')고 했다. 그다음으로 2장 19절에서 시온의 성벽에게 어린이들을 위해 기도하라고 하면서 **손**바닥**을 들지어다**라고 말할 때 쓰인 적이 있다. 이와 비슷한 경우가 3장 41절이다. 손바닥을 든다 함은 손을 편 채 위로 뻗침을 말하는데, 이것이 때로는 찬양의 몸짓이기도 하지만(시 63 : 4[5]), 여기서는 기도하는 몸짓으로 이해하는 것이 낫기 때문이다. 다른 데서는 손바닥을 편다고 하기도 한다(출 9 : 29 ; 사 1 : 15 참고). 시편 28편 2절에서는 지성소를 향하여 그냥 손을 든다고 한다. 예레미야애가 3장 41절에서 **우리**는 손바닥만 하나님께로 들 것이 아니라 **우리의 마음**도 그리하자고 한다. 이는 겉으로만 기도하는 척 하자는 것이 아니라 속에서부터 우러나게 기도하자는 뜻이다. 글의 흐름으로 볼 때 이 기도는 물론 야훼께 돌아가는 기도, 참회의 기도다.

그런데 야훼를 가리켜 여기서는 **하늘에 계신 하나님**이라 한다. 이는 하늘을 야훼 하나님이 계시는 곳으로 보는 시편 115편 3절, 2편 4절, 신명기 26장 15절, 열왕기상 8장 30절을 생각나게 한다.[2]

---

2) 이에 대해서는 졸고, "다니엘서의 하나님 이름," 「장신논단」 30 (2008. 2) 3.1.(1)③을 참고하라.

포로기 유다 백성이 40~41절에서 서로에게 하는 말이 오늘의 그리스도인들에게 큰 가르침을 준다. 범죄하여 어려움을 겪게 된 하나님 백성의 공동체에 속한 그리스도인들이 무엇보다도 힘쓸 일은 자신들의 행위들을 스스로 잘 살피고 따져 보고 하나님께로 돌아가는 것이다. 그리하면서 온몸과 온 맘을 다해 하나님께 기도할 수 있다.

4. "우리의 범죄함과 반역함을"(3 : 42–47)

42 우리의 범죄함과 우리의 반역함을
주께서 사하지 아니하시고
43 진노로 자신을 가리시고 우리를 추격하시며
죽이시고 긍휼을 베풀지 아니하셨나이다
44 주께서 구름으로 자신을 가리사
기도가 상달되지 못하게 하시고
45 우리를 뭇 나라 가운데에서
쓰레기와 폐물로 삼으셨으므로
46 우리의 모든 원수들이
우리를 향하여 그들의 입을 크게 벌렸나이다
47 두려움과 함정과
파멸과 멸망이 우리에게 임하였도다

40~41절에서 야훼께 돌아가자고 말한 **우리**는 자신들이 말한 바를 실천이라도 하려는 듯이 42~47절에서 야훼께 기도한다. 우리끼리 이야기하는

40~41절과는 달리 42~45절에서는 야훼를 이인칭으로 부른다. 개역개정판의 **주**가 바로 그 이인칭의 번역이다. 46~47절에서는 이 주가 나타나지 않지만, 글의 흐름으로 보아 42절 후반절~45절에서 야훼께서 우리에게 행하신 바의 결과로 이해할 수 있다. 이리하여 42~47절 전체를 우리가 야훼께 아뢰는 말로 읽을 수 있다. 따라서 개역개정판 47절 끝의 **임하였도다**는 46절의 **벌렸나이다**처럼 '**임하였**나이**다**'라는 높임말로 바꾸어 옮길 필요가 있다.

42절 전반절을 개역개정판에서는 **우리의 범죄함과 우리의 반역함을**이라는 목적격 명사구로 옮겼는데 그 히브리어 본문은 "저희야말로 **범죄**하고 **반역**했습니다."라고 직역할 수 있는 문장으로 되어 있다. 이는 죄의 고백이다. 이처럼 **우리**는 맨 먼저 자신들의 죄를 고백한다. 그리고는 42절 후반절에서 야훼께서 용서하시지 않았다고 하고, 그 뒤로는 야훼께서 자기들을 어떻게 벌하셨는지를 여러 가지로 밝히며 탄식한다. 43절에서는 야훼께서 자기들을 뒤쫓아와서 사정없이 죽이셨다고, 44절에서는 기도가 이르지 못하게 하셨다고, 45절에서는 세상에서 천한 존재로 만드셨다고 한다. 그 결과로 자기들이 겪는 수치를 46절에서 말하고, 47절에서는 자기들의 처참한 상황을 요약한다.

이리하여 42절 전반절은 범죄 고백, 42절 후반절~45절은 야훼의 조치를 두고 한탄하는 말, 46절은 적들의 행태를 고발하는 말, 47절은 우리의 곤경을 두고 탄식하는 말로 볼 수 있는데, 이 모든 것은 공동체 탄원시에서 찾아볼 수 있는 요소다.

[3 : 42] **우리**가 첫머리 42절 전반절에서 한 죄의 고백, "저희야말로 **범죄**하고 **반역**했습니다."(사역)는 39절에서 "사람은 자기 죄 탓인걸."(사역)이라고 한 **나**의 말에 따라 40절에서 **우리**가 자기들의 **행위들을 조사하고**(사역 : '길들을 살펴 따져 보고') **여호와께 돌아가**기로 한 결과로 이해할 만하다. "저희야말로 **범죄**하고 **반역**했습니다."라는 뜻의 히브리어 문장에서는 주어를 그 술어동사

에서 이미 알 수 있는데도, 인칭대명사를 따로 씀으로써 주어를 강조한다. 여기서 **우리**는 무엇보다도 야훼 하나님께 맞서고 그를 거슬렀던 잘못을 고백한다. '**범죄**하다'를 뜻하는 히브리 동사 '파샤으'(פָּשַׁע)의 명사형 '페샤으'는 1장 5절, 14절, 22절에서 시인이 시온의 죄를 두고 말할 때 나왔고, '**반역**하다'를 뜻하는 동사 '마라'는 1장 18절과 20절에서 시온 스스로 자신의 잘못을 인정할 때 쓴 적이 있다. 이리하여 3장 42절 전반절에서 말하는 주체인 **우리**는 시온 주민을 비롯하여 유다 백성임이 분명해진다.

42절 후반절에서는 **주께서 사하지 아니하**셨다고 한다. 그 히브리어 문장에서는 전반절과 마찬가지로 술어동사에서 이미 알 수 있는 주어를, 단수 남성 이인칭대명사('당신')를 따로 써서 강조한다. 여기서 야훼께서 용서하시지 않았다고 함은, 뒤이어 나오는 43~47절의 내용으로 미루어 볼 때, 야훼를 원망하는 말이라기보다는 고난 상황이 끝나지 않고 지금도 계속되고 있음을 표현하는 말로 이해할 수 있다.

[3 : 43] 야훼께서 용서하시지 않았다는 사실을 43절에서는 조금 달리 말한다. 2장 1절에서 시인이 **슬프다 주께서 어찌 그리 진노하사 딸 시온을 구름으로 덮으셨는가**라고 한탄한 것과는 달리 3장 43절 전반절 앞부분에서는 야훼께서 **진노로 자신을 가리**셨다고 한다. 이 말에서는 야훼의 진노가 야훼의 모습을 가릴 정도로 큼을 느낄 수 있다. 이는 야훼께서 여전히 **우리**를 노여워하셔서 **우리**에게 나타나시려 하지 않음을 뜻한다. 야훼의 **진노**('압')는 2장에서 여러 번 언급되었던 주제 가운데 하나다(1, 3, 6, 21, 22절).

뒤이어 3장 43절 전반절 뒷부분에서 야훼께서 **우리를 추격하셨**다고 하는데, '**추격하**다'라는 동사 '라답'을 1장 3절에서는 '**핍박하**다'로, 6절에서는 '**뒤쫓**다'로 번역하면서, 시온과 시온의 적을 각각 목적어와 주어로 하여 쓰였다. 이런 흐름에서 3장 43절 전반절을 읽으면, 야훼께서 **우리**의 적처럼 되셨음을 느끼게 된다(2 : 4-5 참고).

43절 후반절에서는 그 야훼께서 **죽이시고 긍휼을 베풀지 아니하셨**다고 한탄한다. **긍휼을 베풀지 아니하셨**다 함은 2장 2절, 17절, 21절에서 한결같이 야훼께서 당신의 백성에게 재난을 내리셨다고 하는 말에 같이 나왔다. '**죽이**다'라는 동사도 2장 4절과 21절에서 야훼께서 당신의 백성을 대상으로 그리하셨다고 할 때 쓰였다.

[3 : 44] 우리는 44절에서 이렇게 노여움을 품고 자신을 감추시며 원수처럼 뒤쫓아와 사정없이 죽이시는 야훼께서는 **구름으로 자신을 가리사 기도가 상달되지 못하게 하셨**다고 아뢴다. 기도가 이르지 못하도록 구름으로 자신을 가리셨다는 것이다. 2장 1절에서는 주께서 당신의 진노 가운데 시온을 구름으로 덮으신다고 했고, 3장 43절에서는 진노로 자신을 가리셨다고 했는데, 여기서는 야훼께서 자신을 구름으로 가리셨다고 한다. 야훼께서는 출애굽기 19장 9절에서 모세에게 당신이 구름 가운데 모세에게 오시겠다고 말씀하셨고, 신명기 4장 11절에서는 호렙 산에서 야훼께서 말씀하실 때 불과 어둠과 구름과 흑암이 산을 덮고 있었다고 한다. 그 뒤로는 야훼께서 구름 기둥 가운데 내려오셔서 만남의 장막에서 말씀하셨는데 민수기 12장 5절에서는 아론과 미리암에게, 신명기 31장 15절에서는 모세와 여호수아에게 그리하셨다. 이처럼 야훼는 구름으로 가려진 채 사람들에게 오셨다. 그런데 예레미야애가 3장 44절에서는 구름 때문에 기도가 야훼께 이르지 못한다고 한다. 히브리어 본문으로 보면 앞 43절에 나오는 **진노**의 자리에 44절에서는 **구름**이 들어 있어서, 진노가 구름처럼 야훼를 가리고 있음을 느끼게 한다. 43절에서는 진노로 스스로 가리신 야훼께서 움직이셔서 **우리**를 뒤쫓아 와 사정없이 죽이셨다고 했다면, 여기서는 기도가 마치 제 혼자 힘으로 움직일 수 있는 생명체가 된 것처럼 야훼께 이르려고 했지만(시 141 : 2 ; 계 8 : 4 참고) 그리하지 못한 것으로 묘사한다. 실제로 이는 곤경 가운데 있는 백성이 야훼께 울부짖는 기도를 야훼께서 듣지 아니하심을 뜻한다. 앞서 8절에서 **내가 부르짖어 도움을**

구하나 야훼께서 **내 기도를 물리치**셨다고 한 것과 통한다. 이처럼 야훼를 가리고 있는 구름 때문에 기도가 이르지 못했다 함도 결국은 **우리**의 고난 상황이 아직 끝날 수 없음을 뜻한다.

[3 : 45] 이렇게 자기들의 하나님께 외면당하는 백성은 세상의 천덕꾸러기가 될 수밖에 없음을 45절이 알려 준다. **우리**는 야훼께서 자기들을 **뭇 나라 가운데에서 쓰레기와 폐물로 만드셨**다고 탄식한다. 여기서 **뭇 나라**로 옮긴 히브리 낱말은 '백성들'로 직역할 수 있고, **폐물**로 옮긴 히브리 낱말은 '내버리다'는 뜻의 동사에서 비롯된 명사로 '내버린 것'을 뜻하는데 이 경우에는 '오물'로 번역할 만하다(*HAL* 512a, 표준새번역, *LB* 참고). 결국 45절에서 말하려는 것은, 한때 이 땅의 백성들 가운데서 야훼의 백성으로 뽑혀 야훼께 특별한 대우를 받는 영광을 누렸지만(신 4 : 7–8 ; 7 : 6–8 참고), 지금은 야훼를 거스르다가 바로 그 야훼께 버림받아 가장 천한 백성이 되고 말았다는 것이다.

[3 : 46] 이리하여 이제 남은 것은 적들로부터 비웃음과 위협을 당하는 것뿐이라고 **우리**는 46절에서 아뢴다. 2장 16절에서 시인이 시온을 두고 **네 모든 원수들**이 **너를 향하여 그들의 입을 벌리며**라고 탄식했다면, 여기서는 시온 공동체에 속한 사람들 스스로 **우리의 모든 원수들이 우리를 향하여 그들의 입을 크게 벌렸나이다**라고 한탄한다. 1~2장에서는 여러 번(1 : 2, 5, 9, 16 ; 2 : 3, 4, 5, 7, 16, 17, 22) 나왔던 **원수**('오옙')가 3장에서는 46절에 이르러 처음 나온다. 또 그와 비슷한 말인 **대적**('차르')은 3장에 한 번도 나오지 않는다. 이처럼 원수나 대적이 3장에서 지금까지는 아직 그리 큰 관심의 대상이 아니다. 그보다는 모든 고통을 주신 이가 야훼이시고, 그 고통에서 건져 내실 이도 야훼시라는 점에 집중한다. 그렇지만 **원수**라는 낱말은 나중에 52절에 한 번 더 나오고, 60~66절에서는 **원수**나 **대적**이라는 낱말은 나오지 않으나 실제로 원수들의 문제를 여러 가지로 다룬다.

[3 : 47] 이 모든 일로 **우리**가 안팎으로 엄청난 어려움을 겪게 되었음을 47절에서는 네 개의 명사로 요약하여 아뢴다. **두려움과 함정과 파멸과 멸망이 우리에게 임하였도다**라는 말에서 **파멸**과 **멸망**으로 옮긴 히브리 낱말은 각각 본디 '황폐해짐'과 '깨짐'을 뜻한다. **두려움**은 아무에게도 보호를 받지 못하는 상황에서 **우리**가 느끼는 정신적인 어려움을 말하고, **함정**은 외부의 위협과 공격이 언제나 닥칠 수 있음을 알려 준다. **두려움과 함정**은 이사야 24장 17절과 예레미야 48장 43절에서 각각 온 땅과 모압에 야훼께서 재난을 내리심을 말할 때도 나란히 나왔다. **파멸과 멸망**은 망가질 대로 망가진 모습을 가리킨다. 특히 **멸망**으로 옮긴 히브리 낱말 '셰베르'는 2장 11절에서 나온 특별한 표현, **딸 내 백성**('바트암미')**이 패망**('셰베르')**하여**(사역 : '딸 내 백성의 상처 때문에') 가운데 이미 나온 적이 있다. 거기서는 '딸 내 백성의 상처'('셰베르 바트암미')는 바로 다음 절인 3장 48절에 다시 나온다. 또 2장 13절에서 나오는 '셰베르'도 '상처'로 옮기는 것이 더 나음은 이미 앞에서 알아본 바 있다.

야훼께 돌아가자고 하는 말에 이어 나온 기도에서 고난의 공동체는 자신들의 죄를 짧게 고백하고는 야훼께서 자신들을 노여워하여 재난을 내리신 하나님이 아직 자신들을 용서하시지 않아 자신들이 계속 어려운 처지에 있고 원수들에게 모욕당하고 위협당하고 있다고 호소하고 있을 따름이다. 이 점에서는 19절에서 그저 "제 고난과 제 고향 없이 헤맴을 기억하십시오!"(사역)라고만 1~39절의 **내**가 기도한 것과 통한다. 다른 한편으로는 1장 9절 셋째 줄, 11절 셋째 줄, 20절 첫 줄, 2장 20절 첫 줄에서 시온이 그저 '보십시오!'(사역)라고만 기도한 것과 이어진다. 이 순간 야훼께 돌아가기로 하고 기도하는 고난 공동체에게는 야훼께 자신들의 어려운 상황을 상세히 아뢰는 것이 가장 중요했던 것으로 보인다.

오늘 그리스도인들도 범죄를 고백했다고 해서 곧바로 하나님이 용서하시고 모든 것을 회복시켜 주시리라고만 생각할 수는 없다. 하나님이 용서와 회복의 조치를 하시기까지 고난은 계속됨을 기억할 필요가 있다. 하나님은 계속 당신의 범죄한 백성을 노여워하여 그들을 뒤쫓으시며 그들의 기도를 듣지 아니하셔서 그들을 세상의 쓰레기처럼 만드실 수 있다. 그 결과로 적들에게 비웃음과 위협을 받는 상황이 벌어질 수 있고 재난 상황이 끝나지 않을 수 있다.

5. "딸 내 백성의 파멸로 말미암아"(3 : 48–54)

48딸 내 백성의 파멸로 말미암아
내 눈에는 눈물이 시내처럼 흐르도다
49내 눈에 흐르는 눈물이 그치지 아니하고
쉬지 아니함이여
50여호와께서 하늘에서 살피시고
돌아보실 때까지니라
51나의 성읍의 모든 여자들을 내 눈으로 보니
내 심령이 상하는도다
52나의 원수들이 이유없이
나를 새처럼 사냥하는도다
53그들이 내 생명을 끊으려고 나를 구덩이에 넣고
그 위에 돌을 던짐이여
54물이 내 머리 위로 넘치니
내가 스스로 이르기를 이제는 멸절되었다 하도다

24~39절에서 **내**가 한 말에 곧바로 반응하듯이 나왔던 **우리**의 말과 기도는 47절에서 끝나고 48~66절에는 다시 **나**의 말과 기도가 나온다. 먼저 48~54절에서는 2장 11~12절처럼 **내**가 **딸 내 백성**을 두고 슬퍼하는 말을 쏟아낸다. 이로 보면, **내**가 은근히 권고한 바를 따라 고난 공동체의 구성원들인 **우리**가 야훼께 돌아가기로 하고 야훼께 죄를 고백하며 자신들이 겪는 괴로움을 아뢰었지만 고난 상황은 아직 달라진 바가 없는 듯하다.

48~50절에서는 **딸 내 백성의 파멸** 때문에 하나님이 돌아보실 때까지는 크게 슬퍼하며 끝없이 눈물을 쏟을 수밖에 없다고 한다. 51절에서는 **나의 성읍의 모든 여자들** 때문에 **내**가 겪는 괴로움을 말한다. 그런데 52~53절에서는 원수들이 **나**를 해치려 한 모습을 새를 잡아 구덩이에 넣고 돌을 던지는데 견주어 말하고, 54절에서는 물에 빠져 죽을 지경에 다다른 사람에 견주어 자신의 곤경을 묘사하며 탄식한다.

이리하여 48~54절은 나의 곤경 상황을 두고 탄식하는 말(48-51, 54절)과 적들의 행태를 두고 탄식하는 말(52-53절)의 두 부분으로 나누어 볼 수 있다. 이는 개인 탄원시에서 찾아볼 수 있는 요소다. 그런데 여기서는 탄식하는 주체가 혼잣말로 탄식하고 있다는 점에서 야훼께 말씀드리는 탄원시와 다르다. 그뿐만 아니라 나 자신의 괴로움이 내가 속한 공동체의 고난 상황에서 비롯된 것이라는 점에서도 일반 개인 탄원시와 차이가 난다.

[3 : 48] 48절에서 나는 자신이 **딸 내 백성의 파멸** 때문에 울고 있음을 말한다. **딸 내 백성의 파멸**로 옮긴 히브리어 표현 '바트암미'는 앞서 2장 11절에서 알아본 바와 같이 이 경우에도 '**딸 내 백성의** 상처'로 옮기는 것이 더 낫다. 내 겨레의 나라가 망한 사실을 뜻하는 파멸보다는 그 파멸의 결과로 현재 눈앞에 벌어지고 있는 처참한 상황을 가리킨다고 볼 수 있기 때문이다. 그런데 **딸 내 백성의** 그러한 상황을 두고 탄식하는 개인과 고난 공동체의 강력한 유대감은 2장 11절보다 여기서 더 뚜렷해진다.

또 2장 11절에서는 **딸 내 백성**의 상처 때문에 **내 눈이 눈물에 상하며 내 창자가 끊어지며 내 간이 땅에 쏟아졌**다고 했는데, 여기서는 **내 눈에 눈물이 시내처럼 흐**른다고 한다. 그 히브리어 표현은 "물길로 내 눈이 내려오도다."로 직역할 수 있는데, 이는 자신이 크게 슬퍼하고 있음을 말한다. 이 표현은 시온이 자신에게 닥친 고통 때문에 1장 16절에서 "내 눈, 내 눈이 물로 내려오고 있었도다."(사역)라고 탄식한 것과 거의 같다. 또 2장 18절에서 시인이 **딸 시온의 성벽**에게 눈물이 강처럼 흐르게 하라고 한 것도 생각난다. 이리하여 여기서도 3장 1~39절에서 여러 번 그러했듯이, 시온 공동체에 닥친 불행이 **나**에게서 개별화되고 구체화됨을 알아차릴 수 있다.

다만 여기서는 **물** 대신에 **시내**가 나온다. 이는 3장의 독특한 형식과 관계가 있어 보인다. **시내**로 옮긴 히브리어 표현 '팔게 마임'(פַּלְגֵי־ מַיִם)은 구약성경에서 다섯 번 더 나오는데(사 32 : 2 ; 시 1 : 3 ; 119 : 136 ; 잠 5 : 16 ; 21 : 1), 그 첫 낱말 '팔게'의 기본형인 '펠렉'(פֶּלֶג)은 이사야 32장 2절에서 알 수 있듯이 메마른 지역에 사람이 일부러 파서 만든 물길을 뜻한다. 또 '팔게'의 첫 자음 '페'(פ)는 3장의 열여섯째 단락에 속하는 세 줄의 첫 자모다. 이렇게 46절, 47절과 마찬가지로 48절도 '페'로 시작하도록 '팔게 마임'을 술어동사보다 앞세움으로써, 이를 강조하게 되었다. "물길로 내 눈이 내려오도다."라는 표현은 예레미야애가 3장과 비슷하게 같은 히브리 자모로 시작하는 여러 줄을 한데 묶어 연(聯)을 만든 알파벳 시인 시편 119편의 136절에서도 찾아볼 수 있다. 그런데 거기서 시인이 눈물을 흘리는 까닭은 사람들이 야훼의 가르침을 지키지 않기 때문이다.

[3 : 49] 나는 '**딸 내 백성의** 상처'를 두고 슬퍼하는 맘을 가눌 길 없어 49절에서는 눈물이 그치지 않는다고 말한다. **내 눈에 흐르는 눈물이 그치지 아니하고 쉬지 아니함이여**로 옮긴 히브리어 문장은 "내 눈이 흘러 끝나지 않도다. 그치지 않도다."로 직역할 수 있는데, 주어가 눈물이 아니고 **내 눈**이라는 점

에서도 48절과 비슷하다. 그러니까 여기서 흐르는 것은 눈물이 아니라 **눈** 자체다. 또한 '끝나지 않다'와 '그치지 않다'를 나란히 써서 눈물이 계속 흐르고 있음을 강조한다.

[3 : 50] 이처럼 큰 슬픔의 눈물은 **여호와께서 하늘에서 살피시고 돌아보실 때까지** 이어질 수밖에 없다고 50절에서 말한다. 야훼께서 하늘에서 굽어 살피신다는 표현은 시편 14편 2절에도 나오는데, 거기서는 슬기로운 자, 하나님의 찾는 자가 있는지 보시려고 그리하신다고 한다.

예레미야애가 3장 50절을 읽으면 한편으로는 앞서 41절에서 "양 손바닥에다 우리의 마음도 하늘의 하나님께로 들자!"(사역)고 한 데서 드러났듯이 하나님은 하늘에 계신다는 생각을 다시 하게 되고, 다른 한편으로는 44절에서 야훼께서 구름으로 스스로 가리셔서 기도가 이르지 못한다고 한 말도 생각난다. 이리하여 여기서 **나**는 야훼께서 **내**가 속한 공동체의 참담한 상황에 관심을 두고 도울 뜻을 밝히실 때까지 계속 슬퍼 울 수밖에 없다는 뜻을 드러낸다.

[3 : 51] 3장 열일곱째 연의 마지막 절인 51절을 개역개정판에서는 **나의 성읍의 모든 여자들을 내 눈으로 보니 내 심령이 상하는도다**라고 번역하지만, 히브리어 본문으로 보면 앞의 두 절과 마찬가지로 히브리 자모 '아인'(ע)으로 문장이 시작하도록 주어 '**내 눈**이'를 술어동사보다 앞세워 강조하고 있다. 다른 한편으로 **여자**는 그 히브리 낱말이 본디 뜻하는 바를 따라 '딸'로 바꾸는 것이 좋다. 또 '**상하**다'로 옮긴 히브리 동사 '알랄'은 앞서 1장 12절과 22절과 2장 20절에 나온 바 있는데, 글을 흐름으로 보아 이 경우에는 '아무개에게 고통을 주다', '아무개를 아프게 하다'를 뜻한다(*HAL* 789a). 그뿐만 아니라 **내 심령**으로 옮긴 히브리 낱말 '납시'는 1장 16절과 3장 17절, 20절, 24절에 나왔다. 이리하여 51절 히브리어 본문은 "**내 눈**이 내 **성읍의 모든** 딸들 때문

에 나를 아프게 했도다."라고 직역할 수 있다. 그러니까 **내 눈**이 **나의 성읍의 모든** 딸들을 보고 나니 내가 괴로워졌다는 뜻이다.

이처럼 지금 **내**가 겪는 괴로움의 원인은 '**나의 성읍의 모든** 딸들'에게 있다. 이처럼 **나**는 예루살렘을 가리켜 **나의 성읍**이라고 부름으로써 자신과 예루살렘이 운명의 공동체를 이룸을 똑똑히 드러낸다. '**나의 성읍 모든** 딸들'은 예루살렘의 여성 주민들을 가리킬 수 있다. 그렇지만 어떤 성읍의 둘레에 있는 작은 마을들을 가리켜 그 성의 '딸들'이라고 부르는 어법(이를테면, 민수기 21 : 25 개역개정에서 원문의 '딸들'을 '촌락'으로 옮겨 놓았다.)에 따라(*HAL* 159b), 이를 예루살렘 둘레의 작은 마을들을 뜻하는 것으로 보는 것이 더 낫다. 48절에 '**딸 내 백성**의 상처'를 두고 슬퍼한다고 했던 **나**는 이제 예루살렘 둘레의 작은 마을들이 파괴된 것을 보고서 괴로워한다.

[3 : 52] 나는 이제 52~53절에서 **나의 원수들**이 **나**를 어떻게 괴롭혔는지 묘사한다. 그들은 먼저 **이유없이 나를 새처럼 사냥**했다고 하면서, **나의 원수들**과 **나**를 각각 사냥꾼들과 그들에게 쫓긴 새에 견준다. **이유없이**로 옮긴 히브리 낱말 '힌남'(חִנָּם)은 욥기에서 중요한 역할을 한다. 욥기 1장 9절에서 사탄은 **까닭 없이**('힌남') 욥이 하나님을 경외하겠느냐고 말하면서 욥이 많은 재산 때문에 하나님을 경외하는 것이 아니겠느냐는 식으로 야훼께 아뢴다. 욥을 넘어뜨리려는 첫 시도에서 실패한 사탄에게 야훼께서는 2장 3절에서 사탄이 욥을 **까닭 없이**('힌남') 집어삼키려고 당신을 부추겼다고 말씀하신다. 한편 욥은 9장 17절에서는 야훼께서 자신의 상처를 **까닭 없이**('힌남') 깊게 하셨다고 불평한다. 이로 보면 48~54절의 **나**는 1~39절에서 알아차릴 수 있었듯이 자신이 저지른 잘못은 없는데도 억울하게 박해받고 있는 사람이다. 앞서 1~18절, 43~44절에서 주로 야훼께서 **나**를 여러모로 힘들게 하셨다 함과는 달리 52절에서는 일단 그렇게 **이유없이 나**를 괴롭힌 주체를 **나의 원수들**이라고 한다. 또한 **사냥**에 비길 만한 그들의 행태가 강력함을 히브리어 본문에서는 '**사냥하**

다'를 뜻하는 동사의 부정사 절대형을 술어동사 앞에 내세움으로써 똑똑히 보여 준다.

[3 : 53] 뒤이어 53절에서는 그 원수들이 **내 생명을 끊으려고 나를 구덩이에 넣고 그 위에 돌을 던**졌다고 한다. 그 히브리어 본문은 "그들이 구덩이에서 내 생명을 망가뜨리고 돌을 내게 던졌도다."로 직역할 수 있다. 53절을 52절과 관련시켜 읽으면, 잡은 새들을 구덩이에 쳐 넣고 그 위에 돌을 던져 죽이는 잔인한 사냥꾼의 모습을 그려 볼 수 있다.

52~53절에서 말하는 **나의 원수들**은 누구인가? 그들이 **딸 내 백성**, '**나의 성읍의 모든** 딸들'을 괴롭힌 이방인이라면, 여기서 **나**는 다시 한 번 자신과 시온이 운명의 공동체를 이룸을 표현한 셈이 된다. 그렇지만, 52~53절을 앞서 14절과 30절에서 암시하는 상황과 관련시켜 생각해 보면, 고난 공동체 안에서 의로운 **나**를 괴롭히는 사람들을 가리켜 **나의 원수들**이라고 부른 것으로 볼 수 있다. 이 점은 나중에 원수들의 문제를 집중적으로 다루는 60~66절에서 똑똑히 드러난다.

[3 : 54] 54절에서는 **나**는 다시 자신의 처한 곤경 상황을 물에 빠져 허우적거리는 사람의 모습에 견주어 묘사한다. **물이 내 머리 위로 넘치니**라고 함은 이제 곧 물에 빠져 죽을 지경이 되었음을 뜻한다. 이런 표현은 요나가 야훼께서 자기를 바다 한가운데로 던지셔서 큰물이 자기를 에워싸고 야훼의 파도와 큰 물결이 다 자기 위로 넘쳤다고 말한 것을 떠올리게 한다(욘 2 : 3[4]). 물이 머리 위로 흘러넘치는 상황에서 **나**는 자기가 **이제는 멸절되었다**, 곧 이젠 망했다, 죽었다고 생각했다고 한다.

고난 공동체가 죄를 고백하며 야훼께 어려움을 아뢰었지만 고난이 계속되는 상황에서 앞서 19~39절에서 야훼를 향한 신뢰를 고백하고 기대를 품었던 **나**는 40~41절에서 **우리**끼리 한 말과 42~47절에서 **우리**가 야훼께 아뢰는 기도가 끼어든 다음에 48~54절에서 **딸 내 백성, 나의 성읍의 모든** 딸들이 겪는 고난을 자신의 고난으로 느끼며 통곡한다. 다른 한편으로 자신이 원수들에게서 겪는 고난을 두고 깊이 탄식한다. 이리하여 이 단락에서는 자기가 속한 공동체에 닥친 고난 때문에 야훼의 마음으로 탄식하는 동시에 그 고난의 공동체 안에서 자기를 괴롭히는 사람들 때문에 탄식하는 사람의 모습을 엿볼 수 있다.

설교를 위한 묵상

3장 48~54절에 나오는 **나**의 혼잣말 탄식에서 오늘의 그리스도인들은 다음 몇 가지 가르침을 깨달을 수 있다. 첫째, 하나님의 참된 일꾼은 비록 범죄하여 벌 받고 있는 공동체라 할지라도 그 공동체의 고난을 자신의 고난으로 알고 느끼고 괴로워한다. 둘째, 그 공동체를 하나님이 살피고 돌아보시기를 고대한다. 그런데도, 셋째, 그 공동체 안에는 그 사람을 없애려는 못된 사람들이 그를 엄청나게 괴롭힐 수 있다. 넷째, 그런 사실조차 야훼께 아뢸 수 있다.

6. "내가 심히 깊은 구덩이에서"(3 : 55-66)

55여호와여 내가 심히 깊은 구덩이에서
주의 이름을 불렀나이다
56주께서 이미 나의 음성을 들으셨사오니
이제 나의 탄식과 부르짖음에
주의 귀를 가리지 마옵소서

57내가 주께 아뢴 날에 주께서 내게 가까이 하여
이르시되 두려워하지 말라 하셨나이다
58주여 주께서 내 심령의 원통함을 풀어 주셨고
내 생명을 속량하셨나이다
59여호와여 나의 억울함을 보셨사오니
나를 위하여 원통함을 풀어주옵소서
60그들이 내게 보복하며 나를 모해함을
주께서 다 보셨나이다
61여호와여 그들이 나를 비방하며
나를 모해하는 모든 것
62곧 일어나 나를 치는 자들의 입술에서 나오는 것들과
종일 나를 모해하는 것들을 들으셨나이다
63그들이 앉으나 서나 나를 조롱하여 노래하는 것을
주목하여 보옵소서
64여호와여 주께서 그들의 손이 행한 대로
그들에게 보응하사
65그들에게 거만한 마음을 주시고
그들에게 저주를 내리소서
66주께서 진노로 그들을 뒤쫓으사
여호와의 하늘 아래에서 멸하소서

48~54절에서 홀로 탄식하던 **나**는 55절에서 야훼께 자신의 답답한 사정을 아뢰기 시작한다. 야훼께 아뢰는 **나**의 말은 3장 마지막 절까지 이어진다. 이처럼 3장도 1장, 또 2장과 마찬가지로 기도로 끝난다. 다만 1장과 2장에서는 기도한 주체가 여성 시온이고, 3장에서는 1절에서 스스로를 가리켜 사나이('게베르')라고 한 사람인 점에서 다르다. 또 1장 20~22절과 2장 20~22절

의 짧은 기도와는 달리, 3장 55~66절에서는 기도의 분량도 크게 늘어나 있고, 야훼가 모두 네 번이나 호격으로 쓰이며(55, 59, 61, 64절), 첫 절인 55절을 뺀 나머지 문장이 야훼를 주어로 하거나(56-59전, 60-66절) 야훼를 향한 명령문의 형식(59후)을 취함으로써 야훼를 향한 아주 절박한 마음이 한층 더 강하게 드러난다.

나는 먼저 55~58절에서 자신이 지난날 야훼께 탄원했고 그 탄원에 야훼께서 응답하신 사실을 두고 회상하며 말한다. 55절에서 자신이 야훼의 이름을 불렀다고 한 뒤에, 56절 전반절에서는 **나**의 소리를 야훼께서 들으셨다고 하면서 자신이 야훼께 한 기도의 내용을 후반절에서 소개한다. 57절에서는 야훼께서 응답해 오신 과정을 묘사한다. 58절에서는 야훼께서 **나**를 어떻게 도우셨는지 말한다.

이처럼 탄원과 응답의 경험을 두고 회상하며 말한 뒤에 **나**는 59절에서 지금 자기가 겪는 억울함을 야훼께서 보셨다고 하면서 야훼를 향한 자신의 신뢰를 고백하며 자신의 권리를 찾아 달라고 야훼께 매달린다. 60절에서는 그렇게 매달리는 까닭으로 **그들**의 못된 행태도 야훼께서 보셨다고 하면서 야훼를 향한 자신의 신뢰를 표현한다. 61~62절에서는 **그들**이 입으로 **나**를 괴롭히는 내용을 야훼께서 들으셨다고 하고, 63절에서는 **그들**이 **나**를 모욕하는 것을 야훼께서 보시라고 빈다. 64~66절에서 **나**는 먼저 **그들**을 보복해 주실 것을 구하고, **그들**에게 저주를 내리시라 한 다음에 **그들**을 전멸하게 해 주실 것을 구한다. 이처럼 이 단락에서는 3장의 이전 단락들과는 달리 원수들의 문제를 크게 부각시키고 있다. 이 점에서 3장을 마무리하는 기도의 뒷부분은 1장 21절 둘째 줄부터 22절 둘째 줄까지에서 **나** 시온이 탄원하는 내용과 통한다. 다만 거기와는 달리 3장 60~66절에서는 '원수'나 '대적'이라는 낱말을 쓰고 있지는 않을 따름이다.

55~66절의 짜임새를 글의 흐름을 따라 정리해 보면 아래와 같다.

55-58	탄원과 응답의 경험 회상
55	**내가 주의 이름**을 부름 - 과거의 탄원 사실
56전	**주께서 나의 음성을 들으**심 - 응답 사실
56후	**내가 주께 아뢴** 말씀 - 과거의 탄원 내용
57전	**주께서 내게 가까이** 하심 - 응답의 과정
57후	**주께서 이르**심 - 응답의 내용
58	**주께서** 하신 일
59전	신뢰 고백 : **나**의 곤경
59후	**나**를 위한 기원
60-62	신뢰 고백 : 박해자들의 행태
63전	**그들**을 보시라는 기원
63후	**나**의 곤경 묘사
64-66	**그들**을 벌해 달라는 기원

55~58절은 고난에서 부르짖자 하나님이 들으셨음을 회상한다는 점에서 개인 감사시와 비슷하다(아래 56절 풀이를 보라). 그렇지만 59절 전반절에서 **나**의 곤경을 두고 야훼를 향한 신뢰를 고백하는 말과 59절 후반절에서 **나**를 위해 기원하는 말과 60~62절에서 박해자들의 행태를 두고 야훼를 향한 신뢰를 고백하는 말과 63절 전반절에서 그 박해자들을 두고 기원하는 말과 후반절에서 **나**의 곤경을 묘사하는 말과 64~66절에서 원수들의 처벌을 위한 기원하는 말은 개인 탄원시를 생각나게 한다. 이처럼 59~66절은 세 차례에 걸쳐 탄식(59전, 60-62, 63후)과 기원(59후, 63전, 64-66)이 번갈아 나오는 셈이다. 다만 59절 전반절과 60~62절의 탄식은 야훼를 주어로 내세움으로써 야훼를 향한 신뢰의 고백이라는 성격도 지니고 있다.

이리하여 개인 감사시의 요소가 나온 뒤 개인 탄원시의 요소가 이어지는 이 단락에서 **나**는 지난날의 구원 경험에 비추어 다시 탄원의 소리를 높이고 있다. 이는 또한 공동체 탄원시에서 지난날 야훼께서 이스라엘에게 베푸신 구원을 기억하면서 오늘에 겪는 고난을 두고 야훼께 탄원하는 것과 비슷하다.

[3 : 55] 앞 단락의 끝에서 자신이 망했다고 한탄하던 **나**는 이제 55절에서 **여호와여 내가 심히 깊은 구덩이에서 주의 이름을 불렀나이다**라는 말로 야훼께 나아간다. 이는 앞 1~18절의 탄식에 뒤이어 19절에서 야훼께로 향한 것과 통한다. 다른 한편으로 이처럼 55절은 3장에서 21절에 이어 두 번째의 전환이 일어나는 곳이다. 55절의 히브리어 본문을 보면, **여호와여**가 **내가 주**(남성 단수 이인칭대명사 '당신')**의 이름을 불렀나이다** 다음에 나온다. '(사람이) 야훼의 이름을 부르다'가 히브리말로는 보통 '카라 브셈 야흐웨'(קָרָא בְּשֵׁם יהוה)이지만 드물게 '카라 솀 야흐웨'(קָרָא שֵׁם יהוה)의 번역이기도 하다. 이 두 표현은 거의 같은 뜻으로 쓰이는데(*THAT* Ⅱ 951-952 참고), 여기서는 뒤의 꼴이 쓰인다. 그런 꼴로는 이곳 말고 두 군데를 더 찾아볼 수 있다. 신명기 32장 3절에서 모세가 **내가 여호와의 이름을 전파하리니**라고 노래하는데, 동사 '카라'(קָרָא)를 '선포하다'로 옮긴 데서 알 수 있듯이, 여기서 야훼의 이름을 부른다 함은 야훼의 권능을 생각하며 야훼의 이름을 자랑하며 널리 드러냄을 뜻하고, 시편 99편 6절에서는 **그**(=야훼)**의 제사장들 중에는 모세와 아론이 있고 그**(=야훼)**의 이름을 부르는 자들 중에는 사무엘이 있도다 그들이 여호와께 간구하매 응답하셨도다**라고 하여 야훼의 이름을 부른다 함이 야훼의 백성을 위해 기도함을 뜻하는 것으로 이해할 수 있다(*THAT* Ⅱ 947, 952 참고). 예레미야애가 3장 55절에서 야훼의 이름을 부른다 함은 어려운 가운데 있는 자신을 야훼께서 도와주시기를 바라며 야훼께 호소한다는 뜻으로 이해할 수 있으므로, 시편 99편 6절과 가깝다. 다만 거기서는 야훼 백성의 지도자가 백성을 위해 그리했다면, 여기서는 한 개인이 자신을 위해 그리한다. 그렇지만 시편 99편 6절의 배경에서 예레미야애가 3장 55절을 읽으면, 여기에 이스라엘 공동체의 경험이 반영되어 있다 할 수 있다.

내가 그렇게 야훼의 이름을 부른 곳은 **깊은 구덩이**다. 이 낱말은 야훼께서 시인 자신을 '맨 밑 구덩이'에 두셨다고 탄식하는 시편 88편 6[7]절에도 나오는데, 거기서는 시인이 죽음의 문턱에 들어서 있음을 표현하는 말로 쓰인 것으로 보인다. 그런데 이 낱말이 53절에서 '구덩이'로 옮긴 히브리 낱말과 다르기는 해도, 내용으로 보아 55절의 기원을 앞 단락과 이어 준다. 그렇게 관련시켜 이 기원을 읽으면, 새를 마구 잡아 구덩이에 던져 놓고 돌을 던져 죽이듯이 행동하는 원수들에게 잡혀 깊은 구덩이에 갇힌 상황에서도 **나**는 야훼를 생각하고 그의 이름을 부르며 도와 달라고 했다는 것이다. 다른 한편으로 이 구절은 "깊은 데서 제가 당신을 불렀습니다, 야훼여!"(사역)라고 한 시편 130편 1절을 생각나게 한다.

[3 : 56] 곧바로 56절 전반절에서는 **주께서 이미 나의 음성을 들으셨**다고 한다. "제 소리를 당신이 들으셨습니다."로 직역할 수 있는 그 히브리어 문장에서는 **나의 음성**(קוֹלִי, '콜리', '내 소리')을 술어동사보다 앞세워 강조하면서, 3장의 열아홉째 연의 각 행이 히브리어의 열아홉째 자모 '콥'(ק)으로 시작하는 데에 맞춘다. 이 **나의 음성**을 바로 앞 55절에서 **내가 주의 이름을** 부른 소리로 생각하기 쉽다. 그런데 글의 흐름으로 보면, 56절 후반절을 전반절에서 말하는 '내 소리'의 내용으로 보는 것이 좋다. 곧 **이제 나의 탄식과 부르짖음에 주의 귀를 가리지 마옵소서**가 그 소리다. 여기서 **나의 탄식과 부르짖음에**로 옮긴 히브리어 표현은 "제 아픔을 줄이는 데에, 제 부르짖음에"로 직역할 수 있다. **내**가 야훼의 이름을 부르며 소리친 것은 무엇보다도 기도를 들어 달라는 것이었다. 이미 기도했으나 아무런 대답을 받지 못하자 **나**는 야훼께서 귀를 막고 계신다고 생각했던 것으로 보인다. 이는 앞서 8절에서 부르짖어 도움을 구했으나 야훼께서 기도를 물리치셨다 한 것과 44절에서 야훼께서 구름으로 자신을 가려 기도가 이르지 못했다고 한 것과 통한다. 또한 그동안 **내**가 야훼께 부르짖은 것은 아픔을 줄이기 위해서였음이 여기서 드러난다.

"제 소리를 당신이 들으셨습니다."(사역)라고 하는 56절 전반절과 비슷한 말은 시편 여러 곳에서 찾아볼 수 있다. "제 탄원 소리를 당신은 들으셨습니다."(시 31 : 22[23] 사역), "야훼를 찬송하리로다. 그가 내 소리를 들으셨음이라."(시 28 : 6 사역), "야훼께서 내 눈물의 소리를 들으셨도다."(시 6 : 9 사역)가 예레미야애가 3장 56절과 마찬가지로 지난날의 경험을 말한다면, 이런 경험을 거듭했음은 "야훼여, 아침에 제 소리를 당신이 들으십니다."(시 5 : 3[4] 사역), "내가 어려울 때 야훼를 부르고 야훼께 도움을 구하도다. 그가 내 소리를 들으시도다."(시 18 : 6[7] 사역), "그(=고통을 겪고 있는 사람)가 도와 달라 부르짖으면 그(=야훼)가 들으시도다."(시 22 : 24[25] 사역), "저녁과 아침과 정오에 제가 근심하여 신음하면 그가 내 소리를 들으시도다."(시 55 : 17[18] 사역), "야훼께서는 내 탄원의 소리를 들으시도다."(시 116 : 1 사역)라는 고백에서 드러난다. 이런 경험에 앞서, 어려움을 겪는 시인이 자기 소리를 들어 달라고 야훼 하나님께 기원하는 말도 시편에 더러 나온다(시 28 : 2 ; 64 : 1[2] ; 119 : 149).

[3 : 57] 나는 57절에서 야훼께서 자기 소리를 듣고 대답하신 과정을 묘사한다. 먼저 **내가 주께 아뢴 날에 주께서 내게 가까이 하**셨다고 한다. 시편 69편 18[19]절에서 시인이 "제게로 가까이하셔서 저를 풀어 주십시오! 제 원수들 때문에 저를 건져 주십시오!"라고 기도하는데, 이런 기도에 응답이라도 하시듯이, 예레미야애가 3장 57절 전반절에서는 야훼께서 가까이하셨다고 한다. 야훼께서 가까이하심은 곧 **나**를 도우시기 위함이다. 뒤이어 **나**는 이렇게 가까이 오신 야훼께서 **이르**셨다 곧 말씀하셨다고 하는데, 이를 앞서 56절의 "제 소리를 당신이 들으셨습니다."와 관련시켜 이해하면, 야훼께서 시인의 소리에 대답하셨다는 뜻이 된다. 이리하여 55~57절은 시편의 개인 감사시에서 지난날 고통 가운데서 야훼께 부르짖었을 때 야훼께서 응답해 주신 것을 회상하는 부분과 같은 성격을 띤다. 히브리어 본문 시편 22편 21[22]절 끝에서

단 한 낱말로 "당신이 제게 대답하셨습니다."(사역)라고 고백하는 말이 그 대표적인 보기이다(시 30 : 2 [3] ; 40 : 1[2]도 참고). 그 경우와는 달리 예레미야애가 3장에서는 야훼께서 응답하신 과정을 56~57절 두 절에 걸쳐 길게 펼쳐 말한다. 이 점에서 이 단락은 앞서 43~47절에서 **우리**가 기도했으나 아무런 변화가 없는 까닭에 48~54절에서 이전보다 더 쓰라리게 탄식하던 분위기와는 크게 다른 상황을 보여 준다.

야훼께서 가까이하셔서 하신 말씀의 내용은 **두려워하지 말라**이다. 이 한마디는 예레미야애가 전체에서 유일하게 찾아볼 수 있는 하나님의 말씀이다(O'Connor 1056). **두려워하지 말라**는 야훼께서 본격적으로 도우시기에 앞서 곤경에 처한 사람을 일단 안심시키시는 말씀이다. 야훼께 **두려워하지 말라**는 말씀을 들은 사람으로는 아브람(창 15 : 1), 이삭(창 26 : 24), 야곱(창 46 : 3), 모세(민 21 : 34), 여호수아(수 1 : 9 ; 8 : 1), 기드온(삿 6 : 23), 아하스(사 7 : 4), 유다 백성(사 10 : 24), 이스라엘 백성(사 41 : 10, 13 ; 43 : 1, 5 등), 다니엘(단 10 : 12, 19 등) 등이 있다. 다른 한편으로 **두려워하지 말라**는 말은 사람이 사람에게도 할 수 있다. 모세가 이스라엘 백성에게(신 1 : 21), 야엘이 시스라에게(삿 4 : 18), 다윗이 아비아달에게(삼상 22 : 23), 요나단이 다윗에게(삼상 23 : 17), 다윗이 므비보셋에게(삼하 9 : 7), 엘리사가 자기 사환에게(왕하 6 : 16), 다윗이 솔로몬에게(대상 22 : 13 ; 28 : 20) **두려워하지 말라**고 했다.

[3 : 58] 두려워하지 말라고 하신 야훼께서 실제로 어떻게 **나**를 도우셨는지 58절에서 일러 준다. 이는 개인 감사시에서 자신의 부르짖음을 들으신 야훼께서 자신을 어려움에서 건져내셨다고 고백하는 부분과 통한다(시 30 : 3[4] ; 40 : 2[3] 등). 전반절에서 **나는 주여 주께서 내 심령의 원통함을 풀어 주셨고**라고 말한다. 우선 눈에 띄는 것은 하나님을 부르는 말을 55절의 **여호와**에서 주('아도나이')로 바꾼 점이다. 그 히브리어 본문에서 **주여**가 **주께서 풀어 주셨고**와 **내 심령의 원통함을** 사이에 들어 있다. **내 심령**은 이미 앞에서 여러

번 나온(1 : 16 ; 3 : 17, 20, 24, 51) 히브리 낱말 '납시'의 번역이어서 실제로는 '나'를 뜻한다. '아무개**의 원통함을 풀어 주**다'로 옮긴 히브리어 표현은 같은 뿌리의 동사와 목적어를 나란히 쓴 '랍 립……'(……רָב רִיב)이다. 이를 직역하면 '아무개의 다툼을 다투다'가 된다. 이 표현은 본디 다툼에서 약한 쪽을 돕기 위해 그의 사건을 맡는 것을 뜻한다(*HAL* 1143b). 사무엘상 24장 15[16]절에서는 사울에게 쫓기는 다윗이 사울에게 하는 말 가운데 "야훼께서 재판자가 되셔서 저와 당신 사이에서 판가름하여 보시고 제 '사건을 맡아' 저를 당신의 손에서 건져내 주시기 바랍니다."(사역)라고 말한다. 시편 43편 1절에서 시인은 하나님께 경건하지 않은 나라에 맞서 자기 사건을 맡아 달라(개역개정판에서 **내 송사를 변호하시며**로 옮긴 부분)고 간청한다. 잠언 22장 23절 전반절에서는 "야훼께서 그들(22절에서 말한 **약한 자**와 **곤고한 자**)의 사건을 맡으신다."(개역개정판에서 **대저 여호와께서 신원하여 주시고**로 옮긴 부분의 사역)고 한다. 잠언 23장 11절에서는 야훼께서 고아들의 사건을 맡아(개역개정판에서 **원한을 풀어 주시리라**로 옮긴 부분의 사역) 그들의 재산에 해를 끼치려는 자들과 맞서신다고 한다. 그리하여 예레미야애가 3장 58절 전반절 히브리어 본문은 그 어순을 따라 "당신께서 맡아 주셨습니다, 주여, 제 사건들을"로 번역해 볼 수 있다.

58절 전반절에서 야훼께서 자신의 사건을 맡으셨다고 한 **나**는 곧바로 후반절에서 야훼께서 **내 생명을 속량하셨나이다**라고 고백한다. 여기서 '**속량하다**'로 옮긴 히브리 동사 '가알'(גָּאַל)이 가난해서 팔아넘긴 집(레 25 : 33)이나 땅(레 25 : 25–26 ; 룻 3 : 13 ; 4 : 4, 6)을 도로 사거나 빚 때문에 종이 된 사람을 값을 주고 풀려나게 하거나(레 25 : 48–49) 야훼께 드린 제물인 짐승이나 집이나 토지(레 27 : 13, 15, 19–20)나 십일조(레 27 : 31) 무르는 것을 뜻하기도 하지만, 주어가 하나님일 때는 다른 데에 매여 있던 이스라엘(출 6 : 6 ; 사 41 : 14 등)이나 예루살렘(사 52 : 9)이나 시온(사 59 : 20)이나 경건한 자들(시 19 : 14[15] ; 69 : 19 등)이나 과부들과 고아들(잠 23 : 11) 등을 풀어 당신에게 속한 것으로 주장함을 뜻한다(*HAL* 162). 이리하여 58절에서는 야훼께서 **내** 사건을 맡으신 결과 내 목숨을 괴로움에서 **풀어 주**시어 야훼께 속한 것으로 만드신 것임을 알려 준다.

이 58절은 시편 119편 154절 전반절의 기도를 야훼께서 듣고 그대로 이루어 주심을 말하는 듯한 느낌을 준다. 거기서 시인은 야훼께 **주께서 나를 변호하시고 나를 구하사**라고 기도하는데, 그 히브리어 본문은 "제 사건을 맡아 주십시오! 그리하여 저를 속량해 주십시오!"로 직역할 수 있기 때문이다. 곧 예레미야애가 3장 58절에 나오는 '립 랍'과 '가알'을 그곳에서도 찾아볼 수 있다.

[3 : 59] 이렇게 **나의** 사건들을 맡아 **내 생명을 속량**하신 야훼께 **여호와여 나의 억울함을 보셨사오니**라고 59절 전반절에서 말한다. 그 히브리어 본문은 낱말의 차례를 따라 "당신은 보셨습니다, 야훼여, 제 억울함을"이 된다. 여기서 **억울함**으로 옮긴 히브리 낱말 '아와타'(**עַוָּתָה**)는 앞서 36절에 나왔던 동사 '**억울하게 하다**'(**עִוֵּת**, '이웻')에서 비롯된 명사로 아무개의 권리가 구부러지는 것, 짓밟히는 것을 뜻한다. 바로 이런 경우에 누군가 그의 사건을 맡아 올바르게 그의 권리를 찾아 주기를 바라게 된다. 그리하여 **나는 나의** 사건들을 맡은 야훼께 59절 후반절에서 **나를 위하여 원통함을 풀어주옵소서**라고 기도한다. 이는 '샤팟 미쉬팟'(**שָׁפַט מִשְׁפָּט**)이라는 히브리어 표현의 번역인데, 이는 58절의 '사건을 맡다'('랍 립')와 마찬가지로 같은 뿌리에서 나온 동사와 목적어를 나란히 쓴 꼴로 '권리를 찾아 주다'라는 뜻을 지닌다(*HAL* 1500). 이리하여 59절 후반절은 "제 권리를 찾아 주십시오!"로 다시 번역해 볼 만하다.

이리하여 59절 후반절에서는, 이미 야훼께서 **나의 음성을** 듣고(56절) **나의** 사건들을 맡아 나서서 **내 생명을 속량하**셨지만(58절), **나**는 아직 **억울함**을 겪고 있으므로, "제 권리를 찾아 주십시오."라고 야훼께 기도하는 것으로 보인다. 야훼께서 **나**를 위해 나서셨지만 아직 모든 문제가 해결된 것이 아님을 여기서 알 수 있다. 무엇보다도 **나의 억울함**을 푸는 문제가 남아 있다. 이것이 실제로 무엇을 뜻하는지는 60~66절에서 드러난다.

[3 : 60] 이제 **나**는 자기를 힘들게 한 **그들**을 두고 야훼께 아뢴다. **나의 억울함**을 보신 야훼께서는 **그들이 내게 보복하며 나를 모해함을 다 보셨**으리라 확신한다는 점을 **나**는 60절에서 고백한다. 그 히브리어 문장은 "당신은 그들의 앙갚음을 다 보셨습니다, 저에 대한 그들의 음모를 다."로 직역할 수 있다. 여기 나오는 **그들**은 52절에서 말한 **나의 원수들**이다. **그들이 내게 보복**했다 함은 이전에 **내**가 **그들**에게 무슨 해를 끼친 것으로 적어도 **그들**이 생각하고 있었음을 전제한다. 아무튼 **나**를 해치려는 **그들**의 속내를 야훼께서는 다 보셨음을 **나**는 의심하지 않는다.

[3 : 61] 뒤이어 61절에서 **나**는 자기를 위해 야훼께서 하신 일을 조금 달리 표현한다. 개역개정판에서는 61~62절이 한데 죽 이어지면서 그 전체의 술어동사인 **들으셨나이다**가 62절 끝에 나온다. 그렇지만 히브리어 본문에서는 그 술어동사가 61절의 첫 낱말이다. 또 앞 55절처럼 **여호와여**는 61절 중간 곧 전반절 끝에 나온다. 이리하여 61절 히브리어 본문을 그 낱말 순서를 최대로 살려 직역하면, "당신은 그들의 비방을 들으셨습니다, 야훼여, 나를 해치려는 그들의 음모를 다."가 된다. 이 전반절에 나오는 **비방**이라는 낱말에서 원수들이 말로도 **나**를 모욕했음을 짐작할 수 있다. 그 히브리 낱말 '헤르파'는 앞서 30절에 나온 적이 있다. 거기서는 이 낱말이 야훼의 도움을 기다리는 자가 적극적으로 감수해야 할 **치욕**을 뜻했다면, 여기서는 원수들이 **나**를 수치스럽게 만드는 것, 곧 **비방**을 뜻한다. 그렇게 **나를 비방하**는 말을 야훼께서 다 들으셨으므로 **나의 억울함**을 야훼께서 풀어 주시리라 **나**는 기대한다.

앞 60절 히브리어 본문 첫머리에서 **주**(남성 단수 이인칭대명사 '당신')**께서 보셨나이다**라고 고백한 **내**가 61절 히브리어 본문 첫머리에서는 "(주께서) **들**

으셨나이다라고 아뢴다. '보다'의 둘째 목적어를 알려 주는 60절 후반절(**나를 모해함을 다**, 직역하면 '저에 대한 그들의 음모를 다')과 '듣다'의 둘째 목적어를 알려 주는 61절 후반절(**나를 모해하는 모든 것**, 직역하면 '저를 해치려는 그들의 음모를 다')은 거의 같다. 그 술어동사가 '보다'(רָאָה, '라아')에서 '듣다'(שָׁמַע, '샤마으')로 바뀐 것은 한편으로 61절에 **비방**이 나왔기 때문이고, 다른 한편으로는 61절에서 3장의 스물한째 연이 시작되면서 그 첫 낱말의 첫 자모가 히브리어의 스물한 째 자모인 '쉰'(שׁ)이어야 했기 때문이다. 그런데 그 결과 60절과 61절은 야훼께서 **나**를 위해 원수들의 행태와 관련하여 무엇을 보고 무엇을 들으셨다고 하게 되어 이 두 절은 일종의 종합평행을 이룬다.

[3 : 62] 야훼께서 들으신 원수들의 못된 말을 **나**는 62절에서 좀 더 자세히 밝힌다. 우선 전반절에서는 **곧 일어나 나를 치는 자들의 입술에서 나오는 것들**이라고 한다. 그 히브리어 표현은 "제게 맞서 일어난 자들의 양 입술"로 직역할 수 있다. 이에 따르면, 야훼께서는 아예 원수들의 두 입술을 들으셨다는 말이 된다. 그 원수들을 가리켜 **일어나 나를 치는 자들**(사역 : '제게 맞서 일어난 자들')이라고 한다. 그 히브리 낱말 '카마이'(קָמַי)는 시편 18편 39[40]절과 48[49]절에서 시인의 원수들을 가리키는 말로 쓰이는데, 48[49]절에서는 **나를 대적하는 자들**로 옮겼다.

그런 자들의 입에서 나온, **나**를 두고 하는 말의 내용이 좋을 리 없다. 비방과 음모뿐만 아니라 온갖 좋지 못한 말들이 그 입술에서 쏟아져 나왔을 것이다. 이를 가리켜 62절 후반절에서는 **나를 모해하는 것들**이라고 한다. 이는 온종일 **나**를 두고 하는 그들의 험담이라는 뜻이다. 이번에는 그렇게 나쁜 말하는 것이 지속되고 있음을 **종일**이라는 말로 표현한다. **종일**이라는 말은 앞서 1장 13절에서는 시온이 야훼께로부터 받는 고난을 두고, 3장 3절과 14절에서는 야훼의 분노의 회초리로 참혹함을 맛본 사나이를 야훼께서 때리심과 그의 모든 백성에게 비웃음거리가 되게 하심을 두고 말할 때에 쓰였다. 여기서는 원수들의 험담 때문에 겪는 고난이라는 점에서 이런 경우들과 다르다.

[3 : 63] 이런 비방과 악담에 시달리는 **나**는 63절에서 야훼께 **그들이 앉으나 서나 나를 조롱하여 노래하는 것을 주목하여 보옵소서**라고 기원한다. 그 히브리어 본문은 "그들이 앉고 서는 것을 살피십시오!"라고 직역할 수 있는 전반절과 "제가 그들의 놀림노래입니다."라고 직역할 수 있는 후반절로 이루어져 있다.

전반절에서 '앉고 서는 것'은 한 인격체의 활동 전체를 말한다. '살피다'라는 뜻의 히브리 동사 '힙빗'은 앞서 1장 11절, 12절, 2장 20절에서 동사 '보다'와 나란히 쓰인 적이 있다. 여기서도 이미 야훼께서 **나**를 위해 나서셨지만 **내**가 아직 원수들의 괴롭힘에서 완전히 벗어나 있지 못함을 알 수 있다. 3장 63절 전반절은 시편 139편 2절에서 시인이 **주께서 내가 앉고 일어섬을 아시고**라고 한 고백을 생각나게 하는데, 거기서는 시인의 활동을 두고 그리 말했다면 여기서는 **나**를 괴롭히는 자들의 활동을 두고 말한다.

그런데 **그들**의 움직임은 오로지 **나**를 놀리는 것을 겨냥하고 있음을 후반절, "제가 그들의 놀림노래입니다."에서 알 수 있다. 이는 앞서 14절에서 "내가 온종일 그들의 놀림노래가 되었도다."(사역)라고 한 말과 이어진다. 다만 그렇게 놀리며 노래한 자들이 거기서는 **내 모든 백성**인 것과 달리 여기서는 **그들 곧 나의 원수들**인 점이 다르다.

[3 : 64] 이제 64~66절에서 **나**는 야훼께 **그들**을 벌해 달라고 **여호와여 주께서 그들의 손이 행한 대로 그들에게 보응**해 주십사 기도한다. 앞 55절과 61절에서 그랬듯이 64절의 히브리어 본문에서도 **여호와여**를 절의 중간에서 부른다. 64절 히브리어 본문의 낱말 순서를 최대로 살려 64절을 직역해 보면, "그들에게 보복이 돌아가게 하시지요, 야훼여, 그들의 손이 한 대로!"가 된다. **그들의 손이 행한 대로**라는 말에서 **그들**이 앞에서 길게 묘사한 것처럼 말로만 **나**

를 괴롭힌 것이 아니라 행동으로도 그리했음을 알아차릴 수 있다. 이 구절은 "그들의 손이 한 대로 그들에게 주십시오! 그들에게 보복이 돌아가게 하십시오!"(사역)라고 하는 시편 28편 4절 후반절과 비슷하다. 거기서는 직접 명령형을 쓴 것과는 달리 여기서는 청유형(jussive)을 쓰고 있는데, 이는 3장의 마지막 연을 이루는 석 줄이 한결같이 히브리어의 마지막 자모인 '타우'(ת)로 시작할 수 있도록 하려 했기 때문인 듯하다.

이처럼 **나**를 괴롭히는 사람들을 **그들의 손이 행한 대로 그들에게 보응**해 주십사 야훼께 비는 것은 그저 보복하려는 마음에서 나왔다기보다는 악인이 행한 악의 결과는 그 악인에게 돌아간다는 옛 이스라엘 사람들의 생각과 잘 맞아떨어진다. 이는 앞서 1장 21~22절에서 살펴보았듯이, 히브리 낱말 '라아'가 악뿐만 아니라 재난을 뜻하기도 한다는 점에서 이미 잘 나타난다.

[3 : 65] 다음으로 **나**는 65절에서 **그들에게 거만한 마음을 주시고 그들에게 저주를 내리소서**라고 빈다. **거만한 마음**으로 옮긴 히브리어 표현은 '마음의 뻔뻔함'을 뜻한다. 이 기원은 **그들**이 될 수 있는 대로 큰 벌을 받기를 바라는 마음의 표현으로 이해할 수 있다. 이 기원을 읽으면, 출애굽 때에 바로의 마음을 야훼께서 거듭 거듭 굳게 하셔서 마침내 그의 장남을 비롯하여 애굽의 모든 맏 것이 죽는 큰 재앙을 맛보게 하신 것이 생각난다.

[3 : 66] 마침내 **나**는 그들을 아예 세상에서 사라지게 해 주실 것을 66절에서 야훼께 기도한다. 먼저 야훼께서 **진노로 그들을 뒤쫓으**시기를 바란다. 지금까지 야훼의 **진노**('압')는 시온이나 하나님 백성을 겨냥했는데(1 : 12 ; 2 : 1, 1, 3, 6, 21, 22 ; 3 : 43), 이제는 **그들 곧 나의 원수들**에게로 향해야 한다는 것이다. 동사 '뒤쫓다'('라답')도 1장 3절과 6절에서는 시온의 원수들이 하는 행동을 가리키는 말로 썼고, 3장 43절에서는 야훼께서 당신의 백성을 벌하시려고 나서셨음을 표현하는 말로 썼는데, 이제는 야훼께서 **나의 원수들**을 겨

냥하는 말로 썼다. 이제 남은 것은 그들을 야훼의 하늘 아래에서 뿌리 뽑는 것이다.

그리하여 **나**는 원수들이 완전히 망하기를 기원한다. 이리하여 3장의 마지막 기도에서 **나**와 **나의 원수들**의 관계는 시온과 시온의 원수들의 관계와 비슷함을 알아차릴 수 있다.

3장을 마무리하는 이 단락에서 **나**는, 이미 야훼께서 **나**를 위해 나서기 시작했으나 아직 원수들의 손에서 벗어나지 못한 상태에서 야훼께서 **나**의 권리를 찾아 주시기를 빌며 그들의 행태를 고발하고 야훼께서 그들의 움직임을 보시고 그들을 벌해 주십사라고 기도한다.

설교를 위한 묵상

이미 한 번 고난 가운데서 울부짖었다가 야훼로부터 응답과 도움을 받은 경험이 있으나 아직 억울함이 다 풀리지 않은 상태에서 야훼께 적들의 행태를 고발하고 적들을 벌해 주시기를 비는 **나**의 말에서도 오늘 그리스도인들은 다음 몇 가지 가르침을 받을 수 있다.

첫째, 어려운 가운데 기도하여 하나님께 응답받은 경험을 한 번 했다고 해서 그 모든 어려움이 언제나 한꺼번에 다 해결되는 것은 아니다. 하나님이 내 기도에 응답하셔서 나를 도우셨지만 아직 이런저런 문제는 여전히 남아 있는 수가 많다. 둘째, 특히 내가 속한 믿음의 공동체 안에 있는 동료 그리스도인들이 까닭없이 나를 비방하고 비웃고 해코지하는 일이 계속될 수 있다. 셋째, 그럴 때에도 나는 하나님께 그 사정을 아뢰고 그들을 벌하는 것은 하나님께 맡길 수밖에 없다. 원수 갚는 것은 하나님께 맡길 일이다(신 32：35； 롬 12：19).

B. 3장의 특징

1~2장에서 예루살렘을 여러 가지 여성 단수 인격체로 부르면서 예루살렘 공동체에 닥친 재난을 묘사하던 것과는 달리 3장에서는 예루살렘 성읍과 공동체는 거의 언급하지 않고 단 한 번 48절에서 **딸 내 백성**을 입에 올린다. 오히려 14절에서는 **내 모든 백성**이 나를 비웃는 주체가 될 수 있음을 암시한다.

3장의 **나**는 한편으로는 자신이 뚜렷한 잘못 없이 야훼께 괴로움을 겪는다고 한탄하면서도 다른 한편으로는 어쨌든 사람은 고난 가운데서도 야훼를 굳게 바라보아야 함을 말한다. 그에 따라 **우리**가 야훼께 돌아가겠다는 마음으로 기도하지만 그 기도 또한 야훼께서 **우리**에게 내리신 재난을 두고 길게 탄식하는 말로 바뀐다. 이런 상황에서 **나**는 자신을 **딸 내 백성**의 공동체에 속한 한 사람으로서 다른 구성원들과 한 몸을 이루고 있음을 깊이 느끼며 탄식하는 동시에 자신을 괴롭히는, 공동체 안의 **원수들**을 두고 길게 기도한다.

이리하여 이 **나**는 한편으로 야훼께로부터 까닭 없이 심한 어려움을 겪을 뿐만 아니라 자기가 속한 공동체 안에 있는 사람들에게 박해를 겪고 심지어 온 백성의 비웃음거리가 되는 인물이다. 다른 한편으로는 그런 가운데서도 야훼를 굳게 의지하며 자기들의 잘못으로 큰 괴로움을 겪고 있는 공동체에게 고난을 달게 받아들이며 야훼를 기다릴 것을 권고하며 그 공동체가 겪는 아픔을 두고 자기의 아픔처럼 아파하며 울부짖는 인물이다. 이러한 **나**의 모습에서, 범죄하여 재난을 겪는 하나님 백성의 공동체 안에서 의롭게 사는 사람이 어떻게 처신하는지를 알 수 있다. 이를 노래하기 위해 3장에서 한편으로는 1~2장에 나온 낱말이나 표현을 이끌어 쓰지만, 다른 한편으로는 새로운 낱말이나 표현을 집중적으로 쓰고 있음을 아래 도표에서 알 수 있다.

3장의 단락	낱말, 표현	3장의 다른 단락	2장	1장
1-18 **나**의 혼잣말 탄식	**고난**(1)	19	–	3, 7, 9
	분노(1)	–	2	–
	종일(3, 14)	62	–	13
	뼈(4)	–	–	13
	독초(5)	19	–	–
	앉다(6)	–	10	1, 3
	황폐(11)	–		4, 16
	활(12)	4	–	–
	내 백성(14)	48	11	–
	놀림노래(14)	63	–	–
	쑥(15)	19	–	–
	배제되다(17)	내쫓다(31)	7	–
	여호와(18)	22, 24, 25, 26, 40, 50, 55, 59, 61, 64, 66	6, 8, 17-20	5, 9, 11, 17, 18
19-39 **나**의 기도	**기억**(19, 20)	–	–	7, 9
	고난(19)	1	–	3, 7, 9
	집 잃고 헤맴(19)	–	–	7
	쑥(19)	15	–	–
	야훼(22, 24-26)	18, 40, 50, 55, 59, 61, 64, 66	6, 8, 17-20	5, 9, 11, 17, 18
	치욕(30)	61	–	–
	내쫓다(31)	배제되다(17)	7	–
	주(31, 36, 37)	–	1, 2, 5, 7, 18, 19, 20	14, 15, 15
	괴롭히다(32)		–	5, 12
40-41 **우리**의 다짐	길(40)	9, 11	[25]	[12]
	여호와(40)	18, 22, 24-26, 50, 55, 59, 61, 64, 66	6, 8, 17-20	5, 9, 11, 17, 18
	마음(41)	21, 33, 65	18, 19	20, 22
	손바닥(41)	–	[15, 19]	

<table>
<tr><td rowspan="10">42–47
우리의
기도</td><td>반역하다(42)</td><td>–</td><td>–</td><td>5, 14, 22</td></tr>
<tr><td>거스르다(42)</td><td>–</td><td>–</td><td>18, 20</td></tr>
<tr><td>**가리**다(43)</td><td>–</td><td>1</td><td>–</td></tr>
<tr><td>**진노**(43)</td><td>66</td><td>1, 3, 6, 21</td><td>12</td></tr>
<tr><td>**추격하**다(43)</td><td>66</td><td>–</td><td>3, 6</td></tr>
<tr><td>죽이다(43)</td><td>–</td><td>4, 21</td><td>–</td></tr>
<tr><td>긍휼 베풀지 않음(43)</td><td>–</td><td>2, 17, 21</td><td>–</td></tr>
<tr><td>**기도**(44)</td><td>8</td><td>–</td><td>–</td></tr>
<tr><td>**원수**(46)</td><td>52</td><td>3, 4, 5, 7, 15, 16, 22</td><td>2, 5, 9, 16, 22</td></tr>
<tr><td>상처(47)</td><td>–</td><td>11</td><td>–</td></tr>
<tr><td rowspan="6">48–54
나의
혼잣말
탄식</td><td>**딸 내 백성**(48)</td><td>14</td><td>11</td><td>–</td></tr>
<tr><td>**눈**(48, 49, 51)</td><td>–</td><td>4, 11, 18</td><td>6, 16</td></tr>
<tr><td>물(48, 54)</td><td>–</td><td>19</td><td>16</td></tr>
<tr><td>**여호와**(50)</td><td>22, 24–26, 40, 55, 59, 61, 64, 66</td><td>6, 8, 17–20</td><td>5, 9, 11, 17, 18</td></tr>
<tr><td>**원수**(52)</td><td>46</td><td>3, 4, 5, 7, 16, 22</td><td>2, 5, 9, 16, 22</td></tr>
<tr><td>구덩이(53)</td><td>55</td><td>–</td><td>–</td></tr>
<tr><td rowspan="8">55–66
나의
기도</td><td>**여호와**(55, 59, 61, 64, 66)</td><td>22, 24–26, 40, 50</td><td>6, 8, 17–20</td><td>5, 9, 11, 17, 18</td></tr>
<tr><td>구덩이(55)</td><td>53</td><td>–</td><td>–</td></tr>
<tr><td>**비방**(61)</td><td>30</td><td></td><td></td></tr>
<tr><td>**종일**(62)</td><td>3, 14</td><td>–</td><td>13</td></tr>
<tr><td>살피다(63)</td><td>–</td><td>20</td><td>11, 12</td></tr>
<tr><td>놀림노래(63)</td><td>14</td><td>–</td><td>–</td></tr>
<tr><td>**진노**(66)</td><td>43</td><td>1, 3, 6, 21, 22</td><td>12</td></tr>
<tr><td>**뒤쫓다**(66)</td><td>43</td><td>–</td><td>3, 6</td></tr>
</table>

다만 1~2장에 여러 번 나왔던 **대적**('차르'), **시온**, **예루살렘**이 3장에는 전혀 나오지 않는다는 점이 독특하다.

제Ⅳ부

4장

예레미야애가 4 : 1-4 : 22

A. 4장의 짜임새와 단락 나누기

1. "슬프다 어찌 그리 금이 빛을 잃고"(4 : 1-10)
2. "여호와께서 시온에 불을 지르사"(4 : 11-16)
3. "우리가 헛되이 도움을 바라므로"(4 : 17-20)
4. "딸 에돔아", "딸 시온아"(4 : 21-22)

B. 4장의 특징

4장

A. 4장의 짜임새와 단락 나누기

4장을 이루는 22개의 각 절은 비평판 히브리어 성경에서 두 줄로 이루어져 있다. 2장과 3장과 마찬가지로 열여섯째 자모인 '아인'(ע)과 '페'(פ)의 차례가 뒤바뀌어 있다.

누가 누구에게 말하느냐 하는 점에서 따져 보면 4장은 시인이 홀로 말하는 1~16절과 **우리**끼리 탄식하는 말인 17~20절과 시인이 에돔과 시온에게 번갈아 말하는 21~22절의 세 부분으로 나눌 수 있다.

그런데 1~16절은 내용에 따라 시온에 벌어진 참상을 묘사하며 탄식하는 1~10절과 야훼를 주어로 내세워 야훼께서 시온에 재난을 내리신 것을 특히 예언자들과 제사장들의 잘못과 그들이 겪는 어려움을 중심으로 말하는 11~

16절의 두 부분으로 이루어져 있다. 이는 한편으로 **딸 내 백성**이라는 표현이 1~10절에만 세 번(3, 6, 10절) 나온다는 사실로 뒷받침된다. 다른 한편으로는 **여호와**가 11절과 16절에 언급되면서, 11절의 첫 세 문장에서는 주어로, 16절의 첫 두 문장에서는 실질적인 주어나 주어로 등장하신다는 점에서도 11~16절이 1~16절 안에서 그 나름대로 독자성을 지님을 알 수 있다.

이러한 4장의 짜임새는 아래와 같이 정리해 볼 수 있다.

1–16	시인의 혼잣말 탄식
1–10	시온의 참상
11–16	야훼의 조치, 지도층의 책임과 참상
17–20	**우리**끼리 탄식하는 말
21–22	시인이 에돔과 시온에게 하는 말

이리하여 아래에서는 1~10절, 11~16절, 17~20절, 21~22절의 네 단락으로 나누어 살펴보기로 한다. 내용을 두고 보면, 4장은 3장보다는 1~2장에 더 잘 이어지지만 몇 가지 점에서는 3장과도 느슨하게나마 이어진다. 그 자세한 내용은 개별 단락 풀이에서 확인할 수 있다.

1. "슬프다 어찌 그리 금이 빛을 잃고"(4 : 1–10)

1 슬프다 어찌 그리 금이 빛을 잃고
순금이 변질하였으며
성소의 돌들이
거리 어귀마다 쏟아졌는고
2 순금에 비할 만큼
보배로운 시온의 아들들이

어찌 그리 토기장이가 만든
질항아리 같이 여김이 되었는고
3 들개들도 젖을 주어
그들의 새끼를 먹이나
딸 내 백성은 잔인하여
마치 광야의 타조 같도다
4 젖먹이가 목말라서
혀가 입천장에 붙음이여
어린 아이들이 떡을 구하나
떼어 줄 사람이 없도다
5 맛있는 음식을 먹던 자들이
외롭게 거리 거리에 있으며
이전에는 붉은 옷을 입고 자라난 자들이
이제는 거름더미를 안았도다
6 전에 소돔이 사람의 손을 대지 아니하였는데도
순식간에 무너지더니
이제는 딸 내 백성의 죄가
소돔의 죄악보다 무겁도다
7 전에는 존귀한 자들의 몸이 눈보다 깨끗하고
젖보다 희며
산호들보다 붉어
그들의 윤택함이 갈아서 빛낸 청옥 같더니
8 이제는 그들의 얼굴이 숯보다 검고
그들의 가죽이 뼈들에 붙어
막대기 같이 말랐으니
어느 거리에서든지 알아볼 사람이 없도다

9칼에 죽은 자들이
주려 죽은 자들보다 나음은
토지 소산이 끊어지므로
점점 쇠약하여 감이로다
10딸 내 백성이 멸망할 때에
자비로운 부녀들이
자기들의 손으로
자기들의 자녀들을 삶아 먹었도다

이 단락의 흐름은 3절과 6절과 10절에 나오는 **딸 내 백성**('바트암미')이라는 표현이 이끌어 간다. **딸 내 백성**에 들어 있는 단수 1인칭 대명접미어를 빼면 시인의 '나'는 나타나지 않는다.

1~2절에서 시인은 시온의 참상을 두고 변질한 금의 비유를 쓰면서 탄식한다. 3절에서는 **딸 내 백성**이 들개들보다 못하고 타조 같다고 한 뒤에 아이들이 겪는 어려움을 4~5절에서 말하는데, 4절에서는 그들에게 마실 것과 먹을 것이 없음을, 5절에서는 좋은 음식 먹고 좋은 옷 입고 자라던 아이들이 보잘것없어지고 천하게 되었다고 한탄한다. 6절에서는 **딸 내 백성**이 소돔보다 더 나쁘다 하고, 7~8절에서는 그 상류층의 나빠진 모습을 두고 말한다. 9절에서는 굶주림으로 괴로움을 겪는 사람들의 상황을, 10절에서는 그 가운데서 자식을 삶아먹는 여인들의 모습을 묘사한다.

이리하여 1~10절은 시온의 참상을 묘사하는 말(1-5, 7-10절)과 시온의 무거운 죄악을 두고 한탄하는 말(6절)로 이루어져 있다. 이 둘은 개인 탄원시에서 시인이 자신에게 닥친 어려운 상황을 야훼 하나님께 아뢰고 자신의 죄를 인정하며 고백하는 것에 견주어 볼 수 있다. 그렇지만 여기서는 1장 1~9절 둘째 줄, 17절, 2장 1~12절과 마찬가지로 한 개인이 시온 공동체의 상황을 두고 혼잣말로 탄식한다는 점에서 개인 탄원시와 다르다. 또한 공동체의 상황을 두고 시인이 야훼께 아뢰는 말이 담긴 1장 10~11절과도 다르다. 더 나아가서 시인이 시온 공동체에게 말을 걸며 탄식하는 말인 2장 13~19절과도 구별된다.

[4 : 1] 4장 첫머리의 탄식은 1장, 2장과 마찬가지로 **슬프다**('에카')로 시작함으로써 하나님 백성의 공동체가 망한 슬픔을 다시 한 번 나타낸다. 4장 1절 첫 줄을 이루는 두 문장의 주어가 **금**과 **순금**인 점에서 **주**('아도나이')가 주어인 2장 첫머리와는 다르고, **이 성**(사역 : '그 성읍')이 주어인 1장 첫머리와 통한다.

시인은 **어찌 그리 금이 빛을 잃고 순금이 변질하였으며**라고 한탄하는데, 여기서 '**빛을 잃**다'로 옮긴 히브리 동사는 '어두워지다'를 뜻한다. 그리하여 1절 전반절에서 시인은 찬란하게 노란 빛을 내야 할 금이 거무튀튀하여 도무지 금처럼 보이지 않게 되어 이상하다는 식으로 탄식한 셈인데, 금 이야기는 어디까지나 비유이고 시인이 실제로 말하고자 한 것은 하나님 백성의 현재 모습이 몰라볼 정도로 나빠졌다는 사실이다. 다른 한편으로 이 탄식에는 예루살렘 성전이 짓밟힌 사실도 암시되어 있는 듯하다. 열왕기하 7장 48~50절에 따르면 솔로몬 성전의 제단과 상(床)과 등잔대와 그릇과 지성소 문의 돌쩌귀와 성전 문의 돌쩌귀는 다 금으로 만들었는데, 예레미야 52장 19절에서는 예루살렘을 점령한 바벨론 군대의 지휘관이 이런 것들을 가져갔다고 한다.

예레미야애가 4장 1절 후반절에서 **성소의 돌들이 거리 어귀마다 쏟아졌는고**라고 함은 성전이 무너져 성전 건축에 쓰였던 돌들이 아무 데나 마구 굴러다니고 있는 광경을 그려 보게 한다. 여기서 **거리 어귀마다**로 옮긴 히브리어 표현은 앞서 2장 19절에서 아이들이 굶주림과 목마름으로 까무러친다고 할 때도 나왔는데, 거기서는 **각 길 어귀에서**로 번역했다. **거리**는 나중에 5절과 8절과 14절에도 나온다. 이리하여 재난을 겪는 시온 사람들의 불쌍한 모습은 그 어디서보다도 집 바깥의 여러 **거리**에서 두드러지게 나타남을 느끼게 한다.

[4 : 2] **금**의 비유는 4장 2절에서도 이어진다. 이번에는 **시온의 아들들**을 두고서 **순금에 비할 만큼 보배로운** 자들이라고 한다. 그 히브리어 표현은 **순금**으로 값을 치를 만큼 고귀한 자들을 뜻한다. 그런 자들이 **어찌 그리 토기장이가 만든 질항아리 같이 여김이 되었는고**라고 시인은 한탄한다. 이는, 어찌하여 사람들이 그들을 옹기장이가 손으로 빚은 질항아리처럼 값싸게 다루는가 하는 탄식의 말이다.

1~2장에서는 여러 번 나왔으나(1 : 4, 6, 17 ; 2 : 1, 4, 8, 10, 13, 18) 3장에서는 볼 수 없었던 고유 명사 **시온**이 여기 다시 나온다. 다만 1~2장에서는 주로 **딸 시온**(1 : 6 ; 2 : 1, 4, 8, 10, 13, 18)으로 하던 것과는 달리 여기서는 **시온의 아들들**이라 함이 독특하다. **딸 시온**이 예루살렘을 한 여성 인격체로 부르며 실제로는 그 주민 전체 더 나아가서 유다 백성을 뜻하는 표현이라면, **시온의 아들들**은 예루살렘 주민이나 유다 백성 한 사람 한 사람을 가리키는 것으로 이해할 수 있다. 이 점에서 이 표현은 2장 21절에서 시온이 야훼께 기도하면서 예루살렘 공동체의 구성원들을 **내 처녀들과 내 청년들**이라고 부른 것과 통한다.

이리하여 4장 2절은 야훼께 귀중한 존재인 유다 백성이 천하게 된 것을 안타깝게 여기는 말로 이해할 수 있다. 히브리어 본문 2절 둘째 줄 첫머리에 앞서 1절 첫머리에서 **슬프다**로 옮긴 히브리 낱말 '에카'를 다시 쓴 데서 이런 마음이 한층 더 강하게 드러난다. 개역개정판에서는 이 '에카'를 그 본뜻을 따라 **어찌**라고 옮겼다. 1절 첫머리의 '에카'도 '어찌'로 번역한다면, 이 두 절의 관계가 더 똑똑히 드러날 것이다.

[4 : 3] 유다 백성의 상황이 아주 좋지 못함을 3절에서는 들짐승에 견주어 말한다. **들개들**로 옮긴 히브리 복수형 명사 '탄님'(תַּנִּים)은 더러 개의 조상이라

고도 하지만 확실하지 않고, 짝을 이루거나 떼를 지어 다니면서 시체를 뜯어 먹는 들짐승으로 겉모습으로는 비슷하나 홀로 다니며 어쩌다가 시체를 먹는 여우와 구별된다(*OLB* 104, 106, 147). 구약에서 '탄님'은 보통 하나님의 심판으로 황폐해진 성읍들에 사는 동물로 등장하는데(사 13 : 22 ; 34 : 13 ; 렘 9 : 11[10] ; 10 : 22 ; 49 : 33 ; 51 : 37), 예언자 미가는 자신이 '탄님'처럼 울부짖는다 했고(미 1 : 8), 욥은 곤경 가운데서 자기가 '탄님'에게 형제처럼 되었다고 탄식한다(욥 30 : 29)(*OLB* 147 ; 예레미야 I 388 참고). 이처럼 하나님이 재난을 내리신 곳에 몰려다니며 야비한 짓을 일삼는 들짐승이지만 그것들도 **젖을 주어 그들의 새끼를 먹이나 딸 내 백성은 잔인하여 마치 광야의 타조 같도다**라고 예레미야애가 4장 3절에서 시인은 한탄한다. 여기서 '**젖을 주어 그들의 새끼를 먹**인다'고 옮긴 히브리어 표현은 '가슴을 드러내어 제 새끼들을 젖먹이도다'라고 직역할 수 있다. 그런 **들개들**보다 못한 것이 **딸 내 백성**이라고 한 것이다.

딸 내 백성이라는 표현은 앞서 2장 11절과 3장 48절에서 '**딸 내 백성**의 상처'(사역)를 말할 때 나왔다. 그 두 곳에서는 '**딸 내 백성**의 상처'를 두고 슬퍼하고 탄식했다면, 여기서는 **광야의 타조**에 비길 만한 정도로 **딸 내 백성**이 잔인하다고 곧 모질다고 한탄한다. **타조**는 앞서 나온 '탄님' 따위의 들짐승들과 함께 황폐해진 곳에 살며(사 13 : 19-22 ; 렘 50 : 39-40 ; 51 : 36-43), 욥기 39장 13~16절에 따르면 알을 흙 속에 내버려 두며 새끼를 모질게 대하는 짐승인데, 이는 아마도 사나운 짐승의 눈길을 새끼들에게서 다른 데로 돌리려고 일시적으로 내버려 두는 것을 잘못 이해한 듯하다(*OLB* 104, 162). 아무튼 예레미야애가 4장 3절에서는 같은 들짐승이지만 **타조**가 **들개들**보다 새끼들을 잘 돌보지 못함을 전제하면서 **딸 내 백성**은 **들개들**보다 못하고 **타조** 같다고 탄식한다.

[4 : 4] 딸 내 백성이 그 자녀들을 모질게 대한 결과가 어떠한지 4절에서 알

수 있다. 첫 줄, **젖먹이가 목말라서 혀가 입천장에 붙음이여**를 읽으면 젖먹이에게 젖도 먹이지 않고 물도 주지 않은 모진 어미가 생각난다. **젖먹이**는 앞서 2장 11절에서 '**딸 내 백성**의 상처' 때문에 처절하게 울부짖는 시인의 그 상처가 무엇보다도 잘 드러나는 경우로, 어린이와 젖먹이가 성읍 길거리에서 기절한다고 할 때 나온 적이 있다. 거기서는 모든 연령의 아이들을 두고 말했다면, 여기서는 큰 아이들보다 생존력이 약한 젖먹이가 겪는 어려움을 말한다. **혀가 입천장에 붙**었다는 표현은 시편 22편 15[16]절에도 나오는데, 거기서는 아마도 열병에 시달리는 사람의 상황을 그렇게 묘사한 것으로 보인다.

젖먹이보다 조금 더 큰 어린 아이들에게 닥친 어려움은 예레미야애가 4장 4절 후반절에서 말한다. 곧 **어린 아이들이 떡을 구하나 떼어 줄 사람이 없**다는 것이다. 여기서 **떡**으로 옮긴 히브리 낱말은 본디 이스라엘 사람들의 주식인 빵을 뜻한다. 따라서 여기서 그 빵을 찾는 어린 아이들은 스스로 음식을 먹을 수 있는 어린이들이다. 그런데 그렇게 애타게 먹을 것을 찾는 아이들에게 빵을 떼어 주는 자가 없다 함은 어버이가 모질어서 그렇다기보다는 양식이 떨어졌거나 그들을 돌볼 어른들이 거의 다 죽은 상황을 생각해 보게 한다. 전란 가운데 어려움을 겪는 어린이들의 모습은 앞서 1장 5절과 2장 11절, 19~20절에서도 묘사한 적이 있다.

젖먹이와 **어린 아이**는 앞서 2장 11절에도 나란히 나온 바 있다. 거기서는 **어린 아이**를 2장 20절과 마찬가지로 히브리 낱말로 '올렐'이라 하고 여기서는 1장 5절과 2장 19절과 마찬가지로 '올랄'이라고 하지만 둘은 실제로 같은 뿌리에서 나와 같은 뜻을 지닌다. 어린 아이를 뜻하는 '올렐'이나 '올랄'이 구약 전체에 20번 나오는데 그 가운데 이처럼 5번이 예레미야애가에 들어 있다 (*ThWAT* V 1134).

결국 **딸 내 백성**이 어린 아이들을 제대로 마시고 먹을 수 있게 잘 보살피지 못하고 모질게 대했다고 한 것은 어른들에게 어버이로서 갖출 성품이 없었음을 탓하는 말이라기보다는 백성 전체에 엄청난 재난이 닥쳤음을 역설적으로 말하는 것으로 보인다. 온 나라에 닥친 재난 가운데서 어린이들이 겪는 어려움은 앞서 2장 11~12절에서도 언급한 바 있다. 특히 2장 12절에서는 아이들이 어미에게 곡식과 포도주가 어디에 있는가 물으면서 어미 품에서 숨을 거두는 장면을 묘사하는데, 여기서 빵을 구하지만 아무도 떼어 주는 자 없다 함은 그 못지않게 비참한 상황이 닥쳤음을 말한다. 어린이들이 겪는 고통은 2장 19~20절과 1장 5절에서도 묘사한 적이 있다.

[4 : 5] 뒤이어 5절 전반절에서 말하는 **맛있는 음식을 먹던 자들**도 글의 흐름으로 보면 유복하게 자라던 아이들을 가리키는 것으로 보인다. 이들이 **외롭게 거리 거리에 있**다고 하는데, 여기서 **거리 거리에**로 옮긴 히브리 낱말은 '거리들에'로 직역할 수 있고, '**외롭게 있다**'고 옮긴 히브리 동사는 본디 '황폐해지다'를 뜻한다. 이 동사는 1장 16절에서 **내 자녀들이 외롭도다**(사역 : "내 자식이 황폐해졌다.")라고 할 때 쓰인 형용사와, 또 1장 4절에서 **시온의 모든 성문들이 적막하며**(사역 : '황폐해져 있으며')라고 할 때 쓴 동사와 뿌리가 같다. 그 동사의 능동형도 1장 13절과 3장 11절에서 야훼와 시온을 각각 주어와 목적어로 하여 쓰였다. 좋은 음식 먹던 아이들이 황폐해졌다 함은 좋은 환경에서 자라던 아이들이 이제는 야위고 볼품없게 되었음을 뜻하는 것으로 이해할 수 있다.

4장 5절 후반절에서 말하는, **이전에는 붉은 옷을 입고 자라난 자들**도 전반절에서 말한 **맛있는 음식을 먹던 자들**과 마찬가지로 귀하게 대접받으며 자라난 아이들을 가리키는 듯하다. 여기서 **붉은 옷**으로 옮긴 히브리 낱말은 본디 진홍색을 뽑아내던 벌레를 뜻한다. 옛 이스라엘에서는 부유한 집안이 아니고서는 그런 색으로 물들인 옷을 아이들에게 입히기 어려웠던 듯하다. 이런 아이들이 **이제는 거름더미를 안았**다 함은 비싸고 귀한 옷을 입던 아이들이 쓰레기더미나 안을 정도로 천하게 되었음을 뜻한다. 개역개정판에서는 1장 1절에서 그리했던 것처럼 4장 5~7절에서도 히브리어 본문에 없는 두 가지 부사, **이전에는**(또는 **전에는**)과 **이제는**을 집어넣어 이전의 영광에 극명하게 대조되는 오늘의 참상을 실감나게 드러낸다.

[4 : 6] 히브리어 본문 6절은 1장 6절과 2장 6절에서 그러했듯이, 시문에서는 좀처럼 쓰이지 않는 '와우' 미완료 연속법으로 시작한다. 이는 알파벳 시의 형식을 맞추기 위한 것으로 보인다.

4장 4~5절에서 아이들이 겪는 어려움을 묘사한 뒤에 6절에서는 다시 **딸 내 백성** 전체를 두고 말하는데, 그 히브리어 본문에서는 개역개정판과는 달리 **딸 내 백성의 죄가 소돔의 죄악보다 무겁도다**가 먼저 나온다. 2장 14절에서는 시인이 시온의 예언자들이 시온의 죄악을 들추어 내지 않아 시온의 운명을 되돌리지 못했다고 탄식하는데, 여기서 시인은 **딸 내 백성의 죄**가 지난날 하나님께 심판받아 망한 **소돔의 죄악보다 무겁다**고 한탄한다. 여기서 '무겁다'로 옮긴 히브리 낱말은 본디 '크다'를 뜻한다.

그리고 소돔을 가리켜 **사람이 손을 대지 아니하였는데도 순식간에 무너졌다**고 한다. 여기서 '무너지다'로 옮긴 히브리 낱말은 본디 '뒤엎어지다'를 뜻한다. 이사야 1장 10절에서는 유다의 권력자들과 백성을 각각 소돔의 권력자들과 고모라의 백성이라고 부름으로써 야훼 하나님의 백성을 소돔과 고모라 사람과 같게 다룬 것과는 달리 여기서는 유다 백성을 아예 소돔보다 더 나쁘다고 한다. 이 점에서는 예루살렘이 다른 민족들보다 더 악하다고 한 에스겔 5장 6절과 통한다(겔 16 : 46-47도 참고).

흥미롭게도 예레미야애가 4장 6절에서는 유다 백성과 소돔을 비교하면서 유다 백성에게는 히브리 낱말 '아온'(**죄**)을, 소돔에게는 히브리 낱말 '핫탓'(**죄악**)을 쓴다. 이는 지금까지 죄를 표현하는 히브리 낱말로 '페샤으'(1 : 5의 **죄**, 1 : 14, 22의 **죄악**)나 '헷'(1 : 8 ; 3 : 39의 **죄**)이나 '아온'(2 : 14의 **죄악**)을 하나씩 써 온 것과 다르다. 나중에 4장 13절에서는 시온의 예언자들과 제사장들을 나란히 언급하면서 그 각각에 '핫탓'(**죄**)과 '아온'(**죄악**)을 관련시킨다.

'핫탓'은 1장 8절과 3장 39절에 나오는 '헷'과 마찬가지로 1장 8절에서 '범죄하다'로 옮긴 동사 '하타'에서 비롯된 명사다. 본디 '관계를 끊다'나 '위법행위를 하다'는 뜻의 동사에서 비롯된 '페샤으'(*HAL* 922 ; *THAT* Ⅱ 489-493 ; *ThWAT* Ⅵ 794-799 참고)와 '표적에서 빗나가다'라는 뜻의 동사에서 비롯된 '헷' 또는 '핫탓'(*THAT* Ⅰ 542-543)과는 달리 '아온'은 '구부리다', '비틀다'는 뜻의 동사에서 비롯된 명사다(*THAT* Ⅱ 244, 493). 그렇지만 때때로 '아온'은 '핫탓'과 나란히 쓰이면서 두 낱말이 한데 어우러져 죄 일반을 강조하기도 한다(*THAT* Ⅱ 246 참고).

[4 : 7] 4~5절에서 아이들이 겪는 어려움을 말한 것과는 달리 7~8절에서는 소돔보다 더 나빠진 **딸 내 백성**의 **존귀한 자들**의 달라진 모습을 두고 탄식하는데, 몇몇 히브리 낱말의 뜻이 분명하지 않은 7절에서는 그들의 이전 모습을 네 가지로 묘사한다. 글의 흐름을 따라 대충 짐작해 보면, 그들의 **몸이 눈보다 깨끗하고 젖보다 희며 산호들보다 붉어 그들의 윤택함이 갈아서 빛낸 청옥 같**았다고 한다. 한마디로 고결했다는 것이다.

[4 : 8] 그렇게 좋아 보이던 사람들의 **얼굴이 이제는 숯보다 검어**졌다고 8절 전상반절에서 말한다. 여기서 얼굴로 옮긴 히브리 낱말은 본디 '겉모습'을 뜻한다. 아무튼 이 말은 7절 첫 줄에서 **눈보다 깨끗하고 젖보다 희**다고 한 것과 정반대가 된다. 또한 이는 앞서 1절에서 금이 변했다고 한 것과 통한다. 이렇게 모습이 아주 달라졌으므로, **어느 거리에서든지 알아볼 사람이 없**다고 한다. 사람들이 그들을 거리에서 만나더라도 알아볼 수 없었다는 뜻이다. 8절 히브리어 본문에서는 개역개정판과는 달리 이 말 다음에 **그들의 가죽** 곧 살갗**이 뼈들에 붙어 막대기 같이 말**랐다는 말이 나온다. 이는 또 다른 방식으로 그들이 달라진 모습을 알려 준다. 곧 살이 다 빠져 살갗이 오그라들어 뼈에 붙어 막대기처럼 말라 버렸다는 것이다. 이 또한 산호같이 붉고 청금석 같았

던 이전의 모습과는 아주 딴판이다.

[4 : 9] 9절에서는 전쟁의 소용돌이 가운데서 굶주림에 시달리는 사람들의 어려운 상황을 묘사한다. **칼에 죽은 자들이 주려 죽은 자들보다 나음은 토지 소산이 끊어지므로 그들은 찔림 받은 자들처럼 점점 쇠약하여 감이로다**라고 하는데, 여기서 **죽은 자**로 옮긴 히브리 낱말은 앞서 2장 12절에서 **상한 자**로 옮긴 '할랄'이다. 아무튼 적군의 칼에 찔려 목숨을 잃는 것보다 살아남았으나 먹을 것이 없어 굶주림으로 서서히 생명이 다해 가는 것이 훨씬 더 괴롭다고 한 것이다.

[4 : 10] 이처럼 심한 굶주림에 시달리자 **자비로운 부녀들**조차 **자기들의 손으로 자기들의 자녀들을 삶아 먹었**다고 한다. 여인들이 제 자식을 먹는다는 탄식은 앞서 2장 20절의 기도에 나온 바 있다. **딸 내 백성이 멸망할 때에** 이런 처참한 상황이 벌어졌다는 것인데, 여기서 **딸 내 백성이 멸망할 때에**로 옮긴 히브리어 표현은 '**딸 내 백성**의 상처 가운데'로 직역할 수 있다. 앞서 여러 가지로 묘사한 재난을 뭉뚱그리는 표현이 '**딸 내 백성**의 상처'다(2 : 11 ; 3 : 48).

야훼께서 시온에 재난을 내리셨다는 점을 강조하여 노래하는 2장 1~10절과는 달리 4장 1~10절에서는 지난날에 누렸던 영광을 다 잃어버리고 망하여 천해진 시온의 모습을 무엇보다도 아이들과 상류층의 처참한 상황을 통해 묘사한다. 그러니까 2장 1~10절에서는 재난을 내리신 주체가 야훼이심을 드러나게 말했다면, 4장 1~10절에서는 그렇게 야훼께서 재난을 내리신 결과로 시온에 얼마나 끔찍한 상황이 벌어졌는가 하는 관점에서 노래한다. 여기서는 아직 야훼를 주어로 하는 문장이 나오지 않았다는 점도 이런 사실을 뒷받침해 준다. 이 점에서 4장 1~10절은 1장 1~2절, 7~9절 둘째 줄과 비슷하다고 볼 수 있다.

이방 나라보다 더 무거운 죄를 저질러 망한 시온의 참상을 두고 탄식하는 시인의 말에서 오늘 그리스도인들은 무엇을 깨닫게 되는가?
첫째, 오늘의 교회들도 자칫 잘못하면 교회 밖의 악인들보다 더 나빠질 수 있다. 둘째, 그렇게 범죄한 그리스도인들의 공동체가 하나님이 내리신 재난으로 어려움에 빠지면 지난날의 고귀함을 잃어버리고 길거리에 내버려져 천대 받는 대상으로 떨어질 수 있다. 셋째, 또한 공동체 안에서 마땅히 어린이들을 돌보아야 할 어른들이 비정해져서 그들을 잘 돌보기는커녕 오히려 어린 자식까지 해치는 끔찍한 일이 벌어질 수도 있다.

2. "여호와께서 시온에 불을 지르사"(4 : 11-16)

11여호와께서 그의 분을 내시며
그의 맹렬한 진노를 쏟으심이여
시온에 불을 지르사
그 터를 사르셨도다
12대적과 원수가
예루살렘 성문으로 들어갈 줄은
세상의 모든 왕들과
천하 모든 백성이 믿지 못하였었도다
13그의 선지자들의 죄들과
제사장들의 죄악들 때문이니
그들이 성읍 안에서

의인들의 피를 흘렸도다
14 그들이 거리 거리에서 맹인 같이 방황함이여
그들의 옷들이 피에 더러워졌으므로
그들이 만질 수 없도다
15 사람들이 그들에게 외쳐 이르기를 저리 가라 부정하다,
저리 가라, 저리 가라, 만지지 말라 하였음이여
그들이 도망하여 방황할 때에 이방인들이 말하기를
그들이 다시는 여기서 살지 못하리라 하였도다
16 여호와께서 노하여 그들을 흩으시고
다시는 돌보지 아니하시리니
그들이 제사장들을 높이지 아니하였으며
장로들을 대접하지 아니하였음이로다

1~10절에서 주로 시온에 닥친 재난 상황을 두고 홀로 탄식하던 시인은 11~20절에서 어찌하여 이런 일이 닥쳤는지 그 까닭을 밝힌다.

11절에서는 야훼께서 진노하셔서 시온을 불태우셨다고 하고, 12절에서는 적들이 예루살렘에 진입한 사실을 말한다. 13절에서는 그 까닭이 예루살렘의 종교 지도자들에게 있음을 밝히고, 14~15절 첫 줄에서는 이들이 본토에서 겪는 어려움을, 15절 둘째 줄에서는 고향을 떠나서도 배척받는 상황을 묘사한다. 16절에서는 다시 한 번 이 모든 일은 야훼께서 그들을 외면한 결과임을 똑똑히 말한다. 이런 식으로 이 단락에서는 주로 종교 지도자들이 겪는 어려움을 말하면서 야훼의 진노가 시온에 임했음을 말한다.

탄식하는 주체와 고난 당사자가 일단 구별되고 시인이 혼잣말로 탄식한다는 점에서는 11~16절도 1~10절과 같지만, 개인 탄원시에서 탄원자가 (1) 야훼를 원망하거나 야훼께 항의하는 투로 아뢰는 말, (2) 적들의 행태를 고발하는 말, (3) 죄를 고백하는 말, (4) 자신의 곤경을 묘사하는 말에 상응하

는 요소를 11~16절에서 찾아볼 수 있다. (1) 11절과 16절 전반절, (2) 12절, (3) 13절, (4) 14~15절과 16절 후반절이 각각 그러하다.

[4 : 11] 4장에서는 11절에 이르러서야 처음으로 **여호와**가 주어로 나타난다. **여호와께서 그의 분을 내시며**로 옮긴 히브리어 문장은 "야훼께서 그의 노를 다 터뜨리셨도다."로 직역할 수 있다. 이처럼 야훼께서 노여워하심을 뒤이어 우선 **그의 맹렬한 진노를 쏟**으셨다는 말로 다시 설명한다. **맹렬한 진노**로 옮긴 히브리어 표현은 1장 12절 셋째 줄에 나온 '하론 압'이다. 구체적으로는 야훼께서 **시온에 불을 지르사 그 터를 사르셨**다고 한다. 여기서 그 터를 사르셨다고 옮긴 히브리어 표현은 "그것(=불)이 그(=시온)의 터를 집어삼켰다."로 직역할 수 있다. 야훼께서 시온에 불을 놓으셨다는 말은 2장 3절을 생각나게 한다. 거기서는 야훼께서 야곱을 불사르셨다고 하는데, 여기서는 시온에 불을 놓아 시온의 터를 그 불이 집어삼켰다고 함으로써 야훼께서 예루살렘을 철저하게 파괴하셨음을 말한다. 이는 앞서 1절 둘째 줄에서 거룩한 돌들이 거리 어귀마다 엎질러져 있다고 한 바와 통한다. 그런데 시온에 불을 실제로 놓은 것은 바벨론의 야전사령관 느부사라단이다(왕하 25 : 8-9 ; 렘 52 : 12-13). 그런데도 야훼를 시온 방화의 장본인으로 지목함으로써 시인은 시온에 재난을 내리신 이가 야훼이시라는 점에 집중한다.

[4 : 12] 다음으로 12절에서는 예루살렘이 점령된 것을 두고 이 땅의 어떤 통치자도 그 누구도 믿지 못할 일이 벌어졌다고 한다. **대적과 원수가 예루살렘 성문으로 들어갈 줄은 세상의 모든 왕들과 천하 모든 백성이 믿지 못하였었**다는 말에서 **대적**('차르', 1 : 5, 5, 7, 7, 10, 17 ; 2 : 4, 17)과 **원수**('오옙', 1 : 2, 5, 9, 16 ; 2 : 3, 4, 5, 7, 16, 22 ; 3 : 46, 52)는 1~3장에서 여러 번 따로 또는 나란히 나왔던 표현인데, 실제로는 예루살렘을 점령하고 유다를 멸망시킨 이방 군대를 가리킨다. 이사야 52장 15절에서는 왕들이 야훼의 종이 크게 상한

모습을 보는 증인이 된다. 여기서는 야훼께서 당신의 성읍에 내리신 재난의 증인이 된다. 이런 식으로 시인은, 야훼께서 예루살렘에 내리신 재난이 그저 이스라엘 땅에서만 일어나는 것이 아니라 온 누리 앞에서 벌어진 것이요, 누구나 볼 수 있는 세계무대에서 벌어진 사건임을 분명히 한다. 아무튼 여기에는 야훼께서 예루살렘을 이 땅의 모든 위협에서 지키신다는 믿음이 전제되어 있다. 앞서 11절에서 **시온**이라 하던 것을 여기서는 **예루살렘**이라 부르는 점이 눈에 띈다. 시온과 마찬가지로 예루살렘도 3장에는 전혀 나오지 않았고, 1~2장에 여러 번 나왔다(1 : 7, 8, 17 ; 2 : 10, 13, 15).

아무튼 12절에서는 있을 수 없는 일, 도저히 믿을 수 없는 일이 일어났음을 말한다. 다른 한편으로 12절은 예루살렘이 야훼의 보호를 받는 성읍이라는 사실이 세상의 모든 통치자들과 세상 사람들에게 널리 알려져 있음을 전제한다. 이처럼 예루살렘은 결코 적군에게 점령될 수 없다는 믿음에 정면으로 도전한 예언자가 바로 미가와 예레미야다. 일찍이 주전 8세기에 예루살렘의 멸망을 예언한 미가(미 3 : 12)를 따라 한 세기 뒤 예레미야도 야훼의 이름으로 예루살렘 성전이 부서지고 예루살렘 성읍이 황폐해질 것을 선포했다(렘 7 : 14 ; 26 : 6, 9). 바로 그 때문에 이 예언을 받아들일 수 없었던 사람들에게 예레미야도 목숨을 잃을 뻔 했다(렘 26 : 11). 같은 내용의 예언을 한 우리야는 여호야김 왕의 손에 목숨을 잃었다(렘 26 : 20-24).

[4 : 13] 이처럼 믿을 수 없는 일들이 일어난 까닭을 13절에서는 예루살렘의 종교 지도자들의 탓으로 돌린다. **그의 선지자들의 죄들과 제사장들의 죄악들 때문이니**라는 전반절에서 **죄**('핫탓')와 **죄악**('아온')이 나란히 나오는데, 앞서 6절에서도 그러했다. 다만 두 낱말의 차례가 뒤바뀌어 있는데도 개역개정판에서는 한결같이 '죄'와 '죄악'으로 옮겼다.

13절 후반절에서는 이런 선지자들과 제사장들을 두고 **그들이** 성읍 **안에서 의인들의 피를 흘렸**다고 한다. 예언자들과 제사장들이 의인들을 죽이게 했음을 뜻한다. 그런데 유다가 멸망할 때까지 예루살렘의 예언자들과 제사장들이 의인들을 죽이는 일에 관여했다는 직접적인 기록은 구약 어디서도 찾아보기 힘들다. **제사장들과 선지자들**은 앞서 2장 20절에서 그들이 **성소에서 죽임을 당하오리이까**라고 할 때 나란히 나온 적이 있다. **제사장들**은 1장 4절에서 시온에 재난이 닥친 뒤에 탄식했고, 19절에서는 장로들과 함께 먹을 것을 찾다가 숨졌으며, 2장 6절에서는 야훼께서 왕과 마찬가지로 얕잡아 보시는 대상이 되었다. **선지자들**은 2장 9절에서 야훼의 계시를 받지 못하는 자가 되었고, 14절에서는 헛되고 쓸모없는 것을 본 탓에 시온의 허물을 들추어내어 시온의 운명을 되돌리지 못하고 헛된 말들과 그르치는 것들만 보는 잘못을 저질렀다고 한다. 이처럼 예루살렘 예언자들의 잘못은 2장 14절에서 언급했지만, 예루살렘 제사장들의 죄를 지적하는 말은 4장 13절에 와서야 비로소 나타난다.

[4 : 14] 14절 전상반절에서는 이 종교 지도자들이 시각장애인처럼 **거리 거리에서 방황**한다고 한다. **거리 거리에서**는 앞서 5절에서 귀하게 자란 아이들이 겪는 괴로움을 묘사할 때 나왔던 표현이고, '**방황하다**'로 옮긴 히브리 동사는 오히려 비틀거림을 뜻한다(*HAL* 644a ; 가톨릭성경, *ZB*, *Buber* ; Renkema 480). 이는 전란이 닥치자 **선지나나 제사장이나 알지 못하는 땅으로 두루 다**닌다고 한 예레미야 14장 18절과 견주어 볼 만하다. 그런데 예레미야애가 4장 14절에서는 이 종교 지도자들의 비틀거림을 말하는 데에 덧붙여 **그들의 옷들이 피에 더러워졌으므로 그들이 만질 수 없도다**라고 한다. 그런데 이 번역은 히브리어 본문의 짜임새를 따라 "**그들**이 **피에 더러워졌으므로** 아무도 그들의 옷을 **만질 수 없도다.**"로 고치는 것이 좋다. 여기서 말하는 **피**가 앞서 13절에서 그들이 흘리게 한 **의인들의 피**인지, 아니면 전쟁에서 죽거나 다친 사람들의 피인지, 아니면 그들 자신이 다쳐 흘리는 피인지 확실히 알 수 없다. 그런데 "아무도 그들의 옷을 만질 수 없도다."라고 하는 말에 비추어 보

면, 아마도 전쟁에서 죽은 사람의 피인 듯하다. 들에서 칼에 죽은 자를 만졌으면 이레 동안 부정(不淨)하다고 하는 민수기 19장 16절의 내용이 그 배경인 것으로 보인다. 따라서 여기서 말하는 더러움은 위생의 문제가 아니라 종교적인 부정함을 뜻한다. 부정함은 야훼의 백성이 거룩하신 하나님의 백성답게 하나님의 영역에 들어설 수 있는 조건이 훼손되어 하나님 백성의 공동체 안에도 머물 수 없는 상황을 가리키는데, 그 중심 히브리 낱말은 '타메'(טָמֵא)이지만 그와 같은 뜻으로 예레미야애가 4장 14절에서 '더러워지다'로 옮긴 히브리 동사의 뿌리 '가알'(גאל)을 쓸 수도 있다(*RGG*[4] Ⅶ 239-240 참고). 이 점은 바로 다음 절에서도 확인할 수 있다.

[4 : 15] 15절에서는 피로 더럽혀진 그들의 옷을 사람들이 만질 수 없을 뿐만 아니라 그들 자체가 사람들에게서 배척받음을 말한다. **사람들**은 **그들에게 외쳐 이르기를 부정하다, 저리 가라, 저리 가라, 만지지 말라** 했다는 것이다. 레위기 13장 45절에 따르면, **부정하다**('타메') **부정하다**라고 외칠 사람은 악성 피부병에 걸린 사람 자신인데, 여기서는 피로 더러워진 종교 지도자들을 보는 사람들이 그들을 가리켜 **부정하다**라고 **외쳐** 말했을 뿐만 아니라 **저리 가라, 저리 가라**고 하면서 그들을 내쫓고 그들에게 아무것도 **만지지 말라**고 했다고 한다. 피로 더러워진 사람들이 만지는 것도 부정해진다고 보았기 때문이다. 민수기 19장 22절을 보면, **부정한 자가 만진 것은 무엇이든지 부정**하다고 한다. 따라서 피로 더럽혀져 부정해진 사람이 만지는 것은 다 부정해져서 이스라엘 공동체의 정한 상태, 곧 야훼 하나님과 계속 관계를 유지할 수 있는 상황을 깨뜨리게 되므로, 아무리 선지자들이나 제사장들이라 하더라도 그들을 내보낼 수밖에 없고 그들에게 어떤 것이든 만지지 말라고 할 수밖에 없다.

15절 후반절에서는 그렇게 쫓겨난 **그들**이 고향 땅에서 **도망하여 방황**하게 되었는데, 이번에는 그들을 만나는 **이방인들이 말하기를 그들이 다시는**

여기서 살지 못하리라 하였다고 한다. 부정한 존재로 동포 사회에서 쫓겨나 다른 나라에 가서 비틀거리면 그곳 사람들조차 그들을 지속적으로 받아들이려 하지는 않겠다고 말했다는 것이다. 앞서 14절 첫 줄에 나왔던 '**방황**하다'가 여기 다시 한 번 쓰임으로써 그들이 본토에서든 타향에서든 어려움을 겪음을 묘사한다. 15절 후반절에서 '살다'로 옮긴 히브리 동사는 이런저런 사정으로 고향을 떠나 낯선 곳에서 나그네로 토박이들의 호의에 의존하여 한동안 몸 붙여 머무르는 것을 뜻한다.

[4 : 16] 이처럼 예언자들과 제사장들이 나라 안팎에서 배척받은 것은 야훼께서 하신 일임을 16절에서 다시 한 번 똑똑히 밝힌다. **여호와께서 그들을 흩으셨**다고 한다. 여기서 **여호와**라는 이름이 이 단락의 첫 절인 11절에 이어 두 번째이자 마지막으로 단락 마지막 절에 나타난다. 그런데 그 히브리어 본문에서는 '**여호와**의 얼굴이'(**פְּנֵי יהוה**, '프네 야흐웨') **그들을 흩으**셨다고 한 점이 독특하다. 이는 알파벳 시의 형식에 맞추어 이 절을 히브리 자모 '페'(**פ**)로 시작하려고 한 의도에서 비롯된 것으로 보인다. 다른 한편으로 '**여호와**의 얼굴'은 **여호와** 자신을 뜻한다. '여호와의 얼굴'이 주어로 나오는 히브리어 문장은 그 표현으로 야훼께서 출애굽 백성과 인격적인 함께 계심을 뜻하는 출애굽기 33장 14절과 15절과 이사야 63장 9절에서도 찾아볼 수 있다(*THAT* Ⅱ 446-447 참고). 예레미야애가 4장 16절 전상반절에서 '**흩**다'로 옮긴 히브리 동사는 본디 무엇을 여러 부분으로 잘게 나눔을 뜻하는데, 창세기 49장 7절에서 시므온과 레위를 두고 야곱이 그들을 야곱 자손 가운데 흩어 버리겠다고 한 말에 한 번 더 나올 따름이다. 그와는 달리 예레미야애가 4장 16절에서는 예언자들과 제사장들을 야훼께서 전 세계로 흩어지게 하셨음을 말한다.

뒤이어 16절 전하반절에서는 야훼께서 그들을 **다시는 돌보지 아니하시리**라고 함으로써 이들을 야훼께서 완전히 외면하고 계심을 알려 준다. 여기서

'**돌보**다'로 옮긴 히브리 동사는 앞서 1장 11절과 2장 20절에서 '나' 시온이 야훼께 기도할 때 동사 '보다'('라아')와 나란히 쓰인 '힙빗'이므로 '살피다'로 바꾸어 번역할 만하다. 시온이든 예언자들이든 제사장들이든 야훼께서 살피시지 않으면 가련한 신세가 될 수밖에 없다. 이와는 달리 3장 63절에서 원수들에게 괴롭힘을 당하는 **내**가 야훼께 그들이 앉고 서는 것을 살펴 달라고 기원했다.

이처럼 야훼께서 예언자들과 제사장들을 살피시지 않으시자 4장 16절 후상반절에서는 **그들이 제사장들을 높이지 아니하였**다고 한다. 여기서 **그들**은 일반 사람들을 가리킨다. **제사장들**은 히브리어 본문에서 '**제사장들**의 얼굴'로 되어 있다. 이 경우에 '얼굴'은 한 사람의 전 존재, 곧 그 사람 자체를 가리키는 말로 이해할 수 있다(*THAT* Ⅱ 440-441 참고).

이리하여 히브리어 본문을 보면 16절 전반절과 후반절은 둘 다 '……의 얼굴'('프네')이라는 낱말로 시작하면서 대조를 이룬다. 그 '얼굴'이 첫 줄에서는 야훼의 얼굴이고 둘째 줄에서는 제사장들의 얼굴인데, 야훼께서 제사장들에게서 당신의 얼굴을 돌리셨으므로 사람들이 그 제사장들의 얼굴을 높이지 않았다는 식으로 이해할 수 있다. 결국 야훼께 외면당한 제사장들은 사람들에게도 외면당했다는 것이다.

이상하게도 16절 후하반절에서는 사람들이 **대접하지 아니하였**다고 하는 인물들로 예언자들 대신에 **장로들**이 나온다. 앞서 1장 19절에서 예루살렘 성안에서 먹을 것을 찾다가 숨진 사람들로 제사장들과 장로들이 함께 나온 적이 있다. 2장 10절에서는 시온의 장로들이 땅에 앉아 침묵하여 티끌을 머리 위로 올리며 베옷을 둘렀다고 한다. 4장 16절에서 '**대접하다**'로 옮긴 히브리 동사는 아무개를 은혜롭게, 호의를 가지고 잘 대함을 뜻하는데 구약성서에서 주로 하나님을 주어로 쓴다. 여기서는 사람들이 호의를 품고 장로들을 대하지 않았음을 뜻한다.

4장 11~16절에서 시인은 자기 백성을 향한 **여호와**의 진노를 말하는 데서 시작하여 그 **여호와**의 얼굴이 예루살렘의 종교 지도자들을 흩으셨다고 하는 구절로 끝냄으로써 이해할 수 없는 시온의 멸망이 그들의 잘못 때문에 **여호와**께서 행하신 일임을 똑똑히 밝히면서 그 멸망과 함께 그들 자신에게 어떤 재난이 닥쳤는지 노래한다. 의인들의 피를 흘린 종교 지도자들은 나라 안팎의 사람들에게 따돌림을 받게 되었다!

이와 비슷한 내용의 탄식은 1장 4~6절과 2장 1~10절에서 찾아볼 수 있다.

설교를 위한 묵상

옛 이스라엘의 예언자들과 제사장들에 견줄 만한 오늘 교회의 지도자들은 교역자들이다. 그렇다면 예레미야애가 4장 11~16절을 읽는 사람들은 혹시라도 오늘의 교역자들이 교회 안의 의인들을 해치고 있지 않은지 생각해 보지 않을 수 없다. 그런 일이 있다면 이는 결국 하나님이 몸소 당신의 교회 공동체에 불을 놓으실 수밖에 없도록 하는 무서운 범죄가 된다. 그런 재난이 닥치면 이런 잘못된 교역자들 또한 이 세상 그 어디에도 몸 붙일 데가 없어지지 않겠는가? 이 얼마나 무서운 경고의 말씀인가!

3. "우리가 헛되이 도움을 바라므로"(4 : 17–20)

17 우리가 헛되이 도움을 바라므로
우리의 눈이 상함이여
우리를 구원하지 못할 나라를

바라보고 바라보았도다
18 그들이 우리의 걸음을 엿보니
우리가 거리마다 다 다닐 수 없음이여
우리의 끝이 가깝고 우리의 날들이 다하였으며
우리의 종말이 이르렀도다
19 우리를 뒤쫓는 자들이
하늘의 독수리들보다 빠름이여
산 꼭대기까지도 뒤쫓으며
광야에서도 우리를 잡으려고 매복하였도다
20 우리의 콧김 곧 여호와께서 기름 부으신 자가
그들의 함정에 빠졌음이여
우리가 그를 가리키며 전에 이르기를
우리가 그의 그늘 아래에서
이방인들 중에 살겠다 하던 자로다

우리의 말인 17~20절에는 야훼를 가리키는 단수 이인칭 남성형 대명사나 대명접미어가 나오지 않는다. 따라서 4장 17~20절도 3장 40~41절과 마찬가지로 **우리**끼리 하는 말로 볼 수 있다.

4장 1~16절과 비슷한 성격을 띠는 2장 1~12절 다음에 시인이 고난 당사자인 시온 공동체에게 건네는 말이 13~19절에 나오는 것과는 달리, 4장에서는 시온의 참상과 야훼의 혹독한 조치를 두고 탄식하는 1~16절 다음에 곧바로 이 공동체가 **우리**의 목소리로 탄식하는 말이 뒤따른다. 이리하여 4장이 시작은 2장처럼 했으나 17~20절에 가서는 오히려 3장 40~41절과 비슷해진다.

그렇지만 3장 40~41절은 **우리**끼리 다짐하는 말인 것과는 달리 4장 17~20절에서 **우리**는 자신들의 괴로움을 두고 탄식한다. 다만 이는 **나**의 혼잣말 탄식과 비슷한 성격을 띠는 점에서, 야훼께 자신들의 괴로움을 호소하고 도움을 구하는 공동체 탄원시와 다르다. 그런데 예레미야애가에서 **나** 시온이 자신에게 닥친 재난을 두고서 혼잣말로 탄식하는 경우는 찾아볼 수 없다. 다만 실제 효과를 두고 보면, 시온이 1장 12~16절에서 길 가는 사람들에게, 18~19절에서 모든 백성들에게 자신의 아픔을 두고 한탄하는 말을 4장 17~20절과 견주어 볼 만하다.

4장 17~20절의 내용을 글의 흐름을 따라 살펴보면, 맨 먼저 17절에서는 **우리**가 바깥 도움을 기다리다가 지쳤음을 말하고, 18절에서는 정복자들의 억압 가운데 절망의 소리를 내뱉는다. 19절에서는 정복자들이 위세를 떨치며 유다 전역에서 **우리**를 괴롭힘을 묘사한다. 20절에서는 **우리**의 임금이 적들에게 잡혔음을 탄식한다. 17~18절과 20절에서는 **우리**가 처한 어려운 상황을, 19절에서는 적들의 행태를 묘사한다. 이 둘은 야훼께 아뢰는 형식으로 된 공동체 탄원시에서도 찾아볼 수 있는 요소다.

17절은 여기서 탄식하는 **우리**가 지난날 유다 왕국에 속했던 사람들이라는 점을 짐작할 수 있게 한다. 17~18절은 무엇보다도 예루살렘 함락 직전의 상황을(왕하 25 : 1-3 ; 렘 52 : 4-6), 19절은 그 직후의 상황을 생각나게 한다(왕하 25 : 4-6 ; 렘 52 : 7-9). 이리하여 이 단락에서는 유다 멸망의 소용돌이에서 살아남은 사람들이 예루살렘 함락 직전과 직후의 상황을 회상하며 탄식하는 것으로 생각해 볼 만하다. 그리함으로써 앞서 11~16절에서 예루살렘 종교 지도자들의 범죄로 야훼께서 시온에 내리신 재난이 실제로 예루살렘 주민과 통치자에게 어떤 모습으로 닥쳤는지를 다시 한 번 생생하게 기억하게 한다.

[4 : 17] 우리가 헛되이 도움을 바라므로 우리의 눈이 상함이여로 옮긴 17절 전반절 히브리어 본문을 그 짜임새와 낱말 순서를 최대로 살려 다시 번역해 보면, "여전히 우리의 눈이 짓물러지도다, 우리의 **도움**을 향해 **헛되이**!"가 된다. "눈이 상하다."라는 표현은 앞서 2장 11절에 나온 바 있다. 거기서는 '**딸 내**

백성의 상처'를 두고 울부짖는 '나'의 **눈이 눈물에 상**했다고 말했다면, 여기서는 '우리', **우리** 시온 사람들이 바깥에서 올 도움이 기다리느라 **눈이 상**했다고 한다. 이는 어려움에 빠진 사람이 바깥 도움을 간절히 기다리고 있었음을 말하는데, 시편 119편 123편에서 "제 눈이 당신의 도움을 바라다가 짓물러졌습니다."(사역)라고 하는 것과 통한다. 다만 거기서는 시인이 야훼의 도움을 바랐다면, 예레미야애가 4장 17절에서는 후반절에서 알 수 있듯이 **우리**가 동맹군의 도움을 기대했던 점에서 차이가 난다.

17절 전반절에서는 그렇게 기다렸지만 아무 보람이 없었음을 말한다. **헛되이**로 옮긴 히브리 낱말 '헤벨'(הֶבֶל)은 본디 '덧없이 사라지는 숨'(시 62 : 10[9] 등)을 뜻하는데, '아무것도 아님', '덧없음'(전 6 : 4 등), 마침내는 우상(신 32 : 21 ; 왕상 16 : 13, 26 ; 왕하 17 : 15 ; 렘 2 : 5 ; 8 : 19 ; 14 : 22 ; 욘 2 : 8[9] ; 시 31 : 6[7])을 가리키는 말로 쓰인다(*HAL* 227b).

그렇게 **헛되이** 기다린 바깥 도움이 실제로 무엇이었는지는 17절 후반절에서 알 수 있다. **우리를 구원하지 못할 나라를 바라보고 바라보았도다**로 옮긴 히브리어 본문은 "돕지 **못할** 민족을 향해 우리의 초소에서 **바라보았도다.**"로 직역할 수 있다. 우리 눈이 짓물러질 정도로 목이 빠져라 기다리고 있었던 것은 우리를 도우러 올 동맹군이었다. 그런데 어차피 그들은 도울 수 없는 상황에 있었다는 것이다. 이 문장을 읽으면, 예레미야 37장 7~10절에서 알 수 있듯이, 애굽 군대가 나섰다는 소식에 바벨론 군대에 에워싸여 있던 예루살렘 사람들이 잠시 희망을 품었지만 바라던 대로 되지 않았던 사실이 생각난다. 이는 또한 유다가 도움을 바랐던 애굽이 도울 수 없다는 점을 똑똑히 알려 주는 이사야 30장 2~5절과도 통한다. 또한 이러한 **우리**의 말은 예레미야가 평소에 외치던 바와는 다르다(렘 2 : 36 참고). 그리하여 여기서 말하는 **우리**는 예언자 예레미야의 말을 듣지 않다가 망해 버린 유다 백성인 것으로 볼 수 있다.

[4 : 18] 애타게 기다리던 바깥 도움을 받지 못한 상태에서 **우리**가 겪는 어려움을 18절부터 묘사한다. 먼저 18절 전반절에서는 **그들이 우리의 걸음을 엿보니 우리가 거리마다 다 다닐 수 없**다고 하면서 **우리**의 움직임이 **그들** 때문에 자유롭지 못함을 말한다. 여기서 **거리**로 옮긴 히브리 낱말은 앞서 2장 11~12절에서 알아본 바처럼 광장을 뜻하는 '르홉'이다. '**엿보**다'로 옮긴 히브리 동사는 앞서 3장 52절에 나왔던 동사로 사람이 새나 짐승을 사냥하듯이 몰아댐을 뜻하는 '춧'(צוּד)이므로, '뒤쫓다'로 바꾸어 번역할 만하다(가톨릭성경, *NRSV*, *LB* ; Hillers 77 ; Berges 230 ; Owens 376 ; House 433 참고). **우리**가 광장으로 나다니지 못하게 **우리**의 걸음을 뒤쫓는 **그들**은 아마도 정복자들, 앞 단락의 12절에서 예루살렘 성문으로 들어왔다고 한 대적과 원수인 듯하다.

이렇게 뒤쫓기는 삶이 너무 힘들고 바라던 도움은 없으므로 4장 18절 후반절에서는 **우리의 끝이 가깝고 우리의 날들이 다하였으며 우리의 종말이 이르렀도다**라고 부르짖는다. 이제 더는 견뎌낼 수 없음을 느끼게 된 것이다. **우리의 종말** 곧 **끝이 이르렀도다**라는 말은 일찍이 여름 과일 광주리의 환상 가운데 야훼께서 아모스에게 "내 백성 이스라엘에게 끝이 이르렀다."(암 8 : 2 사역)고 하신 말씀과 에스겔에게 이스라엘 땅을 두고서 "끝이 이르렀다."(겔 7 : 2 사역)고 하면서 에스겔을 통해 이스라엘에게 "네게 끝이 이르렀다."(겔 7 : 3, 6 사역)라고 하신 말씀을 생각나게 한다. 이런 예언에 비추어 보면, 예레미야애가 4장 18절의 **우리**는 일찍이 예언자들을 통해 선포된 야훼 백성의 끝이 실제로 이르렀다는 느낌을 강하게 받은 것으로 보인다.

[4 : 19] 18절 전반절에서 묘사했던 정복자들의 행태를 19절에서 계속 다룬다. 이번에는 그들을 가리켜 **우리를 뒤쫓는 자들**이라고 부른다. 여기서 '**뒤쫓**다'로 옮긴 히브리 동사 '라답'은 1장 3절과 6절과 3장 66절에서 시온의 원수들을 가리키는 말로 썼다. 그들이 **하늘의 독수리들보다 빠름이여**라고 함은 그

들의 추격 속도가 빠름을 뜻한다. 독수리보다 빠르다는 말은 예레미야 4장 13절에서 북에서 밀어닥칠 적군들의 모습을 묘사할 때 나온 표현이기도 하다. 다른 한편으로 사무엘하 1장 23절에서는 사울과 요나단을 두고 독수리보다 빠르다고 했다.

예레미야애가 4장 19절 후상반절에서 정복자들이 **산 꼭대기까지도 뒤쫓으며**라고 할 때, **산 꼭대기까지도**로 옮긴 히브리어 표현은 본디 '산들 위로'를 뜻하고, '**뒤쫓**다'로 옮긴 히브리 동사 '달락'(דָּלַק)은 본디 '불을 놓다'(옵 18), '불타다'(잠 26 : 23, 개역개정에서는 이 뜻이 드러나지 않는다.)를 뜻하는데 여기서는 불같이 무섭게 따라옴을 가리킨다(*HAL* 214b). 19절 후하반절에서는 그들이 **광야에서도 우리를** 잡으려고 **매복하였**다고 한다. 광야에서 엎드려 **우리**를 노렸다는 것인데, 여기서 '**매복하**다'(사역 : '엎드려 노리다')로 옮긴 히브리 동사 '아랍'(אָרַב)은 3장 10절에 나온 바 있다. 거기서는 야훼를 '엎드려 나를 노리는 곰'에 견주었다.

이처럼 정복자들이 산들 위로 뒤쫓고 광야에 매복했다 함은 바벨론 군대가 예루살렘 성 안뿐만 아니라 유다 전역에서 유다 사람들을 박해했음을 말한다. 이는 4장 19절 후상반절과 후하반절 히브리어 본문에서는 각각 장소를 나타내는 전치사구 '산들 위로'와 **광야에서**를 술어동사보다 앞세워 강조하는 데서도 드러난다.

[4 : 20] 이렇게 무서운 기세로 **우리**를 뒤쫓던 정복자들의 손에 **우리**의 최고 지도자도 떨어졌다고 20절에서 탄식한다. 그 최고 지도자가 왕이라는 점은 무엇보다도 그를 가리켜 **여호와께서 기름 부으신 자**라고 부른 데서 잘 드러난다. 그 히브리어 표현 '므쉬아흐 야흐웨'(מְשִׁיחַ יהוה)는 주로 이스라엘의 임금을 가리키기 때문이다(삼상 2 : 35 ; 24 : 7, 11 ; 삼하 19 : 21[22] ; 대하 6 : 42 ; 시 2 : 2 등)(*HAL* 609b).

그런데 그에 앞서 20절 첫머리에서 이 왕을 가리켜 **우리의 콧김**이라고 한다. 그 히브리어 표현 '루아흐 압페누'(רוּחַ אַפֵּינוּ)를 직역하면 '우리의 코의 숨'이 되는데 풀어서 옮기려면 '우리 생명의 숨결' 정도로 할 수 있다. 이 독특한 표현을 맨 앞에 세운 것은 알파벳 시의 형식을 따라 이 절을 히브리어의 스물째 자모 '레쉬'(ר)로 시작하려 했기 때문일 것이다. 물론 이런 말에는 위기에 처한 나라를 구하고 자기들을 살려 줄 것을 왕에게 기대했기 때문인 것으로 보인다.

이 점이 바로 그를 가리키는 셋째 방식에서 드러난다. 20절 후반절에서 **우리**는 자신들이 **그를 가리키며 전에** 했던 말을 인용한다. 다름 아니라 **우리가 그의 그늘 아래에서 이방인들 중에 살겠다**라고 말했다는 것이다. 그 히브리어 문장은 "우리가 민족들 가운데서 그의 그늘 아래 살리라고 말했다."로 직역할 수 있다. 여기서 '민족들'로 옮긴 히브리 낱말 '고임'(גּוֹיִם)을 반드시 이방 세계를 가리키는 것으로 볼 필요는 없다. 그보다는 오히려 이스라엘을 포함하여 모든 민족으로 이루어진 세계 사회로 이해하는 것이 더 나아 보인다. **여호와는 너를 지키시는 이시라 여호와께서 네 오른쪽에서 네 그늘이 되시나니**라는 시편 121편 5절에서 알 수 있듯이, **그늘**은 흔히 보호, 특히 하나님의 보호를 뜻한다(시 91 : 1 ; 사 49 : 2 ; 51 : 16 ; 시 17 : 8 등). 그런데 드물게 정치 권력자를 백성의 그늘이라 하기도 한다(삿 9 : 15 ; 겔 31 : 17).

이런 **우리**의 왕이 정복자 **그들의 함정에 빠**져 잡혔다 함은 시드기야가 바벨론 군대의 손에 사로잡힌 것을 가리키는 듯하다(왕하 25 : 5-6 ; 렘 52 : 8-9).

이처럼 밖으로는 강대국을, 안으로는 사람 통치자를 의지하여 나라의 안전을 꾀하지 말라고 거듭 경고했던 사람들이 예언자들이다. 이 점을 두고 보더라도 예레미야애가 4장 17~20절의 **우리**는 예레미야의 말을 듣지 않던 유다 백성으로 볼 수 있다. 4장 17~20절을 읽다 보면, 사람을 의지하는 사람은 저주받고 야훼를 의지하는 사람은 복을 받으리라고 한 예레미야 17장 5~8절이 생각난다. 이 넉 절도 바로 앞의 1~4절에 비추어 읽으면, 야훼를 의지하지 않고 사람을 의지하는 유다 백성을 향한 경고의 말로 읽을 수 있다.

나라의 운명이 바람 앞의 등불처럼 위태로운 상황에서도 유다 사람들은 야훼 하나님보다 강대국에게 희망을 거는 어리석음을 저질렀다. 이는 앞서 11~16절에서 의인들의 피를 흘린 예루살렘 종교 지도자들의 죄에 덧붙여 하나님을 의지하지 않은 통치자와 백성의 죄이다. 다른 한편으로 유다 백성은 그들의 참 임금이신 야훼보다 눈에 보이는 사람 임금을 더 의지했다.

이처럼 이 단락은 첫머리에서 외세를 의지했던 유다의 모습을, 마지막 절에서는 사람 통치자에 희망을 걸었던 백성의 모습을 보여 주면서, 이러한 잘못이 곧 멸망을 불러들였음을 똑똑히 보여 준다. 도움을 기대했던 강대국은 아무런 도움이 되지 못했고, 자기들을 지켜 주리라 기대했던 왕마저 적군의 손에 떨어졌다!

설교를 위한 묵상

오늘 하나님의 백성인 그리스도인들도 어려운 처지에 빠졌을 때 세속 권력의 도움을 기대하거나 하나님보다 사람 지도자에 더 희망을 거는 어리석음을 저지를 수 있다. 그 결과는 멸망일 수밖에 없다!

4. "딸 에돔아", "딸 시온아"(4 : 21–22)

21 우스 땅에 사는 딸 에돔아
즐거워하며 기뻐하라
잔이 네게도 이를지니

네가 취하여 벌거벗으리라
[22]**딸 시온아 네 죄악의 형벌이 다하였으니**
주께서 다시는 너로 사로잡혀
가지 아니하게 하시리로다
딸 에돔아 주께서 네 죄악을 벌하시며
네 허물을 드러내시리로다

4장의 마지막 단락인 21~22절에서는 **딸 에돔**에게 하는 말인 21절과 22절 둘째 줄이 **딸 시온**에게 하는 말인 22절 첫 줄을 에워쌈으로써 시온에게 하는 말에 초점을 맞추고 있다. 그런데 개역개정판 22절에 두 번 나오는 **주**, 히브리어 본문대로 하면 '그'는 야훼이시다. 그리하여 이 단락도 1~16절과 마찬가지로 시인의 말로 이해할 수 있다.

그런데 시인이 시온에게 하는 말인 22절 전반절은 2장 13~19절을 떠올리게 한다. 다만 거기서는 시온의 참상을 두고 시인이 크게 아파하며 한탄했다면, 여기서는 시온에게 구원과 회복의 기쁜 소식을 전한다.

21절에서 시인은 **딸 에돔**에게도 재난이 닥칠 것이므로 즐거워하고 기뻐하라고 비꼬는 듯이 말한 뒤에 22절 전반절에서는 **딸 시온**에게 회복의 소식을 알려 주고, 후반절에서는 **딸 에돔**을 야훼께서 벌하시리라 한다.

무엇보다도 22절 후반절은 바벨론의 잘못을 지적하며 야훼께서 바벨론에게 재난 내리실 뜻을 밝히는 이사야 47장의 첫 절에서 바벨론을 **처녀 딸 바벨론이여**, 또 **딸 갈대아여**라고 부른 것과 비슷하다. 다른 한편으로 예레미야애가 4장 22절 전반절은 이사야 40장 2절을 생각나게 한다. 이런 식으로 예레미야애가 4장의 마지막 두 절은 예언서에 들어 있더라도 별 무리가 없을 만한 형식을 취하고 있다.

[4 : 21] 우리끼리 하는 탄식은 20절로 끝나고, 개역개정판과는 달리 히브리어

본문 21절에서는 한 여성 인격체에게 하는 말, **즐거워하며 기뻐하라**가 먼저 나온다. 뒤이어 나오는 **우스 땅에 사는 딸 에돔아**에서 그 여성 인격체가 누구인지를 알 수 있다. 예레미야애가에서 지금까지 여성 인격체로 등장했던 것은 **딸 시온**(1 : 6 ; 2 : 1, 4, 8, 10 ; 2 : 13, 18)이었는데 여기서는 그 상대가 **딸 에돔**이다. **딸 시온**이 시온이라는 지명을 사람처럼 부르면서 실제로는 시온 사람들, 더 나아가서는 유다 사람들을 염두에 두고 있었던 것과 마찬가지로, **딸 에돔**도 에돔 사람들을 겨냥하는 이름이다. 그런데 딸 에돔을 두고 '**우스 땅에 사는** 자'라고 한다. **우스**가 창세기 36장 28절에서는 에서 자손 가운데 한 사람의 이름으로 나오지만, 여기서는 에돔 사람들이 살던 요단 동쪽의 남부 지역을 가리키는 것으로 보인다(*HAL* 757b).

명령문 뒤에는 보통 그렇게 명령하는 까닭이 나오는데, 21절은 그렇지 않다. **잔이 네게도 이를지니**로 시작하는 후반절의 히브리어 본문에서는 **네게도**라는 전치사구를 앞세워 강조한다. 그러니까 에돔에게도 잔이 건네지리라는 말인데, 이 경우 **잔**은 예레미야 25장 15~26절에서 야훼께서 예레미야를 시켜 뭇 민족이 마시도록 보내는 진노의 포도주 잔을 가리키는 것으로 보인다. 따라서 이는 에돔에게도 야훼께서 재난을 내리시리라는 것을 뜻한다. 이는 또한 오바댜 1장 15~16절의 내용과 통한다.

이리하여 앞서 **즐거워하며 기뻐하라**고 한 말은 비꼬는 말이 된다. 지금은 에돔이 즐거워하고 기뻐하지만, 마침내는 유다에게 재난이 닥쳤듯이 에돔에게도 재난이 닥치리라는 것이다. 오바댜 1장 12절에 보면, 에돔은 형제 유다가 불행을 겪던 날에 즐거워하지 말았어야 했다.

네가 취하여 벌거벗으리라는 20절 후하반절의 말은 에돔이 무력하게 수치를 겪게 될 것을 뜻한다. 이는 하박국 2장 16절에서 남에게 술을 먹여 골탕을 먹이는 자가 스스로 취해 알몸을 드러내리라 한 것과 통한다. 거기서는 바벨론을 두고 그렇게 말한 것으로 보인다.

[4 : 22] **딸 에돔**을 이렇게 비꼬며 하는 말은 에돔에도 재난이 닥칠 것이기 때문이지만, 다른 한편으로는 **딸 시온**에게 회복의 때가 올 것임을 기대하게 한다. 앞서 **딸 에돔**을 비꼬며 말하던 주체가 22절 첫 줄 앞부분에서 **딸 시온**에게는 **네 죄악의 형벌이 다하였으니**라고 말하면서, 시온이 저지른 잘못 때문에 받아야 했던 벌이 끝났다는 기쁜 소식을 전한다. 21절 전반절과 마찬가지로 이 22절 전반절 히브리어 본문에서도 **딸 시온아**라고 부르는 말이 **네 죄악의 형벌이 다하였**다고 하는 말 다음에 나온다. 여기서 **죄악의 형벌**은 히브리 낱말 '아온'의 번역이다. 구약에서 죄를 뜻하는 여러 히브리 낱말 가운데 하나로서 앞서 2장 14절과 4장 6절과 13절에 나온 바 있는 이 낱말은 글의 흐름에 따라서 그렇게 저지른 죄 때문에 받아야 할 벌을 뜻하기도 한다(창 4 : 13 ; 렘 51 : 6 ; 겔 21 : 30 등)(*THAT* Ⅱ 244-245 ; *HAL* 756a). **딸 시온**의 벌이 끝났다는 이 말은 예루살렘에게 예루살렘이 해야 할 강제 노동이 끝나고 받을 벌도 끝났다고 말하라 하는 이사야 40장 2절을 생각나게 한다.

딸 시온이 받을 벌이 끝났다는 사실을 어떻게 알 수 있는지 22절 전하반절에서 알려 준다. 다름 아니라, **주께서 다시는 너로 사로잡혀 가지 아니하게 하시리로다**인데, 여기서 **주께서**는 히브리어 본문의 '그가'다. 이 '그'가 야훼이심은 두말할 나위가 없다. 또한 야훼를 삼인칭으로 부름으로써 말하는 주체가 야훼가 아님을 알 수 있다. 이 말에서 중요한 것은 **다시는…… 아니하게 하시리**라는 점이다.

이제 후반절에서는 다시 한 번 **딸 에돔**에게 말을 거는데, 이번에는 21절에서 그저 비꼬기만 했던 것과는 달리 야훼께서 에돔의 허물을 따지고 죄를 들추어내실 것을 똑똑히 말한다. 그 히브리어 본문에서도 **주께서** 곧 그(=야훼)가 **네 죄악을 벌하시**리라는 말 다음에서야 **딸 에돔아**라고 부르고 마지막으로 그가 **네 허물을 드러내시리로다**라고 한다. **죄악**과 **허물**은 각각 히브리 낱말 '아온'과 '핫탓'의 번역이다. 이 두 낱말은 앞서 6절과 13절에서도 나란히 쓰인 바 있는데, 6절에서는 '아온'을 **죄**로, '핫탓'을 **죄악**으로 번역했고, 13절에서는 '핫탓'을 **죄**로, '아온'을 **죄악**으로 옮겼다. 또 벌하다로 옮긴 히브리 동사 '파캇'(פָּקַד)은 이 경우에 지난날 저지른 잘못을 따져 책임을 묻는 것을 뜻한다(*HAL* 901a).

1~20절에서 한편으로는 시인이 종교지도자들의 잘못으로 야훼께서 내리신 재난 가운데서 어려움을 겪고 있는 시온 공동체를 두고 한탄하고, 다른 한편으로는 유다 멸망에서 살아남은 자들이 예루살렘 함락 직전후의 상황을 회상하며 탄식했는데, 21~22절에서 갑자기 에돔이 벌 받고 시온에 구원이 닥칠 것을 말한다. 이런 급작스런 전환을 어떻게 이해해야 할까?

4장의 흐름을 따라 보면, 17~20절에 나온 **우리**의 탄식을 들은 시인이 앞으로 하나님이 이루실 구원을 내다보며 **우리**를 위로하는 듯한 느낌을 준다. 그런 과정에서 **우리**의 죄 고백이나 신뢰 고백도 나오지 않지만, 그저 야훼께서 더는 재난을 내리시지 아니하시리라고 함으로써 모든 것을 하나님 백성의 운명은 오로지 야훼께 달렸음을 일깨워 준다. 다른 한편으로 비록 야훼를 거스른 탓에 재난을 겪는 하나님 백성이라 하더라도 그 불행을 기뻐하거나 그 백성을 괴롭힌 이방 백성을 이스라엘의 하나님이자 온 누리의 주이신 야훼께서 그냥 내버려 두지 아니하시리라는 점을 알려 준다. 예레미야애가의 흐름을 두고 보면, 무엇보다도 4장 22절 전반절에서 시인이 **딸 시온**에 한 말을 통해, 3장 40~47절에서 이미 야훼께 돌아가기로 하고 자신들의 죄를 고백했으나 상황이 나아지지 않아 탄식하던 **우리**는 마침내 온전한 회복을 바라볼 수 있게 되었다고 할 수 있다.

야훼께서 에돔을 벌하시고 시온은 회복되게 하시리라는 내용은 오바댜에서도 잘 나타난다. 실제로 오바댜도 예레미야애가처럼 유다 멸망 직후 상황을 반영하고 있는 것으로 보인다. 그런데 예레미야애가에서 이방 민족으로 유일하게 에돔을 언급함으로써 에돔은 앞서 1장 1절에서 시온이 이전 영광을 다 잃고 처참한 지경에 빠졌을 때 그를 위로하거나 돕지 않고 오히려 **배반하여 원수들이** 된 친구들의 본보기가 되었다.

오늘 범죄하여 재난을 겪는 교회 공동체가 있다면 그 회복도 하나님께로부터 온다. 아울러 그 교회 공동체가 어려움을 겪는 것을 두고 좋아하거나 그 공동체를 힘들게 한 세속 권력도 하나님께 벌을 받게 될 것이다.

B. 4장의 특징

애가 4장은 야훼께서 소돔보다 더 큰 **딸 내 백성**의 죄(6절), 특히 예루살렘 종교 지도자들의 죄(13절) 때문에 야훼의 백성에 내리신 재난으로 야훼의 백성이 엄청나게 큰 어려움을 겪고 있음을 먼저는 시인의 탄식을 통해(1-16절), 다음으로는 유다 멸망에서 살아남은 공동체의 탄식을 통해(17-20절) 드러낸다. 이처럼 4장에는 **우리**든 **나**이든 야훼께 자신의 곤경 상황을 아뢰고 도움을 요청하는 말이 들어 있지 않다. 그런데도 마지막에 에돔과 시온을 향한 시인의 말로써 시온의 회복을 바라보게 함으로써 희망을 품게 한다(21-22절). 1장이 야훼께 적들을 처벌해 달라고 하는 시온의 기도로 끝나고(20-22절), 2장이 현재의 고난 상황을 놓고 야훼 앞에 아픈 마음을 쏟아 놓는 시온의 말로 끝나고(20-22절), 3장이 자신의 원통함을 풀어 주시고 적들을 벌해 달라고 하는 나의 기도로 끝나는 것과는 달리(55-66절), 4장은 회복의 희망을 품게 하는 말을 시인이 시온에게 직접 건네는 것으로 끝난다(21-22절).

다른 한편으로는 3장에서 볼 수 있었던 야훼께서 내린 재난으로 어려움을 겪는 공동체 안에서 공동체의 다른 구성원들에게 어려움을 겪는 **나**의 모습을 4장에서는 찾아볼 수 없다. 4장의 **나**는 다시 1~2장의 시인의 자리로 돌아가 있다. 이는 4장에 쓰인 낱말이나 표현 가운데 다른 단락이나 1~3장에 쓰인 것을 찾아 정리한 아래 표에서도 드러난다.

4장의 단락	낱말, 표현	4장의 다른 단락	3장	2장	1장
1–10 시인의 혼잣말 탄식(1) : 시온의 참상	**슬프다 / 어찌** (1, 2)	–	–	1	1
	거리 ('후츠' 1, 5, 8)	14	–	19, 21	20
	어귀(1)	–	–	19	–
	시온(2)		–	1, 4, 8, 10, 13, 18	4, 6, 17
	딸 내 백성 (3, 6, 10)		48	11	–
	어린이(4)	–	–	11, 19, 20	5
	황폐(5)		11	–	4, 13, 16
	죄('아온' 6)	13, 22, 22	–	14	–
	죄악('핫탓' 6)	13, 22	–	–	–
	몸 / **뼈**(7, 8)	–	4	–	13
	상처(10)	–	47, 48	11, 13	–
11–16 시인의 혼잣말 탄식(2)	**여호와**(11, 16)		18, 22, 24, 25, 26, 40, 50, 55, 59, 61, 64, 66	6, 8, 17, 20	5, 9, 11, 17, 18
	분(11)	–	–	4	–
	진노(11)		43, 66	1, 1, 3, 6, 21, 22	12
	불(11)	–	–	3	–

: 야훼의 조치, 종교 지도자들의 책임과 참상	**예루살렘**(12)	–	–	10, 13, 15	7, 8, 17
	죄('아온' 13)	6, 22	–	14	–
	죄악('핫탓' 13)	6, 22	–	–	–
	선지자(13)	–	–	9, 14, 20	–
	제사장(13, 16)	–	–	6, 20	4, 19
	거리(14)	1, 5, 8	–	19, 20	20
	살피다(16)	–	63	20	11, 12
	장로(16)	–	–	10	19
17–20 **우리**끼리 하는 탄식	**눈**(17)	–	48, 49, 51	4, 11, 18	6, 16
	상하다(17)	–	–	11	–
	거리('르홉' 18)	–	–	11, 12	–
	뒤쫓다('춧' 18)	–	52	–	–
	뒤쫓다 ('라답' 19)	–	66	–	3, 6
	매복하다(19)	–	10	–	–
21–22	**죄악(의 형벌)** ('아온' 22, 22)	6, 13	–	14	–
	허물('핫탓' 22)	6, 13	–	–	–

제Ⅴ부

5장

예레미야애가 5：1–5：22

A. 5장의 짜임새와 단락 나누기

1. "여호와여 우리가 당한 것을 기억하시고"(5：1–22)

B. 5장의 특징

5장

A. 5장의 짜임새와 단락 나누기

비평판 히브리어 성경으로 보면 5장은 1~4장과는 달리 한 줄씩으로만 된 22절로 이루어져 있을 뿐만 아니라 각 절의 첫 자모가 히브리 자모의 순서대로 되어 있지 않다. 22절 다 야훼께 아뢰는 **우리**의 말로 볼 수 있고, 글의 흐름이 죽 이어지면서 5장 전체가 하나의 본문을 이룬다.

예레미야애가 전체의 흐름을 따라 각 장과 단락의 형식을 두고 말한다면, 5장은 3장 40~47절과 4장 17~20절에 들어 있던 **우리**의 말과 이어진다. 3장 19~39절에 들어 있는 남성 **나**의 권고를 따라 40~41절에서 야훼께 돌아가기로 뜻을 모은 **우리**는 42~47절에서 야훼께 아직 끝나지 않는 고난 가운데서 자신들의 아프고 안타까운 마음을 쏟아놓는다. 이런 **우리**의 탄식은 48~54절에 나오는 남자 **나**의 혼잣말 탄식과 55~66절에 들어 있는 그의 기도와 4장 1~16절에서 시인이 혼잣말로 내뱉는 긴 탄식으로 끊어진다. 그러다가 4장 17~20절에서 **우리**는 닥친 고난을 두고 자기들끼리 탄식의 소리를 내뱉는다. 그렇지만 그 흐름이 21~22절에서 **딸 에돔**과 **딸 시온**에게 시인이 하는 말 때문에 다시 끊어졌다가 마침내 5장에서 이어진다.

내용을 두고 보면 한 여성인격체로 **시온**이 야훼께 아뢰는 말인 1장 9절 셋째 줄, 11절 셋째 줄, 1장 20~22절, 2장 20~22절도 실제로는 시온 공동체의 탄식이나 탄원으로 볼 수 있으므로, 3~4장에 나오는 우리의 말과 한데 묶어 살펴볼 필요가 있다.

이처럼 시온이나 우리가 야훼께 아뢰는 형식으로 된 본문과 혼잣말이나 자기들끼리 하는 말인 본문을 통틀어 보면, 공동체 탄원시의 여러 요소 가운데 일부분을 주로 활용하고 이전의 본문들과는 달리 5장에서는 공동체 탄원시의 여러 요소를 가장 폭넓게 쓰고 있음이 드러난다.

1. "여호와여 우리가 당한 것을 기억하시고"(5 : 1–22)

1여호와여 우리가 당한 것을 기억하시고
우리가 받은 치욕을 살펴보옵소서
2우리의 기업이 외인들에게,
우리의 집들도 이방인들에게 돌아갔나이다
3우리는 아버지 없는 고아들이오며
우리의 어머니는 과부들 같으니
4우리가 은을 주고 물을 마시며
값을 주고 나무들을 가져오며
5우리를 뒤쫓는 자들이 우리의 목을 눌렀사오니
우리가 기진하여 쉴 수 없나이다

6 우리가 애굽 사람과 앗수르 사람과 악수하고
양식을 얻어 배불리고자 하였나이다
7 우리의 조상들은 범죄하고 없어졌으며
우리는 그들의 죄악을 담당하였나이다
8 종들이 우리를 지배함이여
그들의 손에서 건져낼 자가 없나이다
9 광야에는 칼이 있으므로
죽기를 무릅써야 양식을 얻사오니
10 굶주림의 열기로 말미암아
우리의 피부가 아궁이처럼 검으니이다
11 대적들이 시온에서 부녀들을,
유다 각 성읍에서 처녀들을 욕보였나이다
12 지도자들은 그들의 손에 매달리고
장로들의 얼굴도 존경을 받지 못하나이다
13 청년들이 맷돌을 지며
아이들이 나무를 지다가 엎드러지오며
14 노인들은 다시 성문에 앉지 못하며
청년들은 다시 노래하지 못하나이다
15 우리의 마음에는 기쁨이 그쳤고
우리의 춤은 변하여 슬픔이 되었사오며
16 우리의 머리에서는 면류관이 떨어졌사오니
오호라 우리의 범죄 때문이니이다
17 이러므로 우리의 마음이 피곤하고
이러므로 우리 눈들이 어두우며
18 시온 산이 황폐하여
여우가 그 안에서 노나이다

[19]여호와여 주는 영원히 계시오며
　　　주의 보좌는 대대에 이르나이다
[20]주께서 어찌하여 우리를 영원히 잊으시오며
　　　우리를 이같이 오래 버리시나이까
[21]여호와여 우리를 주께로 돌이키소서
　그리하시면 우리가 주께로 돌아가겠사오니
　　　우리의 날들을 다시 새롭게 하사
　　　옛적 같게 하옵소서
[22]주께서 우리를 아주 버리셨사오며
　　　우리에게 진노하심이 참으로 크시니이다

5장에는 공동체 탄원시에서 볼 수 있는 요소들이 많이 들어 있다. 1절은 **우리**는 야훼께서 자기들에게 관심을 가져 주시기를 빌고, 2~18절에서는 **우리**가 겪고 있는 곤경을 묘사하며 탄식한다. 조상들이 범죄했음을 말하는 7절 앞부분은 죄의 고백이라기보다는 그 조상들의 죗값을 **우리**가 치르고 있다고 말하는 탄식의 말로 볼 수 있다. 다만 16절 후반절에서는 **오호라**라는 한탄의 외마디 소리에 뒤이어 짧은 범죄 고백이 나온다. 19절에서는 야훼를 향한 신뢰를 고백하고, 20절에서는 **우리**를 향한 야훼의 무심하심을 두고 탄식한다. 21절에서는 **우리**에 대한 야훼의 새로운 개입을 기원하고, 22절에서는 이 기원을 야훼께서 들어주셔야 할 까닭을 아뢴다. 21절과 22절은 넓은 뜻의 기원으로 한데 묶을 수 있다. 이러한 본문의 흐름과 짜임새는 아래와 같이 정리할 수 있다.

1절 : 야훼의 관심을 요청하는 기원
　2–16절 후반절의 **오호라** : 탄식 – **우리**의 곤경
　(2, 5, 8–9, 11절 : 적들의 행태 고발)

16절 후반절의 나머지 부분 : 범죄 고백
17-18절 : 탄식 - **우리**의 곤경
19절 : 신뢰 고백
20절 : 확신에서 비롯된 탄식 - 야훼의 무심하심
21-22절 : 야훼의 개입을 요청하는 기원
(21절 : 기원 자체, 22절 : 기원을 들어주셔야 할 까닭)

5장의 이러한 짜임새를 탄원시의 구성 요소를 따라 살펴보면, 기원(1, 21-22절)이 바깥 울타리를 이루고 그 사이에 자신들의 곤경을 두고 하는 탄식(2-16후 앞부분, 17-18절)과 죄 고백(16후반절 뒷부분), 야훼를 향한 신뢰의 고백(19절), 야훼의 무심하심을 두고 하는 탄식(20절)이 들어 있다. 다만 1장 21절 셋째 줄~22절 둘째 줄에서 시온이 기원했던 것에 견줄 만큼, 야훼께서 적들을 벌해 주시기를 비는 기원은 5장에서 찾아볼 수 없다. 그렇지만 적들의 행태는, 자신들의 곤경 상황을 묘사하는 부분에서 함께 언급한다(2, 5, 8-9, 11절).

다른 한편으로 즐거웠던 지난날과 괴로운 오늘의 상황을 대조하고 있는 16절 전반절에서는 조가의 요소를 엿볼 수 있다(아래 16절 풀이를 보라).

5장 각 부분의 내용과 상호관계와 본문의 흐름을 조금 더 자세히 알아보면 다음과 같다.

1절에서 **우리**는 야훼께 저희의 딱한 사정을 알아 달라고 기도한 뒤에 그 구체적인 내용으로 먼저 2절에서는 자신들의 생활 터전이 정복자들에게 넘어갔다고 하고, 3절에서는 그런 가운데서도 아무런 보호를 받지 못하게 되었음을 한탄한다. 4절에서는 기본 삶의 수단조차 돈으로 마련해야 하는 안타까운 현실을 말하고, 5절에서는 정복자들에게 내쫓겨 지쳤으나 쉬지 못하는 딱한 상황을 말씀드린다. 6절에서는 자신들이 양식 때문에 외국에 손을 벌려야 하는 어려운 처지를 아뢰고, 7절에서는 그 조상들의 죄 때문에 자신들이 벌 받고 있다고 불평한다. 8절에서는 관리들의 다스림에서 벗어나지 못하고 있음을 탄식하고, 9절에서는 목숨 걸고 양식을 구해야 한다고 아뢴다. 10절에서는 굶주림에 시달려 살갗이 타들어 간다 하고, 11절에서는 유다 전역에서 벌어지는 성폭행을 한탄한다. 12절에서는 지도층이, 13절에서는 청소년들이 겪는 어려움을 묘사하고, 14절에서는 늙은이든 젊은이든 평화롭게 지낼 수 없게 되었음을 말한다. 15절에서는 더는 즐거워할 수 없게 되었다고 하고, 16절에서는 **우리**의 지위가 크게 낮아졌다고 한 뒤에 자기들이 죄지은 탓에 이런 불행이 닥쳤다고 탄식한다. 17절에서는 **우리**의 마음과 눈이 약해졌음을 한탄하고, 18절에서는 시온의 황폐함을 두고 탄식한다.

19절에서는 다시 야훼의 이름을 부르며 야훼께서 보좌에 영원히 앉아 계신다고 고백한다. 뒤이어 20절에서는 야훼께서 오래 **우리**를 잊으실 수도 버리실 수도 없으리라는 확신을 수사 의문문으로 표현하고, 21절에서는 회복을 야훼께 간구한다. 마지막으로 22절에서는 야훼께서 결코 자신들을 물리치시지도 끝까지 노여워하시지도 않으리라는 마음을 조건문으로 드러낸다.

글의 내용을 보면 여기서 말하는 **우리**는 4장 17~20절의 **우리**와 마찬가지로 유다 멸망에서 살아남은 사람들인 것으로 보인다.

[5 : 1] 4장 17~20절이 **우리**끼리 하는 탄식이었던 것과는 달리 5장은 3장 43~47절과 마찬가지로 **우리**가 야훼께 아뢰는 말이다. 그 첫마디인 1절 전반절, **여호와여 우리가 당한 것을 기억하시고**는 3장 19절처럼 야훼께 기억해 달라고 비는 말이다. 그 히브리어 본문에서는 '**기억하**소서'가 맨 앞에 나온 다음에 **여호와여**가 있다. 이 점에서 **여호와여**라는 부름말이 없는 3장 19절과 다르다. 또 거기서는 **내 고초와 재난 곧 쑥과 담즙을 기억하소서**(사역 : '제 고난 곧 고향 잃고 헤맴을, 쑥과 독초를')라고 했다면, 여기서는 **우리가 당한 것을**(직역하면, "무슨 일이 저희에게 일어났는지") 기억해 달라고 한다. 이 말에는 이미 우리가 몹시 어려운 가운데 있다는 점이 암시되어 있다. 뒤이어 우리는

야훼께 **우리가 받은 치욕을 살펴보옵소서**라고 빈다. 여기서 '**살펴보다**'로 옮긴 히브리어 표현은 '살피다'와 '보다'로 이루어져 있는데, 이 두 동사는 이미 1장 11절과 12절과 2장 20절에 나란히 쓰인 바 있다. 또 **치욕**으로 옮긴 히브리 명사 '헤르파'는 3장 30절과 61절에 쓰였다.

결국 1절은 큰 재난이 **우리**에게 닥쳤고, **우리**가 겪는 수치가 엄청나다는 사실을 야훼께 아뢰는 말로 이해할 수 있다. 이런 상황에서 **우리**는 이 사정을 그저 야훼께 아뢸 수밖에 없다. 이와 비슷하게 시편 89편 50[51]절에서 시인은 여기 나온 동사 '**기억하다**'와 **치욕**을 한 문장에 함께 써서 **주는 주의 종들이** 받은 **비방**('헤르파')을 **기억하소서**라고 기도한다.

[5 : 2] **우리가 당한 것**, 곧 우리에게 닥친 일, **우리가 받은 치욕**의 내용은 2절부터 드러난다. 첫째로 2절에서 **우리**는 **우리의 기업이 외인들에게, 우리의 집들도 이방인들에게 돌아갔**다고 아뢴다. 여기서 기업으로 옮긴 히브리 명사 '나할라'(נַחֲלָה)는 이스라엘 사람들이 가나안 땅에 들어와서 야훼께로부터 지파별로 집안별로 나누어 받아 그 누구도 빼앗을 수 없는 땅을 가리킨다. 그 땅이 외인들 곧 외국인들에게 넘어갔을 뿐만 아니라 집까지 이방인들에게 넘어갔다 함은 삶의 터전을 빼앗겼음을 뜻한다. 우리의 기업과 집을 앗아간 외인, 이방인들은 곧 정복자들이다. 이리하여 2절에서 **우리**는 이방인들이 성소를 짓밟은 것을 두고 시인이 탄식한 1장 10절과 달리 유다 땅과 유다 백성의 생활 공간이 적들의 손에 넘어간 것을 두고 탄식의 말을 쏟아 내고 있다.

[5 : 3] 그런 다음 3절 전반절에서는 **우리가 아버지 없는 고아들이오며**라고 한탄한다. 그 히브리어 본문은 "저희는 고아가 되었습니다. 아비가 없습니다."로 직역할 수 있다. 예나 지금이나 동서양을 가릴 것 없이 어른 중심으로 돌아가는 사회에서 고아는 자신의 권리를 스스로 지킬 힘이 없으므로, 구약성서에서 과부와 나그네와 나란히 사회의 약자로 늘 등장한다. 고아란 본디 아버지뿐만 아

니라 어머니도 없는 아이를 말하는데, 여기서는 아버지만 없다고 한다.

어머니 이야기는 후반절에 나온다. **우리의 어머니는 과부들 같으니**라고 옮긴 히브리 문장에도 전반절의 '되다' 동사가 영향을 미친다고 보면, 이 문장은 "저희의 어미들은 과부들 같이 되었습니다."라는 뜻으로 이해할 수 있다. 이는 1장 1절 둘째 줄에서 **전에는 열국 중에 크던 자가 이제는 과부 같이 되었고**라고 시인이 탄식한 것과 잘 어울린다. 거기서는 예루살렘 성읍이 과부처럼 되었다고 했다면, 여기서는 유다 멸망에서 살아남은 사람들이 자신들의 어미들이 과부들 같다고 함으로써 유다 공동체에 닥친 곤경을 한층 더 실감나게 표현한다. '과부들 같다'고 번역하든 '과부들 같이 되었다'고 번역하든, 이는 아비들이 더는 어미들을 지키고 돌볼 수 없는 처지에 있음을 뜻한다. 무엇보다도 전쟁 상황을 암시한다.

다른 한편으로 구약성서에서 이스라엘의 아버지는 야훼 하나님이시다(신 32：6； 사 63：16； 64：7[8]； 렘 31：9； 말 1：6). 이런 흐름에서 보면, 기업과 집을 이방인들에게 빼앗긴 하나님 백성은 더는 아버지 하나님의 보호를 받지 못하는 처량한 신세가 되었음을 여기서 한탄하는 듯하다.

[5：4] 제 땅에 살지만 외국 군대에게 정복된 상황에서 **우리**는 4절에서 물도 돈으로 사 마셔야 하고 땔감도 값을 치러야 구할 수 있다고 탄식한다. **우리가 은을 주고 물을 마시며 값을 주고 나무들을 가져오며**로 옮긴 히브리어 문장의 전반절에서는 목적어 '저희의 **물**'을, 후반절에서는 주어 '저희의 **나무**'를 앞세워 강조한다. 그뿐만 아니라 전반절에서는 **은을 주고**로 옮긴 전치사구 '브케셉'(בְּכֶסֶף)을, 후반절에서는 **값을 주고**로 옮긴 전치사구 '비므히르'(בִּמְחִיר)를 술어동사보다 앞세워 강조한다. 마실 것과 땔감은 살아가는 데 꼭 있어야 할 것들이다. 여기서는 이것들까지 돈을 내고 구해야 하는 딱한 처지가 되었음을 말한다.

[5 : 5] 우리를 뒤쫓는 자들이 우리의 목을 눌렀사오니 우리가 기진하여 쉴 수 없나이다로 옮긴 5절 히브리어 본문은 이해하기도 번역하기도 쉽지 않다. 그 어순을 살려 "저희의 목 위로 저희가 뒤쫓겼습니다. 저희는 지쳤습니다. 저희에게 쉼이 허락되지 않습니다."로 직역할 수 있는데, '뒤쫓기다'와 '쉼이 허락되지 않다'로 옮긴 수동형 동사는 실제로 '사람들이 뒤쫓다'와 '쉬게 사람들이 내버려 두지 않다'라는 뜻으로 이해할 수 있다. 주석가들은 더러 전반절을 "저희 목의 멍에가 저희를 내리누릅니다." 또는 "저희의 땅에서 저희가 뒤쫓겼습니다."라는 뜻으로 고쳐 읽기도 한다(*HAL* 947a). 아무튼 '목 위로 뒤쫓다'라는 표현에서는 숨도 제대로 못 쉴 정도로 거세게 몰아붙이며 괴롭히는 상황을 생각해 볼 수 있다. 이 구절에서는 정복자들에게 엄청나게 시달려 지쳤으나 쉬지 못하는 딱한 처지를 묘사하는 것으로 이해할 수 있다. 목은 1장 14절에서 야훼의 손에 얽혀 있는 **내 죄악의 멍에**가 **내 목** 위로 올라왔다고 하는 시온의 말에 나온 적이 있다.

[5 : 6] 글의 흐름으로 보면, **우리가 애굽 사람과 앗수르 사람과 악수하고 양식을 얻어 배불리고자 하였나이다**라고 하는 6절은 지난날 야훼의 백성이 저지른 잘못을 말한다기보다는 재난을 겪는 야훼의 백성이 먹을 양식을 외국에서 구해 보려고 애쓰는 상황이 닥쳤음을 뜻하는 듯하다. 그 히브리어 본문을 구성 요소를 따라 나누어 직역해 보면, "애굽에 저희가 손을 내밀었습니다, / 앗수르에, 빵으로 배부르려고."가 된다. 여기 나오는 '**양식을 얻어 배불리**다'(직역하면 '빵으로 배부르다')는 뜻의 히브리어 표현은 기본 식생활이 충족됨을 뜻하는데, 그 어디서보다도 잠언에서 자주 나타난다(출 16 : 12 ; 렘 44 : 17 ; 욥 27 : 14 ; 잠 12 : 11 ; 20 : 13 ; 28 : 19 ; 30 : 22). **양식** 문제는 이미 앞서 1장 11절에서 시인이 야훼의 백성 전체를 두고 탄식할 때와 4장 4절에서 특히 어린이들이 겪는 어려움을 두고 말할 때 나온 바 있다.

식량을 구하려고 애굽에 손을 내밀었다는 말은 아브라함이 기근을 만나

애굽으로 내려갔고, 요셉의 형들이 양식을 구하려고 요셉이 총리가 된 애굽으로 갔고 마침내 야곱 일가가 요셉의 초청을 받아 애굽으로 이주하게 된 것을 떠올리게 한다. 그렇지만 애굽은 이스라엘 백성이 종살이하던 곳으로 모세를 따라 거기서 빠져나온 뒤로는 다시 돌아가지 말아야 할 곳이었다(호 11 : 5 ; 렘 42 : 19 참고). 그런 곳에서 양식을 구하려고 손을 내밀었다 함은 상황이 아주 급박함을 뜻한다. 히브리어 본문 6절에서는 이 '애굽에'(사역)를 술어동사보다 앞세워 강조한다. 앗수르는 북왕국 이스라엘을 멸망시켰을 뿐만 아니라 그 뒤로는 남왕국 유다를 무척 괴롭혔던 나라다. 애굽이든 앗수르든 양식 문제로 이스라엘이 남북 강대국에 손을 내밀었다는 구체적인 기록은 구약성서에서 찾아보기 힘들다. 일찍이 예언자들은 남북강대국의 틈바구니에서 야훼의 백성이 무엇보다도 정치적으로 살아남기 위해서 남쪽의 애굽뿐만 아니라 북쪽의 앗수르에게도 도움을 요청하지 말 것을 말했다(호 8 : 13 ; 12 : 1 ; 렘 2 : 36 등).

[5 : 7] 이처럼 양식 때문에 외국에 손을 내밀 정도로 어려운 상황이 닥친 까닭을 7절에서는 조상에게서 찾는다. 히브리어 본문 7절 전반절에서는 주어인 **우리 조상들**을 술어동사인 '**범죄**했다'보다 앞세워 강조한다. 그러니까 죄 지은 것은 **우리**가 아니라 지금은 없어진 **우리 조상들**이라는 것이다. 여기서 '범죄하다'로 옮긴 동사는 1장 8절 첫 줄에 나왔던 '핫타'로, 본디 표적에서 벗어남을 뜻한다. 거기서는 범죄의 주체가 예루살렘이었는데, 여기서는 **우리 조상**이라고 함으로써 5장은 1장보다 어느 정도 늦은 때에 생겨났음을 짐작하게 해 준다.

또 5장 7절 전반절은 앞서 3장 42절에서 "**우리**야말로 **범죄**하고('파샤으') **반역**했습니다."(사역)라고 고백한 것과 사뭇 다르다. 또 1장 5절에서 시인이 시온 **그의 죄**('페샤으')**가 많으므로** 야훼께서 시온을 괴롭히셨다고 한 것, 14절에서 시온 자신이 "**내 죄악**('페샤으')들**의 멍에**가 단단하도다."(사역)라고 한 것, 22절에서 야훼께서 시온이 **나의 모든 죄악**('페샤으')**들로 말미암아** 야훼께서 행하신 것처럼 적들에게도 행하십사 하고 기도한 것, 4장 6절에서 시인이 **소돔의 죄악**('핫탓')보다도 **딸 내 백성의 죄**('아온')가 더 크다고 한 것, 22절에서 **딸 시온**이 받은 **죄악의 형벌**('아온')을 언급한 것과도 다르다. 그뿐만 아니라 4장 13절에서 시인이 시온 **선지자들의 죄**('핫탓')**들과 제사장들의 죄악**('아온')**들**을 언급한 것, 2장 14절에서 예루살렘의 **죄악**('아온')을 들추어 내지 못한 예언자들의 잘못을 말한 것과도 차이가 난다.

이러한 차이가 생기는 까닭은 5장 7절의 나머지 부분에서, 그 죗값을 치러야 할 당사자들은 **없어졌으며 우리는 그들의 죄악을 담당하였나이다** 곧 조상들은 죽고 없어 그들이 받을 벌을 **우리**가 대신 받고 있다고 한탄한 데에서 알아차릴 수 있다. 곧 **우리**는 유다 멸망 이후 상당한 시간이 흘렀는데도 어려움이 사라지지 않는 상황에 처한 사람들이다. 여기서 **죄악**으로 옮긴 히브리 낱말 '아온'의 복수형으로 이 '아온'은 그것을 4장 22절에서 **죄악의 형벌**로 옮긴 데서 알 수 있었듯이 글의 흐름에 따라서는 죄와 벌을 동시에 뜻할 수 있는 낱말이다. '**담당하**다'로 옮긴 히브리 동사는 본디 무슨 짐 같은 것을 '지다'를 뜻한다. 히브리어 본문 7절 후반절에서는 술어동사에서 이미 알 수 있는 주어 **우리**를 따로 인칭대명사를 써서 강조할 뿐만 아니라, 목적어 **그들의 죄악**을 술어동사보다 앞세워 강조한다. 그러니까 **우리**가 **그들의 죄악을 담당하였**다 함은 곧 **우리 조상들**이 받아야 벌을 **우리**가 받고 있다는 말이 된다. 이는 "신 포도는 아비들이 먹었는데, 신 것은 아들들의 이다."(사역)라고 말하면서(렘 31 : 29 ; 겔 18 : 2) 포로기 유다 사람들이 조상들이 저지른 잘못 때문에 자기들이 고생하고 있다고 불평하는 상황을 그려 보게 한다.

[5 : 8] 그렇게 **우리**가 **우리 조상들**의 **죄악을 담당하**는 구체적인 내용으로 **우리**는 8절 전반절에서 **종들이 우리를 지배함이여**라고 말한다. 여기서 **종**으로 옮긴 히브리 낱말 '에벳'(עֶבֶד)은 아마 유다를 멸망시킨 바벨론이 유다를 다스

리게 세운 관리들을 가리키는 것으로 보인다(왕하 24 : 10-11 ; 25 : 24 참고. *HAL* 732a ; *BJ*). '……을 **지배하**다(곧 다스리다)'로 옮긴 히브리어 표현 '마샬브'(מְשַׁלֵּב)는 사사기 8장 22~23절에서도 찾아볼 수 있다. 이스라엘 백성이 기드온에게 **당신이 우리를 미디안의 손에서 구원하셨으니 당신과 당신의 아들과 당신의 손자가 우리를 다스리소서**라고 하자 기드온은 **내가 너희를 다스리지 아니하겠고 나의 아들도 너희를 다스리지 아니할 것이요 여호와께서 너희를 다스리시리라**고 대답했다. 이처럼 야훼의 백성은 야훼만이 다스리셔야 하는데, 지금은 이방 바벨론 관리들이 다스리게 되었다. 예레미야애가 5장 8절 전반절 히브리어 본문에서는 주어 **종들**을 술어동사보다 앞세워 강조한다. 이런 이방 관리들의 다스림에서 벗어나고 있지 못함을 8절 후반절에서는 **그들의 손에서 건져 낼 자가 없나이다**라는 말로 표현한다. 이는 야훼만이 **우리**를 그들에게서 건져 내 주실 수 있음을 생각하게 한다.

[5 : 9] 앞서 4절에서 마실 물과 땔감을 마련하기 위해 돈을 써야 한다고 했다면, 9절에서는 먹을 양식을 구하기 위해 목숨을 걸어야 함을 말한다. **광야에는 칼이 있으므로 죽기를 무릅써야 양식을 얻사오니**라고 옮긴 히브리어 본문을 그 짜임새와 낱말 순서를 따라 직역하면 "저희의 목숨을 걸고 저희가 양식을 가져왔습니다, 광야의 칼 때문에."가 된다. 이처럼 전치사구인 **죽기를 무릅써야**('저희의 목숨을 걸고')를 술어동사보다 앞세워 강조한다. **양식**을 구하는 **우리**의 목숨을 위협하는 것은 **광야**의 **칼**이다. 성경에서 '칼'은 흔히 전쟁으로 겪는 괴로움을 상징한다. 여기서는 나라가 망한 뒤에 유다 땅을 맘대로 다니며 사람들을 해치던 적대적인 세력을 가리키는 것으로 이해할 수 있다. 이는 6절에서 애굽과 앗수르에 손을 내밀어 **양식**을 구하려 했다 한 것이 지난날의 일이라기보다는 지금의 곤경 상황에서 벌어지고 있는 일임을 암시한다. 다만 이 경우 앗수르는, 실제로 앗수르 다음으로 당시 중동세계의 패권을 잡았던 바벨론을 가리키는 것으로 볼 수 있다. 바벨론이 예루살렘을 점령한 뒤

유다 땅에 남아 살던 사람들은 유다 온 땅이 황폐해졌으므로 아마도 다른 나라에서 양식을 구하려 한 듯하다.

[5 : 10] 목숨을 걸고 빵을 구해야 할 정도의 심각한 굶주림에 시달리는 **우리의 피부** 곧 살갗이 어떻게 되었는지를 10절에서 말한다. 앞서 3장 4절에서는 야훼께서 남성 **나**의 **가죽** 곧 살갗이 살과 함께 줄어들게 하셨다고 탄식했고, 4장 8절에서는 시인이 유다 상류층 사람들의 **가죽** 곧 살갗이 뼈 위에서 오그라들어 막대기처럼 말랐다고 한 적이 있는데, 여기서는 **우리** 곧 나라가 망하는 재난에서 살아남은 사람들의 살갗이 **아궁이처럼 검**다고 한다. 여기서 '검다'(Hillers 95)로 옮긴 히브리 낱말의 뜻은 정확히 알기 힘들다. 더러는 뜨겁게 달아오르는 것(*NJPST*, *ZB*, *Buber* ; Owens 430 ; Kraus 85), 갈라지는 것(Berges 270 ; Boecker 86 ; Kaiser 374), 쭈글쭈글해지는 것을 뜻하는 것으로 보기도 하지만(House 453) 살갗이 타들어 감을 가리키는 것으로 보인다(*HAL* 459a ; 표준새번역, *LB* 참고). 아마도 영양실조로 살갗이 거칠어지고 줄어들어 볼품없게 된 것을 가리키는 듯하다. 결국 이는 심한 굶주림으로 건강이 상한 모습이 몸에 드러남을 말하는데, 히브리어 본문 10절에서도 주어 **우리의 피부**를 술어동사보다 앞세워 강조한다.

[5 : 11] 11절에서는 정복자들이 예루살렘뿐만 아니라 유다 전역에서 혼인 여부에 상관없이 여성들을 괴롭힌다고 탄식한다. **대적들이 시온에서 부녀들을, 유다 각 성읍에서 처녀들을 욕보였나이다**라는 번역에서 주어를 작은 글씨로 써 놓은 데서도 알 수 있듯이, 여성들을 괴롭히는 주체는 그저 정동사를 통해 '그들'로 나타날 따름이다. 이 '그들'은 여성들을 **욕보**인다. '**욕보**이다'로 옮긴 히브리 동사 '인나'(עִנָּה)는 성폭행을 뜻한다(창 34 : 2 ; 삼하 13 : 12, 14, 22, 32 ; 삿 19 : 24 ; 20 : 5). 11절 전반절 히브리어 본문에서는 목적어 **부녀들**과 전치사구 **시온에서**를 술어동사보다 앞세워 강조한다. **시온**과 **유다**라는 고유

명사가 5장에서는 여기에 처음으로 나온다.

[5 : 12] 12절에서는 지도층이 겪은 괴로움을 묘사한다. 먼저 전반절인 **지도자들은 그들의 손에 매달리고**에서 고위 관리들이 정복자들의 손으로 처형된 것을 말한다. 여기서 **지도자**로 옮긴 히브리 낱말은 이 경우에 고위 관리를 가리키는 것으로 보이기 때문이다(가톨릭성경 ; Kraus 85 ; Boecker 87 ; House 454 참고). '**매달**다' 함은 사형집행을 말하는 것이 아니고 이미 죽은 사람에게 치욕을 더하려고 나무나 말뚝에 매다는 것을 가리킨다(신 21 : 22, 23 ; 수 8 : 29 ; 에 2 : 23 등)(*HAL* 1601a). 열왕기하 25장 18~21절(//렘 52 : 24-27)에 따르면, 바벨론 군대가 예루살렘을 점령한 뒤에 바벨론의 장군이 사로잡아 쳐 죽인 사람들 가운데 고위 관리들이 더러 있는데, 거기서는 이들을 매달았다고는 하지 않는다.

예레미야애가 5장 12절 후반절에서 **장로들의 얼굴도 존경을 받지 못하나이다**라고 하는데, 이는 앞서 4장 16절에서도 탄식한 내용과 비슷하다.

히브리어 본문으로는 12절 전반절과 후반절이 각각 주어 **지도자들**과 **장로들의 얼굴**을 술어동사보다 앞세워 강조함으로써 여기서 주제로 삼고 있는 인물들이 누구인지를 분명히 알려 준다.

[5 : 13] 13~14절에서는 각 연령층이 겪는 괴로움을 묘사한다. 그리하여 13절 전반절, 후반절, 14절 전반절, 후반절 히브리어 본문에서는 각각 주어 **청년들**, **아이들**, **노인들**, 다시 한 번 더 **청년들**을 술어동사보다 앞세워 강조함으로써 각 경우에 누구를 두고 말하는지를 똑똑히 알려 준다. 무엇보다도 **청년들**이 맨 처음과 맨 뒤에 두 번 나오는 점이 눈에 띈다. 여기서 **아이**는 히브리 낱말 '나아르'(נַעַר)의 번역으로 앞서 여러 번 '어린 아이'를 가리키는 말로 나왔던 '올렐'(2 : 11, 20) 또는 '올랄'(1 : 5 ; 2 : 19 ; 4 : 4)이나 젖먹이를 가리키는 말로 나왔던 '요넥'(2 : 11 ; 4 : 4)과는 다르다. 또한 **아이들**과 **노인들**이 절

을 달리하여 나오는데, 2장 21절에서 시온이 야훼께 **늙은이**(사역 : '노인')**와 젊은이**(사역 : '아이')**가 다 길바닥에 엎드러졌사오며**라고 탄식할 때는 '자켄'과 '나아르'가 한 문장에 나란히 나오던 것과 다르다. 그렇지만 거기서와 마찬가지로 여기서도 뒤이어 나오는 **청년**('바후르')과는 구별되므로 **아이**는 1장 5절과 2장 11절, 19절, 20절과 4장 4절에 나온 '어린 아이'('올랄' 또는 '올렐')와는 달리 유아기를 벗어났으나 아직 청년기에는 이르지 못한 사내아이를 가리키는 것으로 보인다.

5장 13절 전반절에서 **청년들이 맷돌을 지며**라고 함은 아무리 힘이 좋은, 아직 결혼하기 전의 남자라 하더라도 힘에 겹게 무거운 짐을 옮기는 일을 강제로 하게 되었음을 말하는 듯하다. 그 히브리어 표현을 더러 맷돌을 돌린다는 뜻으로 이해하여 그렇게 번역하지만(공동번역, 표준새번역, *NRSV* ; Hillers 95), 이는 글의 흐름에 그리 맞지 않아 보인다. 후반절에서 **아이들이 나무를 지다가 엎드러지오며**로 옮긴 히브리어 문장은 오히려 "아이들이 나뭇짐 때문에 비틀거리오며"로 번역하는 것이 더 낫다. 이는 아직 몸이 다 자라지 못한 사내아이들이 지기에는 힘든 나뭇짐을 지고 옮기다가 힘에 부쳐 쓰러지는 모습을 그려 보게 한다.

[5 : 14] 청소년들이 겪는 어려움을 묘사한 13절과는 달리 14절에서는 늙은 남자들과 젊은 남자들을 대비시켜 각 계층에 닥친 불행을 말한다. **노인들은 다시 성문에 앉지 못하며 청년들은 다시 노래하지 못하나이다**라고 옮긴 히브리어 문장은 "늙은이들이 성문에 있는 것이, 젊은이들이 그들의 현악기 연주하는 것이 그쳤습니다."로 직역할 수 있다. 평화로운 때라면 **노인들이 성문에 앉**아 성 안팎에서 일어나는 온갖 소식을 나누며 지내고, **청년들**은 현악기를 연주하며 즐겁게 지낼 터인데, 그런 광경을 이제 더는 볼 수 없게 되었다는 것이다.

[5 : 15] 15절 전반절에서는 **우리의 마음에 기쁨이 그쳤**다고 한탄한다. 14절에 나왔던 동사 '그치다'(שָׁבַת, '샤밧')가 여기에 다시 한 번 더 나오면서 두 절이 이어진다. **노인들**이 **성문**에 있는 것과 **청년들**이 현악기 연주하는 것이 그치자 **우리 마음**의 **기쁨**도 그쳤다는 것이다.

여기서 **기쁨**으로 옮긴 히브리 낱말은 앞서 4장 21절에 나온 동사 '즐거워하다'와 뿌리가 같다. 그 구절과 관련시켜 생각해 본다면, 거기서는 시인이 야훼께 벌 받을 **딸 에돔**에게 빈정대는 식으로 즐거워하라고 했다면, 여기서는 나라가 망하고 처참한 가운데 살고 있는 유다 사람들인 **우리**는 즐거워할 수 없다고 한 것이다. 또 이전에는 즐거워하며 춤추었지만, 이제는 슬퍼 울부짖을 수밖에 없다. 사태가 이렇게 정반대로 달라진 것이다. 이런 상황을 두고 **우리의 춤은 변하여 슬픔이 되었사오며**라고 표현한다. 여기서 **춤**은 빙빙 돌면서 추는 춤을 말한다.

[5 : 16] 영광스럽고 아름다웠던 상황이 끝났음을 16절 전반절에서는 **우리의 머리에서는 면류관이 떨어졌사오니**라는 말로 표현한다. **면류관**으로 옮긴 히브리 낱말 '아타라'(עֲטָרָה)는 보통 왕관을 말하지만(삼하 12 : 30 ; 대상 20 : 2 등), 때로는 왕이 아닌 사람이 고귀함의 표로 쓰기도 한다(시 21 : 3[4] ; 에 8 : 15 ; 욥 19 : 9 등). 예레미야 13장 18절에서 유다의 임금 모자(母子)에게 예언자가 전할 말 가운데 면류관이 그들의 머리에서 내려왔다는 내용이 들어 있는 것과는 달리, 여기서는 **우리** 곧 유다 백성의 면류관을 두고 말한다. 이는 지난날에는 유다가 야훼 하나님의 백성으로 세상 여러 민족들 가운데서 임금처럼 고귀한 존재였는데, 이제 그 고귀함을 잃게 되었음을 뜻한다.

이리하여 16절 후반절에서 **오호라 우리의 범죄 때문이니이다**라고 울부짖는다. 그 히브리어 문장은 "저희에게 큰일 났습니다. 저희가 범죄했기 때문입니다."로 직역할 수 있다. 그 첫 낱말인 '오이'(אוֹי)는 재난이 닥쳤거나 닥칠 것을 생각하며 말할 수 없이 괴로워하며 내뱉는 외마디 소리로 예레미야에 가장 많이 나온다(예레미야 I 220 참고). 이 '오이' 다음에는 그 외마디 소리가 누구에게 해당되는지를 알려 주는 전치사구와 왜 그런 소리를 지르는지 까닭을 알려 주는 문장이 뒤따르는 수가 많다(삼상 4 : 7 ; 사 6 : 5 ; 렘 4 : 13, 31 ; 6 : 4 ; 15 : 10 ; 45 : 3). 여기서는 '저희에게'와 "저희가 범죄했기 때문입니다."가 그 둘이다. 우리가 범죄했다('하타')는 이 고백은 1장 8절에서 예루살렘이 크게 범죄했다고 하는 시인의 말을 생각나게 한다.

이런 말로 **우리**는 자기들에게 재난이 닥친 사실을 가슴 아프게 생각하며 그것이 자신들이 죄를 지었기 때문임을 고백하고 인정한다. 앞 7~8절에서는 범죄한 **우리의 조상들**과 **그들의 죄악**의 형벌을 떠맡아야 하는 **우리**를 구별해서 말했다면, 여기서는 이 둘을 한데 묶어 **우리**라고 한 것으로 보인다. 이와는 달리 느헤미야 9장 2절에서 에스라 시대 유다 사람들은 자신들의 **죄**('핫탓')들과 조상들의 **허물**('아온')들을 함께 고백했고, 다니엘 9장 16절에서 다니엘은 **우리의 죄**('헷')들과 **우리 조상들의 죄악**('아온')들 때문에 **예루살렘과 주의 백성이 사면에 있는 자들에게 수치를 당함이니이다**라고 야훼께 기도했다.

[5 : 17] 뒤이어 17절은 **이러므로**라는 말로 시작한다. 그 히브리어 표현은 본디 '이것 때문에'를 뜻한다(가톨릭성경, *NIV*, *NRSV*, *NJPST* ; Owens 431 ; House 454 ; Renkema 574 참고). 따라서 바로 앞에서 말씀드린 상황 곧 우리가 범죄한 탓에 우리의 머리에서 면류관이 떨어졌기 때문에 이제 전반절에서 **우리의 마음이 피곤하고**라고 한탄한다. 그 히브리어 표현은 '염통(또는 심장)이 병들었고'로 직역할 수 있다. 이는 앞서 1장 22절에서 '나' 시온의 입에서 이미 나왔던 표현이기도 하다. 또 그에 앞서 1장 13절에서 야훼께서 '나' 시온을 온종일 병들게 하셨다고 했다. 1장 20절에서 알아보았듯이, 옛 히브리 사람들에게는 괴로움을 겪는 것이 몸이나 정신만이 아니라 몸과 정신을 통틀어 사람의 존재 전체다. 후반절에서는 **이러므로 우리 눈들이 어두**워졌다고 한다. 여기 나온 **이러므로**는 전반절의 **이러므로**와는 달리 '이것들 때문에'를 뜻하는

히브리 전치사구의 번역이다. 그렇다면 그 '이것들'은 앞서 묘사한 모든 것을 통틀어 가리키는 것으로 이해할 수 있다. 그 모든 것들 때문에 **우리의 눈들**에 문제가 생겼다는 것이다. 지금까지는 **눈**이 주로 눈물과 관련하여 언급되었지만(애 1 : 16 ; 2 : 11, 18 ; 3 : 48, 49), 여기서는 눈의 기능이 떨어진 것을 말한다. 이처럼 17절에서는 **우리**에게 닥친 재난 때문에 우리 몸과 마음이 약해졌다고 한 것이다.

[5 : 18] **우리의 마음**이 병들고 눈들이 어두워진 것은 또한 **시온 산이 황폐하여 여우가 그 안에서** 놀기 때문이라고 18절에서 **우리**는 말한다. 히브리어 본문 18절은 문장이 아니라 두 개의 관계문이 붙은 전치사구로 "**황폐**해져 그 안에 **여우**들이 돌아다니는 **시온 산** 때문"으로 직역할 수 있다. 4장 3절에 나온 들개들처럼 **여우**들도 황폐해진 곳에 돌아다니는 짐승 가운데 하나이다. 야훼께서 계실 곳으로 고르신 시온이 이제는 들짐승이 드나드는 장소가 된 것을 보고 **우리**의 몸과 마음이 상한 것이다. **시온 산이 황폐하**다 함은 앞서 1장 13절에서 야훼께서 **나를 황폐하게 하셨**다고 시온이 탄식한 말을 떠올리게 한다. 1장 4절에서는 시온의 모든 성문들이 황폐해졌다(사역)고 시인이 노래했고, 16절에서는 **내 자녀들이** 황폐해졌다(사역)고 시온이 한탄했으며, 3장 11절에서는 남성 **나**를 야훼께서 황폐하게 하셨다(사역)고 탄식했다.

[5 : 19] 1절에서 드러나게 **여호와여**라고 하나님을 부른 다음에 2~18절까지 길게 자기들이 겪는 곤경을 여러모로 아뢰던 **우리**가 19절 전반절에 이르러 다시 **여호와**를 부른다. 다만 **여호와여 주는 영원히 계시오며**로 옮긴 히브리어 본문에서 **여호와여**는 1절과 마찬가지로 **주는** 다음에 나온다. 또 술어동사에서 알 수 있는 주어 **주**('당신')를 따로 남성 단수 이인칭대명사를 써서 강조한다. 계시다로 옮긴 히브리 동사는 본디 앉아 있음을 뜻한다. 이는 뒤이어 후반절에서 **주의 보좌는 대대에 이르나이다**라고 하는 데서 더 분명히 드러난

다. 그러니까 야훼께서는 야훼의 보좌 위에 영원히 대대로 앉아 계신다고 말한 것이다. 이는 결국 야훼께서 길이 임금으로 온 누리를 다스리고 계심을 고백하는 말로 이해할 수 있다. 그런데 전반절은 시편 102편 12[13]절 전반절과 거의 같고, 같은 내용을 야훼를 3인칭으로 바꾸어 표현한 것을 시편 9편 7[8]절 전반절에서 찾아볼 수 있다. 야훼께서 영원히 계시며 야훼의 보좌가 대대로 있다는 이 고백에는 결국, 이 세상 역사는 야훼의 손 안에 있어 야훼의 백성에게 닥친 재난이 언젠가는 사라지리라는 희망이 담겨 있다.

[5 : 20] 이처럼 야훼의 영원한 다스림을 신뢰하며 고백하는 말은 20절에서 오랫동안 **우리**를 돌보지 않으심을 두고 불편한 마음을 쏟아 내는 말로 나아간다. **주께서 어찌하여 우리를 영원히 잊으시오며**로 옮긴 전반절의 히브리어 본문을 그 짜임새와 낱말 순서를 따라 직역해 보면, "**어찌하여 영원히 주께서** (=당신이) **우리를 잊으시**겠습니까?"가 된다. 이는 개인 탄원시인 시편 13편의 1[2]절 전반절과 비슷한데, 야훼께서 **영원히 우리**를 잊으실 수 없다는 확신에서 나온 말이다. 야훼께서 잊어버린 백성이 더는 야훼의 백성일 수가 없다! 뒤이어 **우리를 이같이 오래 버리시나이까**로 옮긴 후반절 히브리어 본문도 "당신이 **우리를 오래** 버리시겠습니까?"로 직역할 수 있는데, 이는 야훼께서 **우리**를 오랫동안 버리실 수 없다는 마음을 강하게 드러낸다. 야훼의 백성이 야훼께 버림받는다면 아무런 희망이 없다. 야훼는 결코 그리하실 분이 아님을 우리는 확실히 믿고 있으므로, 이렇게 야훼께 부르짖는 것이다.

[5 : 21] 이제 **우리**는 1절과 19절에 이어 5장에서 세 번째로 21절 전반절에서 야훼의 이름을 부르면서 자신들이 야훼께 무엇을 바라는지를 바로 대놓고 아뢴다. **여호와여 우리를 주께로 돌이키소서**로 옮긴 히브리어 본문에서도 1절과 5절에서 그랬듯이 **여호와여**는 첫머리에 오지 않고 **우리를 돌이키소서**라는 말 다음에 나온다. **우리를 주께로 돌이키소서**로 옮긴 히브리 문장은 "저희를

당신께 돌아가게 하십시오!"로 직역할 수 있는데, 이 기원에는 **우리** 스스로의 힘으로는 당신께 맘대로 돌아갈 수 없다는 깨달음이 전제되어 있다. 이는 뒤이어 나오는 말에서 더 분명해진다. 곧 **그리하시면 우리가 돌아가겠사오니**가 그 말인데, 그 옮긴 히브리 문장은 "그리하셔야 저희가 돌아가겠습니다."로 직역할 수 있다.

그런데 **우리**는 앞서 16절에서 이미 "우리가 범죄하였기 때문입니다."(사역)라고 고백하였으므로 당신께 돌아가게 해 달라는 기원을 자기들에게 회개할 마음을 달라는 식으로 이해할 필요는 없다. 그보다는 이렇게 뉘우치고 있는 자기들을 야훼께서 받아 주시겠다는 뜻을 똑똑히 밝혀 주셔야 한다는 뜻으로 이해할 수 있다. 이는 **우리**가 앞서 3장 40절에서 "우리의 길들을 살피자! 그리고 따져 보자! 그런 다음에 야훼께 돌아가자!"(사역)고 자기들끼리 다짐하고, 42절 전반절에서 "저희는 범죄하고 거슬렀습니다."(사역)라고 고백하였지만, 후반절에서 아직 "당신은 용서하시지 않았습니다."(사역)라고 야훼께 아뢴 것과도 잘 맞아 떨어진다.

이리하여 5장 21절의 기원은 더는 **우리**를 잊지도 버리시지도 말아 달라는 마음이 담긴 기원이자, 온전한 회복의 약속을 바라는 기원이라 할 수 있다. 21절 후반절에서 **우리의 날들을 다시 새롭게 하사 옛적 같게 하옵소서**라고 비는 말이 바로 이를 뒷받침한다. 그 히브리 문장은 "저희의 **날들을** 이전처럼 **새롭게 하**십시오!"로 직역할 수 있다.

한편, 예레미야 31장 18절에서 에브라임이 야훼께 "저를 돌아가게 하십시오!"(사역)라고 기도하는데, 그 앞뒤 내용을 보면 거기서 돌아간다 함은 고향 땅으로 돌아감을 가리키는 것이므로(예레미야 Ⅱ 164 참고) 예레미야애가 5장 21절 전반절의 '돌아감'과는 다르다.

[5 : 22] 예레미야애가의 마지막 절인 22절 히브리어 본문은 이해하기도 번역하기도 쉽지 않다. 개역개정판에서는 **주께서 우리를 아주 버리셨사오며 우리**

에게 진노하심이 참으로 크시나이다라는 긍정문으로 옮겼다(Hillers 96도 참고). 글의 흐름으로 볼 때 22절 전반절과 후반절 둘 다 개역개정판의 난외주("주께서 우리를 아주 버리셨나이까 우리에게 심히 진노하셨나이까")처럼 더러 의문문으로 이해한다(공동번역, 표준새번역, 가톨릭성경, *LB*, *ZB*; Renkema 574). 그렇지만 그보다는 21절의 기원을 야훼께서 들어주셔야 하는 까닭을 은근히 표현하는 말로 이해하는 것이 더 낫다. 그리하여 "**주께서 우리를 아주** 물리치시려는 것이 아니라면, **우리에게** 아주 크게 노하신 것이 아니라면!" 정도로 번역해 볼 만하다(*BJ*; Berges 271; Boecker 87 참고). 그리하면 예레미야애가는 야훼의 회복을 기다리는 **우리**의 마음을 간절히 담은 기원으로 끝나는 셈이 된다.

B. 5장의 특징

이처럼 예레미야애가의 마지막 노래인 5장은 재난에서 살아남은 사람들이 재난이 닥친 뒤 자기 땅에서 점령자들에게 괴로움을 겪으면서 살아가는 자신들의 어려운 상황을 두고 야훼께 탄원하는 노래이다. 바로 이 점에서 주로 시온이 점령될 당시나 점령된 직후에 겪은 재난을 두고 주로 시인의 처지나 단수 여성 인격체 시온의 처지에서 혼잣말로 탄식하거나 야훼께 탄원하던 1~4장과 다르다. 이제 **우리**는 살아남은 공동체의 지금과 앞날을 두고 야훼와 씨름한다. 회복은 오로지 야훼께로부터 옴을 알고 있다는 사실을 야훼께 똑똑히 아뢰면서 야훼께서 온전한 회복을 이루어 주실 것을 기대함도 아뢴다. 이 점에서 5장은 1~4장에서 말하는 때보다는 한층 더 늦은 때 하나님 백성의 상황이 어떠했는지를 보여 준다.

남은 것은 이런 **우리**의 기원에 대한 야훼의 응답이다. 예레미야애가를 통틀어 보면, 3장 57절에서 **두려워하지 말라**고 야훼께서 짤막하게 하신 응답만으로는 아직 재난이 다 끝나지 않았다. 이리하여 예레미야애가는 야훼의 온전한 회복을 기다리는 **우리**의 간절한 마음을 담은 채로 끝난다.

이러한 내용을 담고 있는 5장에 쓰이는 낱말과 표현 가운데 1~4장에 들어 있는 것을 찾아 한데 모아 보면 아래와 같다.

5장	낱말 표현	4장	3장	2장	1절
1	**기억하다**	–	19, 20	1	7, 9
1, 19, 21	**여호와**	11, 16	18, 22, 24, 25, 26, 40, 50, 55, 59, 61, 64, 66	6, 8, 17, 20	5, 9, 11, 17, 18
1	**살피**다+**보**다	16	–	20	11
1	**치욕**	–	30, 61	–	–
3	**과부**	–	–	–	1
6	**양식**	4	–	–	11
7, 16	**범죄하**다('하타')	6, 13, 22	39	–	8
7	**죄악**('아온')	6, 13, 22	–	14	–
10	**피부**	8	4	–	–
11, 18	**시온**	2	–	1, 4, 8, 10, 13, 18	4, 6, 17
11	**유다**	–	–	2, 5	3, 15
12, 14	**장로 / 노인**	16	–	10, 21	19
13, 14	**청년**	–	–	21	15, 18
13	**아이**('나아르')	–	–	21	–
15	**기쁨 / 즐거워하**다	21	–	–	–
17	병들다	–	–	–	13, 22
17	**마음**	–	21, 33, 41, 65	18, 19	20, 22
17	눈	17	48, 49, 51	4, 11, 18	6, 16

18	**황폐하다**	–	11	–	4, 13, 16
21	**돌아가다 / 돌이키다**	–	40	–	–

이 도표를 보면, 1~4장에 나오는 내용이 5장에 다 나타나는 것은 아니지만, 실질적으로 5장의 공동체 탄원시가 1~4장에 여러 가지 형식으로 표현된 탄원을 하나로 묶어 주고 있음을 확인할 수 있다.

설교를 위한 묵상

오늘 하나님 백성의 공동체인 교회에 속하는 그리스도인들도 지난날 선조들과 오늘의 자신들이 저지른 잘못 때문에 지속적으로 큰 어려움을 겪을 수 있고, 그 어려움이 쉽게 사라지지 않을 수 있다. 괴로운 가운데서 하나님을 향한 신뢰를 새롭게 하며 하나님께 회복을 간구할 수 있다. 그러나 기대하는 만큼 하나님의 응답과 회복의 조치가 쉽게 나타나지 않을 수 있다. 그렇더라도 어찌하겠는가? 닥친 괴로움을 너무 가볍게 여겨 얼른 그 괴로움이 사라지기를 바라기보다는(호 6 : 2-3 참고) 오히려 그 괴로움을 달게 받아들이며 끊임없이 하나님 앞에서 지난날을 돌이켜 보며 괴로운 사정을 아뢰고 하나님이 이루실 회복을 기다릴 수밖에 없지 않은가?

제VI부

1–5장의 흐름과 가르침

1-5장의 흐름과 가르침

1장은 시인이 홀로 시온의 참상을 두고 탄식하는 말(1-9전)로 시작하여 짧게 여성 **나** 시온의 기도(9후)를 거쳐 시인이 야훼께 기도하는 말(10-11전)로 넘어갔다가 다시 여성 **나** 시온의 짧은 기도(11후)로 나아갔다가 시온이 길 가는 모든 사람들에게 하는 탄식(12-16)으로 넘어가고 다시 시인이 홀로 짧게 탄식하는 말(17)에 이어 시온이 모든 백성들에게 탄식하는 말(18-19)로 이어졌다가 **나** 시온의 기도(20-22)로 끝맺는다. 이처럼 1장의 초점은 시인의 탄원에서 시온의 탄원으로 옮아가는데, 기원은 매우 짧고 주로 탄식의 말이 나온다. 아무튼 1장에서는 고난 공동체인 시온이 뚜렷하게 한 여성 인격체로 등장한다.

2장에서는 시인이 혼잣말로 시온에 재난을 내리신 야훼를 두고 길게 (1-10), 시온의 고난을 두고 짧게(11-12) 탄식하다가 고난을 겪고 있는 시온에게 직접 말을 건네고(13-19) 여성 **나** 시온이 야훼께 기도(20-22)하는 것으로 마무리된다. 이런 식으로 시인이 노래를 주도하며, 야훼께서 재난 내리셨다는 내용이 강하게 드러난다. 그런데 시인이 13~19절에서 고난 당사자인 시온에게 직접 탄식의 말을 건넴으로써 시인과 고난 공동체의 긴밀한 유대 관계를 드러내는 것이 2장에서만 찾아볼 수 있는 모습이다.

3장에서는 시온은 전혀 나타나지 않고 남성 **내**가 자신의 어려운 상황을 두고 혼잣말로 길게 탄식하다가(1-18) 야훼께 기도하는 가운데 고난 가운데 어떻게 처신할 것인지를 권고하는 식으로 회상하자(19-39) 이에 응답이라도 하듯이 **우리**가 서로 변화를 다짐하는 이야기를 나누다가(40-41) 그 다짐대로 야훼께 기도(42-47)한 뒤에 다시 **내**가 혼잣말로 공동체와 자신에게 닥친 괴로움을 털어놓고(48-54) 야훼께 강한 신뢰를 드러내며 원수를 벌해 달라고 매달린다(55-66). 1~2장에서 탄원의 대상이자 주체가 되던 여성 인격체 시온의 모습이 완전히 사라지고 한 의로운 남자가 자신의 고난과 자신이 속한 공동체의 고난을 두고 탄원하는 말 가운데 공동체 자신의 다짐과 기도가 들어 있는 것이 3장의 독특한 점이다. 이리하여 3장의 주인공인 남성 **나**는 고난 가운데 있는 공동체와 그 안에서 박해받는 의인들이 오직 야훼를 굳게 의지하며 고난을 견뎌 낼 수 있는 분위기를 만들어 준다.

4장은 2장처럼 다시 시인이 시온의 참상(1-10)과 잘못된 지도층 때문에 야훼께서 시온을 혹독히 다루셨음(11-16)을 두고 혼잣말로 탄식하는 말이 길게 나온다. 그렇지만 이번에는 곧바로 시온 공동체에 속한 사람들끼리 탄식하는 말이 뒤따르고(17-20) 그다음에는 이렇게 탄식하는 공동체를 위로라도 하려는 듯이 시인이 에돔이 벌 받고 시온이 회복될 것을 명령문을 통해 강하게 표현하는 말(21-22)로 노래를 끝낸다.

5장은 3장 42~47절에서 야훼께 기도하던 공동체가 다시 야훼께 자신들의 딱한 사정에 야훼께서 관심을 기울일 것을 비는 말(1절)로 시작하여 짧은 죄 고백을 곁들여(16후) 자기들이 겪는 어려움을 길게 아뢴(2-18) 다음에 야훼를 향한 신뢰를 고백하고(19) 야훼께 서운해하는 마음을 잠시 드러낸 뒤(20) 야훼께서 개입해 주실 것을 비는 말(21-22)로 탄원을 마무리한다.

이처럼 시온 공동체의 고난을 두고 슬피 울부짖는 소리가 드높았던 1~2장에서 그 고난의 공동체에 속한 한 의인의 중재 가운데 시온 공동체 스스로 야훼께 탄원하게 된 3장을 거쳐 다시 시온 공동체의 고난을 두고 탄식하지만 구원의 희망을 불어넣는 시인의 말이 나오는 4장으로 나아가 마침내 고난공동체가 온전히 자신들의 문제를 놓고 야훼와 직접 씨름하는 5장으로 끝맺는다.

각 장의 마지막 탄원 부분만 두고 보더라도, 1장에서 2장을 거쳐 3장으로 나아가는 동안 고난 상황은 나날이 더 깊어만 가는 것으로 보인다. 이는 우선 각 장의 앞부분이 서로 어떻게 관련되는지를 살펴보면 알아차릴 수 있다. 1장 앞부분에서는 주로 시온에 닥친 재난 상황을 두고 탄식하는 소리를 들을 수 있었다면, 2장 앞부분에서 시온에 엄청난 재난을 내리신 주체가 야훼이심을 아주 강조했고, 3장에서는 그런 고난의 공동체 안에서 다시 박해를 받는 개인의 관점에서 탄식할 뿐만 아니라 오래 계속될 고난을 어떻게 견뎌 내야 하는지 깊이 생각한 바를 권고의 말로 드러낸다. 또한 각 장의 마지막 기원에서도 이와 비슷한 흐름을 볼 수 있다. 1장 20~22절에서 그래도 적의 처벌을 바라는 기원이 있었다면, 2장 20~22절에서는 그저 시온 공동체의 각 계층과 구성원에 닥친 참상을 야훼 앞에 아뢰기만 했고, 3장 55~66절에서는 아직 곤경에서 벗어나지 못한 공동체 안에서 억울함을 풀지 못해 울부짖는 개인의 모습이 드러나기 때문이다.

이런 흐름 가운데 4장에서는 다시 시온에 닥친 재난 상황과 그 원인을 두고 탄식의 소리를 높이지만 끝부분에서 갑자기 회복을 약속하는 말을 고난 당사자에게 들려줌으로써 전환점을 마련해 준다. 그런데 이 약속의 말이 현실로 이루어지지 않아서인지, 5장에서는 다시 고난 공동체의 목소리가 커진다. 다만 이제는 오로지 야훼와 자신들의 관계에 집중하여 야훼께 자신들의 딱한 형편을 살펴 회복시켜 주실 것을 기원한다. 4장 끝에 나타나는 회복의 말에 이어 다시 탄원의 소리가 이어지는 것은 이사야 40~55장에 가득 찬 희망의 말씀 뒤에 56~66장에 다시 탄원의 소리(59 : 9-15전 ; 63 : 7-64 : 11)가 나오는 것과 비슷하다. 이렇게 희망이 다시 한 번 꺾이면서 공동체의 탄원이 나타나는 것은 유다 멸망으로 시작된 포로기 상황이 단기간에 끝나지 않았기 때문일 것이다. 예레미야 28장에서 예언자 하나냐는 598년에 왕 여호야긴이 사로잡혀 가면서 유다가 메기 시작한 바벨론의 멍에를 야훼께서 두 해 만에 꺾어 주기로 하셨다고 큰소리치고 그 당시 유다 사람들뿐만 아니라 29장을 보면 이미 바벨론에 사로잡혀 가서 살고 있던 사람들 가운데서도 그 말을 믿고 빠른 회복을 기다리던 사람들이 적지 않았지만, 역사는 그렇게 흘러가지 않았다. 이런 배경에서 보면, 4장 21~22절에서 시인이 딸 시온에게 회복을 약속하는 말을 한 것은 빠른 회복을 기대하는 사람들의 마음에 부응한 처사가 아닐까 추측해 볼 수 있다.

아무튼 '이 성'에 닥친 처참한 상황을 두고 시인이 탄식하는 말로 시작한 예레미야애가가 고난 공동체의 고난을 자신의 고난으로 받아들이면서 그 공동체 안에서 박해받는 의인의 탄식을 거쳐 우리를 회복시켜 달라는 '우리'의 기도로 끝난 데서, 오늘 새 언약 백성인 그리스도인들은 하나님을 거스르다가 망한 믿음의 공동체 안에 무슨 일이 벌어질 수 있으며 그 재난의 현실 한가운데서 하나님 백성의 공동체와 그 공동체에 속한 개인이 어떻게 살아야 하는지를 깨닫게 되었다. 무엇보다도 하나님의 백성이라고 하더라도 범죄하면 바로 하나님이 그들에게 엄청난 재난을 내리실 수 있음을 잊지 말고, 그런 재난이 닥치기 전에 잘못을 인정하고 뉘우치고 바로잡을 수 있어야 한다. 그리하지 못해서 재난을 겪게 되면 그 현실을 너무 쉽게 여기지 말고 진지하게 받아들이며, 닥친 고난을 두고 여러 가지 방식으로 탄식할 수 있다. 이런 탄식은 자신들의 잘못으로 닥친 재난에 매몰되어 주저앉기보다 한결같은 하나님의 자비와 은혜를 바라보면서 다시 새롭게 다시 일어설 수 있는 첫걸음이 된다. 바로 이 점에서 탄식은 그 자체로 아주 신학적으로 중요한 자리를 차지한다(Westermann 75–81).

이리하여 "주께서 저희를 정말 물리치시려는 것이 아니라면, 주께서 저희에게 아주 크게 노하신 것이 아니라면, 저희를, 하나님, 주께 돌아가게 하십시오! 그리하셔야 저희가 돌아가겠습니다. 저희의 날들을 이전처럼 새롭게 하십시오!"(5 : 21–22 사역)라는 기도는 오늘 타락한 교회 현실 가운데서 잘못된 동료 그리스도인들에게 박해받으면서도 믿음의 공동체와 운명을 같이하며 하나님 백성의 회복을 간절히 바라고 기대하며 살아가는, 참 그리스도인들의 기도가 될 수 있다.

| 참고문헌 |

선우남. 「대한기독교서회창립 100주년기념 성서주석 : 예레미야애가」. 서울 : 대한기독교서회, 1994.

Berges, Ulrich. Klagelieder. *Herders Theologischer Kommentar zum Alten Testament*. Freiburg / Basel / Wien : Herder, 2002.

Berlin, Adele. Lamentations. *A Commentary*. Louisville, KY : Westminster John Knox, 2002.

Boecker, Hans Jochen. Klagelieder. *Zürcher Bibelkommentare Altes Testament 21*. Zürich : Theologischer Verlag, 1985.

Dobbs-Allsopp, F. W. Lamentations. Interpretation. *A Bible Commentary for Teaching and Preaching*. Louisville : John Knox Press, 2002.

Garrett, Duane A. & Paul R. House. *Song of songs, Lamentations. Word Biblical Commentary 23B*. Nashville : Thomas Nelson, 2004.

Gerstenberger, Erhard S. *Psalms part 2 : Lamentations. The Forms of the Old Testament literature 15*. Grand Rapids, Mich. : W. B. Eerdmans Pub., 2005.

Hillers, Delbert R. Lamentations. *The Anchor Bible*. New York : Doubleday, ²1992.

Kaiser, Otto. Das Hohe Lied, Klagelieder, das Buch Esther. *Das Alte Testament Deutsch 16,2.* Göttingen : Vandenhoeck & Ruprecht, [3]1981.

Kraus, Hans-Joachim. Klagelieder (Threni). *Biblischer Kommentar Altes Testament XX.* Neukirchen-Vluyn : Neukirchener Verlag, [4]1983(≒[1]1956).

O'Connor, Kathleen M. "The Book of Lamentations," *The New Interpreter's Bible.* Vol. Ⅵ (Nashville : Abindon Press, 2001), 1011-1072.

Owens, Pamela Jean. *Suffering from Aleph to Taw : the Imagery of Suffering in the Book of Lamentations.* Ann Arbor : UMI, 1998. (Ph.D.) : The University of Chicago, 1997.

Renkema, Johan. Lamentations. *Historical Commentary on the Old Testament.* Leuven : Peeters, 1998.

Westermann, Claus. Die Klagelieder. *Forschungsgeschichte und Auslegung.* Neukirchen-Vluyn : Neukirchener Verlag, 1990. 영역본 : *Lamentations. Issues and Interpretation.* Minneapolis : Fortress, 1994.

| 한국장로교총회창립 100주년기념 표준주석 |

구약

집필부분	집필자
창세기	김중은 박사
출애굽기	이종록 박사
레위기	정중호 박사
민수기	김진명 박사
신명기	김회권 박사
여호수아	강사문 박사
사사기/룻기	허성군 박사
사무엘상·하	김선종 박사
열왕기상·하	김태훈 박사
역대상	배희숙 박사
역대하	함 택 박사
에스라/느헤미야	민경진 박사
에스더	이미숙 박사
욥기	하경택 박사
시편	이승현 박사
잠언	천사무엘 박사
전도서	채은하 박사
아가	강승일 박사
이사야	조성욱 박사
예레미야	강성열 박사
예레미야애가	박동현 박사
에스겔	이은우 박사
다니엘	배정훈 박사
호세아/요엘	김정철 박사
아모스	최인기 박사
오바댜/요나	김유기 박사
미가	오택현 박사
나훔/하박국/스바냐	윤동녕 박사
학개/스가랴/말라기	김근주 박사

신약

집필부분	집필자
마태복음	최재덕 박사
마가복음	차정식 박사
누가복음	오덕호 박사
요한복음	김문경 박사
사도행전	이 달 박사
로마서	장흥길 박사
고린도전서	조광호 박사
고린도후서	박흥순 박사
갈라디아서	이종윤 박사
에베소서	석원식 박사
빌립보서/빌레몬서	김덕기 박사
골로새서	김철홍 박사
데살로니가전·후서	김형동 박사
디모데전·후서/디도서	박종기 박사
히브리서	소기천 박사
야고보서	이승호 박사
베드로전·후서	왕인성 박사
요한 1·2·3서/유다서	최흥진 박사
요한계시록	김춘기 박사

Presbyterian Church of Korea Standard Commentary

100

| 한국장로교총회창립 100주년기념 표준주석 |

예레미야애가

초판인쇄 2016년 7월 20일
초판발행 2016년 7월 30일

기획·편찬 표준주석편찬위원회 박동현
편 집 인 대한예수교장로회총회교육자원부
발 행 인 채형욱
발 행 소 한국장로교출판사
주 소 03128 / 서울 종로구 대학로3길 29 한국교회100주년기념관 별관
전 화 (02)741-4381 / 팩스 741-7886
영 업 국 (031)944-4340 / 팩스 944-2623
등 록 No. 1-84(1951. 8. 3.)

ISBN 978-89-398-9983-4 / 978-89-398-0434-0(세트)
Printed in Korea

값 18,000원

편 집 장 정현선
교정·편집 이슬기, 김효진 표지디자인 남충우
업무부장 박호애 영업부장 박창원